# Die Reformation

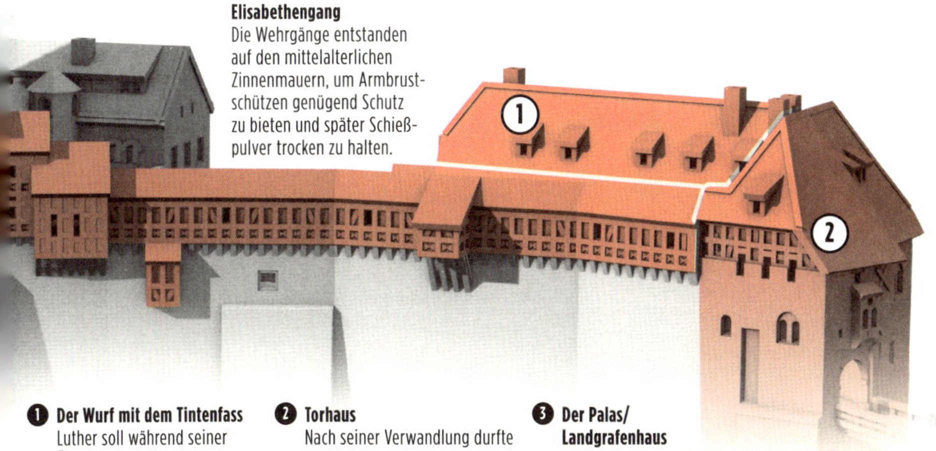


**❶ Der Wurf mit dem Tintenfass**
Luther soll während seiner Übersetzung sein Tintenfass nach dem „Teufel" geworfen haben. Dabei entstand angeblich ein Tintenfleck in seinem Arbeitszimmer. Diese Geschichte ist eine fromme Legende. Der Tintenfleck war eine Fälschung, er ist heute beseitigt. Luther selbst sagte lediglich, er habe auf der Wartburg den Teufel mit Tinte bekämpft. Später wurde aus dieser Anspielung auf die Bibelübersetzung der Wurf mit dem Tintenfass.

**❷ Torhaus**
Nach seiner Verwandlung durfte Luther ab und zu durch das Torhaus der Burg ausreiten. In gefährliche Situationen geriet er, wenn er dabei etwa einen Geistlichen traf und ihn zu seiner Meinung über Luther befragte. Dann griff sein Bewacher ein und lenkte diplomatisch ab. Wenn Luther sich als „Junker Jörg" irgendwo ein Buch ausleihen wollte, musste man ihn erst darauf aufmerksam machen, dass dies ein ungewöhnliches Verhalten für einen Adligen war.

**❸ Der Palas/ Landgrafenhaus**
Im Gegensatz zur einfachen Kost bei den Augustinereremiten gab es für „Junker Jörg" im Palas nun derbe ritterliche Kost. Auch Alkohol wurde reichlich ausgeschenkt. Sein Magen vertrug das nur schlecht: Lediglich der Ausbruch der Pest in Erfurt hielt ihn davon ab, unter Bruch seines Geheimnisses dort die Hilfe von Ärzten zu suchen. Erst im Oktober 1521 erhielt er ein Medikament, das half.

**Aufbruch**
Am 1. März 1522 brach Luther trotz eindringlicher Warnungen zur Abreise Richtung Borna bei Leipzig auf. Er wollte den radikalen Strömungen entgegenwirken, die sich während seiner Abwesenheit durch den Reformator Karlstadt verbreitet hatten.

Dietmar Pieper und
Eva-Maria Schnurr (Hg.)

# Die Reformation

## Aufstand gegen
## Kaiser und Papst

Matthias Bartsch, Daniel Bellingradt,
Stefan Berg, Georg Bönisch, Felix Bohr,
Annette Bruhns, Martin Doerry, Till Hein,
Nils Klawitter, Uwe Klußmann, Ulrike Knöfel,
Nils Minkmar, Joachim Mohr, Christina Rietz,
Johannes Saltzwedel, Samiha Shafy,
Michael Sontheimer, Marc von Lüpke,
Andreas Wassermann

Deutsche Verlags-Anstalt

Die Texte dieses Buches sind erstmals in dem Heft
»Die Reformation. Aufstand gegen Kaiser und Papst« (Heft 6/2015)
aus der Reihe SPIEGEL GESCHICHTE erschienen.

Die Grafik auf S. 100/101 stammt aus: Hubert Jedin et al.:
Atlas zur Kirchengeschichte. Die christlichen Kirchen in Geschichte und Gegenwart. Freiburg 2004. Der Abdruck erfolgt mit freundlicher Genehmigung des Herder Verlag.



FSC
www.fsc.org
MIX
Papier aus verantwortungsvollen Quellen
FSC® C014496

Verlagsgruppe Random House FSC® N001967

1. Auflage

Umschlaggestaltung: Büro Jorge Schmidt, München
Typografie und Satz: DVA / Andrea Mogwitz
Gesetzt aus der Rotation
Druck und Bindung: GGP Media GmbH, Pößneck
Printed in Germany
ISBN 978-3-421-04675-8

www.dva.de

Dieses Buch ist auch als E-Book erhältlich.

# INHALT



TEIL I:
## DIE NEUE HEILSBOTSCHAFT

## TEIL II:
## DIE REFORMATORISCHE BEWEGUNG

## ANHANG

# VORWORT

Wenn im Oktober 2017 der 500. Jahrestag der Reformation gefeiert wird, dann geht es um weit mehr als um ein historisches Ereignis oder einen kirchlichen Festakt. Es geht um Ideen, die eine solche Dynamik entfachten, dass sie die politischen und gesellschaftlichen Verhältnisse und sogar den Alltag vieler Menschen bis heute prägen, weit über Deutschland hinaus.

Noch immer gilt die Reformation als eines der Ereignisse, die aus heutiger Sicht den Übergang vom Mittelalter zur Neuzeit markieren. Allerdings sind Historiker abgekommen von früheren Darstellungen, die in der Kirchenspaltung einen radikalen Bruch zwischen zwei Epochen sahen. Denn in der Zeit um 1500 war allerorten die Rede von Reformen, waren vielschichtige Veränderungsprozesse im Gange.

Die Kritik an kirchlichen Missständen und am Papst, aus welcher der Wittenberger Mönch Martin Luther nach und nach eine eigene Lehre entwickelte, war dennoch einzigartig. Sie wirkte wie ein Katalysator für einen fundamentalen Wandel in Kirche und Staat und auch tief hinein ins Privatleben. Die Einheit des christlichen Glaubens zerbrach, es entstanden zunächst zwei, später noch mehr konkurrierende Bekenntnisse – erstmals war in religiösen Dingen auch für den einzelnen Menschen ein Denken in Alternativen möglich geworden.

Weil die nach Unabhängigkeit strebenden Territorialfürsten ihre Interessen mit der Religionsfrage verbanden, stand über Jahrzehnte hinweg die Einheit des Heiligen Römischen

Reiches auf dem Spiel. Auch die Idee eines universellen Kaisertums, die Karl V. als mächtigster Gegner der Reformation noch zu verteidigen suchte, war fortan überholt. Und nicht zuletzt begann die Kultur im Lande sich entlang der neu entstehenden Konfessionen zu formieren, bildeten sich unterschiedliche Lebens-, Denk- und Bildungstraditionen heraus, die sich sogar noch im 20. Jahrhundert oft antagonistisch gegenüberstanden.

Das reformatorische Geschehen war vielschichtig und komplex. Und ebenso vielgestaltig und oft unüberschaubar ist die historische Forschung dazu. Bis zur Mitte des 20. Jahrhunderts gab es so gut wie keine neutralen Beobachter. Auch Historiker verorteten sich zumeist auf der einen oder auf der anderen Seite der konfessionellen Trennlinie, ihre Interpretationen und Bewertungen lesen sich heute nicht selten wie der Versuch, die eigene Seite ins rechte Licht zu rücken. Und nicht nur unter konfessionellen Gesichtspunkten wurde das Geschehen von den Nachgeborenen instrumentalisiert; Nationalisten, Antisemiten, Nationalsozialisten – sie alle beriefen sich auf Luther und seine Schriften, deuteten das Geschehen jeweils in ihrem Sinne.

Vielleicht ist erst jetzt, in einer weitgehend säkularisierten, postideologischen Gesellschaft, ein unverstellter Blick auf die Ereignisse nach 1517 möglich – und vielleicht ist das die entscheidende Aufgabe des kommenden Reformationsjubiläums. Dieses Buch jedenfalls will seinen Beitrag dazu leisten: Es lebt von der Neugierde der Autoren auf eine scheinbar so ferne Zeit, in der die Religion noch die Massen bewegen konnte. Als Politik, Glaube und Gesellschaft so eng miteinander verwoben waren, dass Veränderungen in einem Feld unweigerlich auch die anderen betrafen. Es spürt der Wirkung von Luther und seinen Lehren nach, versucht zu verstehen, wie der unbekannte Wittenberger Augustinermönch zum Star der europäischen Öffentlichkeit wurde. Es blickt auf die Entwicklungen auf dem Land, in den Städten und in den Zirkeln der Mächtigen und zeichnet nach, warum eine ursprünglich akademisch-theologische Diskussion solchen Zündstoff in sich trug.

Es gab keine Vorbilder für das, was mit Luthers Kritik an Papst und Kirche begann und zu einer Kirchenspaltung führte, deren Ende nicht absehbar erscheint. Umso spannender ist, welche Strategien und Wege die Akteure vor 500 Jahren entwickelten, mit dem bis dato Unerhörten umzugehen, wie sie ihre Interessen vertraten und sich dennoch immer wieder auch um Ausgleich bemühten. All das ist lange her, doch vielerorts wirken die Lösungen und Kompromisse der Zeitgenossen verblüffend modern, aktuell gar. Auch Ideen, die ein halbes Jahrtausend alt sind, das zeigt das Beispiel Martin Luthers ebenso wie das seiner Mitstreiter und Gegner, können heute noch bewegen. In diesem Sinne wünschen wir eine anregende Lektüre.

Hamburg im April 2016
Dietmar Pieper und Eva-Maria Schnurr

# Teil I:

# DIE NEUE HEILSBOTSCHAFT

# ZURÜCK IN DIE ZUKUNFT

*Martin Luther hatte die Reformation nicht geplant. Dennoch veränderte sie Europa grundlegend – bis heute. Denn die Ideen aus Wittenberg trafen den Nerv der Zeit.*

Von EVA-MARIA SCHNURR

Es ist eine der besten Geschichten der deutschen Geschichte. Vielleicht sogar die beste. Da kommt ein unbekannter Mönch aus Wittenberg daher, legt sich mit der mächtigen Kirche an, wird gebannt und geächtet und gewinnt dennoch Tausende Anhänger. Weil er nicht nur das einfache Volk überzeugt, sondern auch die hohen Fürsten, entsteht aus seiner Kritik an der römischen Kirche eine neue Konfession, der bald halb Europa anhängt. Und als würde das noch nicht reichen, gründet der Mönch eine glückliche Familie und wird mit seiner Frau zum leuchtenden Vorbild künftiger protestantischer Pfarrhaushalte.

Kein Drehbuchschreiber hätte die Story besser erfinden können. Und dann noch die Bilder dazu: Der Mönch Martin Luther, wie er mit Wucht seine Thesen an die Tür der Schlosskirche in Wittenberg nagelt. Wie er in Worms vor dem Kaiser »hier stehe ich und kann nicht anders« donnert und später die Bulle des Papstes verbrennt, in der ihm der Bann angedroht wird. Wie er, versteckt auf der Wartburg, um die beste Übersetzung der Bibel ringt, um das Wort Gottes für jeden verständlich zu machen. Luther, der Neuerer, gegen das Establishment in Kirche und Staat.

Solche Momente und Legenden haben die Reformation betonfest im kollektiven Gedächtnis der Deutschen verankert. Ein paar Stichwörter reichen, »Thesenanschlag« zum Beispiel, »Bibelübersetzung« oder »Ablassbriefe«, und schon leuchtet ein farbiges Panorama in den Köpfen vieler Menschen auf.

Man hat die Reformation als Rebellion der Vernunft gegen das verstockte und rückständige Mittelalter vor Augen, als Licht, das in die unaufgeklärte Dunkelheit fällt, als Beginn der Moderne, der Neuzeit. Und obwohl ihr Gedenktag, der 31. Oktober, nur noch in wenigen Bundesländern gesetzlicher Feiertag ist: Die Reformation ist so etwas wie ein Großmonument im nationalen Bewusstsein und Luther ihr strahlender Held.

2017 jährt sich seine Thesenveröffentlichung zum 500. Mal. Ein guter Anlass, rechtzeitig die gängigen Vorstellungen und Klischees zu hinterfragen. Denn vieles spricht dafür, dass die Realität vielschichtiger war, als es die heroischen Luthergeschichten erkennen lassen. Und dass man die Bedeutung der Reformation verkennt, wenn man sie nur als Beginn der konfessionellen Spaltung versteht.

Die Reformation fiel in eine Zeit voller Veränderungen, die sich gegenseitig verstärkten und dynamisierten. Nicht nur die Kirche, sondern auch Politik, Kultur, Gesellschaft und Wirtschaft befanden sich in grundsätzlichen Wandlungsprozessen, als Luthers Ideen in die Welt kamen. Nur deshalb hatte er gemeinsam mit seinen Anhängern einen solchen Erfolg – anders als Vorgänger wie der Tscheche Jan Hus oder der Engländer John Wyclif, die ähnlich dachten wie er, allerdings mangels Rückenwind scheiterten.

Man kann heute kaum erahnen, welchen mentalen Zumutungen die Menschen damals ausgesetzt waren. Das Weltbild änderte sich fundamental, wie immer zunächst das der Gebildeten, später auch das der einfacheren Menschen. 1492 hatte Christopher Kolumbus einen bis dato unbekannten Kontinent entdeckt, das sah man seit 1507 sogar auf Karten. Von 1519 bis 1522 umsegelte Ferdinand Magellan erstmals die Erde, von der zwar seit Jahrhunderten bekannt war, dass sie rund ist, doch nun war der praktische Beweis erbracht.

Und nicht nur geografisch mussten die Zeitgenossen sich auf völlig neue Perspektiven einlassen: 1543 veröffentlichte der Domherr und Wissenschaftler Nikolaus Kopernikus eine Schrift, in der er seine lange zuvor gewonnene Erkenntnis darlegte, dass sich die Erde um sich selbst und um die Sonne dreht – und nicht etwa andersherum. Eine Revolution!

Auf der einen Seite erzeugte das Aufbruchsstimmung, auch deshalb, weil überall so viel Aufregendes geschah. Das Geldwesen entwickelte sich rasant, gerade in Süddeutschland boomten Handelsstädte wie Augsburg, Ulm und Nürnberg, neue Verkehrswege vernetzten Europa immer enger miteinander. Mit dem Buchdruck entstanden neue Medien wie Flugschriften oder die »Neue Zeitung«, Vorformen unserer heutigen Zeitungen, die erstmals aktuell und zeitnah berichteten.

Künstler perfektionierten realitätsnahe Darstellungen von Mensch und Natur, die Humanisten brachten Anregungen der Renaissance aus Italien nach Deutschland, sie wollten die antiken Quellen neu übersetzen und Bildung verbreiten. Einige Menschen, wie der Humanist und Ritter Ulrich von Hutten, begrüßten den Wandel freudig: »O Jahrhundert! O Wissenschaften! – Es ist eine Freude, zu leben, wenn auch noch nicht, sich zur Ruhe zu setzen. Es blühen die Studien, die Geister regen sich! Du, nimm den Strick, Barbarei, und mache dich auf Verbannung gefasst!«, proklamierte er 1518.

Doch manche Veränderungen machten auch Angst. Die Osmanen hatten 1453 Konstantinopel erobert, das östliche

Rom, und rückten nun mit Macht weiter nach Westen vor. Die Bevölkerung wuchs – im Herzogtum Sachsen beispielsweise von 400 000 Menschen um 1450 auf 500 000 Menschen um 1550 –, die Preise für Brot und Getreide stiegen, das Ackerland wurde knapp, viele Familien gerieten in Not.

Apokalyptische Visionen vom nahenden Weltende hatten das gesamte Mittelalter über Konjunktur, doch um den Jahrhundertwechsel, zur Zeit des Kaisers Maximilian, kochten die düsteren Prophezeiungen besonders hoch: Zahlreiche Astronomen spekulierten wegen einer besonderen Planetenkonstellation auf ein Weltende im Februar 1524, einhergehend mit einem Kometen und einer Sintflut. Auch Luther war ziemlich sicher, dass das Ende der Zeiten nahte, immer wieder sah er Zeichen, die er entsprechend deutete: »Unter diesem Maximilian sind viele wunderbare Zeichen am Himmel geschehen, ja auch auf der Erde und im Wasser, von denen Christus gesagt hat: Und es werden große Zeichen sein, sodass man in keinem Jahrhundert von mehr und größeren auf einmal liest; und diese nähren die gewisse Hoffnung, dass jener selige Tag bald hereinbricht«, schrieb er.

Für ihn war das nahende Weltende eine Mahnung, alle Lügen, alles Falsche hinter sich zu lassen, zu prüfen, ob man bereit war für das zu erwartende Jüngste Gericht. Also hinterfragte er seinen Glauben, versuchte, ein Mittel gegen seine Furcht vor Verdammung und Höllenqualen zu finden. Etwas Neues plante Luther damit nicht, und schon gar keinen Umsturz. Im Gegenteil, er wollte zurück zu den Wurzeln, zu dem, wie Jesus Christus das Christentum seiner Ansicht nach begründet hatte.

Reformation heißt, wörtlich genommen, Rückformung, also Wiederherstellung. Schon das Wort zeigt, dass es Luther nicht um den kühnen Blick nach vorne ging, sondern um die Rückkehr zu einem ursprünglicheren, vermeintlich besseren Zustand. Diese Ambivalenz zwischen Altem und Neuem ist typisch für seine Zeit: Einerseits sahen die Menschen, dass sich die Dinge veränderten. Andererseits steckte die mittelalterliche Überzeugung in den meisten Köpfen, dass die traditionelle, also irgendwie göttliche Ordnung eigentlich doch die beste sei. Noch am Ende des 16. Jahrhunderts stritten sich protestantische und altgläubige Publizisten in Flugschriften erbittert darüber, welche der Konfessionen nun die ältere, ursprünglichere und damit wahre sei und wer nun unerlaubte Neuerungen in den Glauben eingeführt habe.

Dass die Zeit reif war für Leute wie Luther und seine Weggefährten, zeigt ein Blick auf die politischen Diskussionen um 1500. Denn auch die weltlichen Mächte debattierten leidenschaftlich über die Re-Etablierung einer angeblich ursprünglicheren Ordnung. Unter Kaiser Maximilian I., aber auch unter seinem Nachfolger Karl V., war die »Reichsreform« immer wieder Thema auf den Reichstagen: Der Kaiser wollte damit seine Position an der Spitze des Heiligen Römischen Reichs stärken und wie in den Nachbarländern Frankreich und England eine handlungsfähige Zentralregierung etablieren. Nichts Neues sollte dabei entstehen, im Gegenteil: Ziel sei es, so propagierten es die Befürworter, die alte Macht des Kaisertums wiederherzustellen.

Dagegen sperrten sich jedoch die Territorialfürsten, die im Laufe der Zeit immer mächtiger geworden waren: Sie wollten sich nicht vom Kaiser regieren lassen, sondern mitreden. Ihnen schwebte eine Art föderale Regierung vor – das Reichsregiment –, das über Finanzen und Außenpolitik des Reiches entscheiden sollte. Auch sie sahen in ihren Ansprüchen nichts Neues, sondern behaupteten, nur auf ihren hergebrachten Rechten zu beharren, als Ratgeber des Kaisers dessen Gehör zu finden.

Auf dem Reichstag von Worms 1495 berieten Kaiser und Reichsstände – weltliche und geistliche Kurfürsten und Fürsten, dazu Vertreter der Freien Städte und der Reichsstädte, Grafen und Vertreter des Deutschen Ordens, die auf dem Reichstag stimmberechtigt waren – erstmals über Reformen der Reichsverfassung. Doch weil sie sich nicht einig wurden, geriet die theologische Auseinandersetzung um Luther wenige Jahre später auch zum Tauziehen um die Macht zwischen Kaiser und Fürsten: Letztere nutzten die ja eigentlich restaurativ gedachten Ideen Luthers für ihre eigenen, ebenfalls im Gestern wurzelnden Interessen. Dadurch jedoch etablierten sie schließlich eine neue Konfession.

Ähnlich paradox muten auch andere gesellschaftliche Entwicklungen an: Die Ritter, die als niederer Adel durch den Aufstieg der hochadeligen Landesherren an Bedeutung verloren hatten, wollten an die guten alten Zeiten anknüpfen. Sie hofften, ihre einstigen, mittelalterlichen Standesprivilegien wiederzugewinnen. Und die Bauern, die unter den stetig wachsenden Belastungen durch die intensivierte Herrschaft in den Territorien litten, wünschten sich ebenfalls das »alte Recht« zurück. Beide Gruppen beriefen sich auf Luther, zettelten Aufstände an, die blutig niedergeschlagen wurden – und erreichten am Ende das Gegenteil ihrer Intentionen: Nicht etwa die alte Ordnung wurde wiederhergestellt, sondern mit ihren rückwärtsgewandten Forderungen stärkten sie die Landesherren und deren Politik – und damit letztlich Neuerungen.

Historiker sprechen von der »innovativen Kraft der Tradition« in der Frühen Neuzeit: Aus etwas scheinbar Rückwärtsgewandtem entsteht etwas völlig Neues. Die verzwickte Dynamik zwischen Tradition und Fortschritt machte die Reformation zum Katalysator und Beschleuniger des Wandels – nicht nur in der Religion, sondern auch in Politik, Gesellschaft und Kultur, die damals untrennbar mit dem Glauben verwoben waren. Und schon bald griff die Bewegung um sich: Bei den Schweizer

Eidgenossen, in Schweden oder Dänemark fielen die reformatorischen Ideen ebenfalls auf fruchtbaren Boden.

Den Urknall einer neuen Ära hätte wohl kaum ein Zeitgenosse darin gesehen, darauf konnten erst spätere Generationen kommen. Im Gegenteil: Die Reformation war im Kern der Versuch, Veränderungen rückgängig zu machen, zu einem idealisierten Ursprung zurückzukehren. Dass die Reformatoren dennoch die Weichen in Richtung Zukunft stellen sollten, ist eine dieser Wendungen, die Geschichte nun einmal nimmt, weil Menschen Geschichte machen.

Die Story von Luthers Kampf gegen die Kirche wird dadurch weniger stringent und filmreif, sicher. Aber genau genommen machen die inneren Widersprüche das Geschehen umso spannender. Denn sie stellen den kausalen Zusammenhang zwischen Intention und Wirkung in der Geschichte infrage, den Glauben an Pläne, Strategien, an Machbarkeit. Die Reformation ist ein Lehrstück darüber, wie höchst unterschiedliche Interessen sich verbünden und dadurch eine ungeplante, aber unwiderstehliche Dynamik entsteht.

Luther selbst hätte wohl kaum gedacht, dass wir uns 500 Jahre später überhaupt noch an ihn erinnern würden. Nach seiner Überzeugung hätte die Welt ja längst untergegangen sein müssen.

## AUFSTIEG AUS DER DÜSTERNIS

*Martin Luther, der stolze Kirchenrebell, so kennt man den Reformator. Doch sein Leben begann völlig anders: verängstigt und folgsam.*

Von STEFAN BERG

Wann Martin Luther das Licht der Welt erblickte, ist nicht genau bekannt. Und das gleich in zweierlei Hinsicht. Zum Geburtsjahr gibt es unterschiedliche Angaben. Und wie viel Sonnenlicht in die Stube seines Geburtshauses fiel, ist ebenso ungewiss. Das Licht der Welt? Dieses schöne Bild passt sicher nicht zu dem, was mit diesem Tag begann. Der kleine Martin wurde wohl eher in eine düstere Welt geworfen, die Mutter hexengläubig, der Vater ein zechendes und schlagendes Familienoberhaupt. Die Kindheit? Eher ein Graus.

Das Bild der Deutschen von Martin Luther ist geprägt von schrulligen Geschichten, von fliegenden Tintenfässern, Hammerschlägen an einer Kirchentür, einer seltsamen Flucht und allerlei deftigen Worten. Wer zurückblickt auf Luthers Kindheit und Jugend, der kann sich darüber durchaus wundern. Wie kam es, dass sich ein Mann von derartiger Lebenskraft entwickelte?

»Ich bin 1484 in Mansfeld geboren, das ist sicher«, hat Martin Luther selbst einmal gesagt. Aber wie sicher ist in diesem Fall sicher? Überliefert ist ein Disput mit seinem Weggefährten Philipp Melanchthon: »Do sagte der Doctor: Ich bin itzo 60 jar alt. Sprach Philippus: ir seidt erst 58 jar alt; das hat mir eur mutter gesagt. Sprach der Doctor: Ir musst mich nicht zcu jung machen. Ich bin gewißlich 60 jar alt. Aber Philippus wolts nicht zcugeben.«

Nicht das Jahr der Geburt, aber der Tag gilt als unstrittig. An einem 10. November kam ein Junge in Eisleben auf die Welt, kurz vor Mitternacht. Einen Tag später wurde er auf den Namen Martin getauft. Der 11. November ist der Tag des heiligen Martin. Aber in welchem Jahr geschah dies? Ein Taufregister existiert nicht, und in manchen Aufzeichnungen begann damals das Jahr mit dem Osterfest.

Am Ende setzte sich Melanchthon durch. Und so gilt der 10. November 1483 heute als der Tag, an dem Luther geboren wurde. Nur: Wo war da Licht in seiner Welt? Das Geburtshaus in Eisleben, im Mansfelder Land, brannte teilweise aus. Nach allem, was überliefert wurde, lebten die Luthers wohl im Erdgeschoss, mit Diele, Stube, Küche, Schlafkammer und vor allem mit mehreren Kindern. 1484 zogen sie in ein größeres Haus in Mansfeld, welches der Vater gekauft hatte.

Ein beredtes Zeugnis über die Ernsthaftigkeit eines arbeitsamen Lebens legte Lucas Cranach d. Ä. ab. Er hat Luthers Mutter Margarete im Alter porträtiert, ein dunkles Bild einer ernsten Frau mit tief liegenden Augen. Ihr Mann Hans war ein Häuer, ein Bergmann, er schuftete hart und arbeitete sich selbst im Wortsinne hoch, nach oben. Erst arbeitete er unter Tage, da wo Kupfer unter schwierigen Bedingungen abgebaut wurde. Später gehörten ihm mehrere kleine Schächte, er beschäftigte nun selbst einige Häuer. Aber zu Wohlstand kam die Familie offenbar nur in bescheidenem Maße. Seine sparsame Mutter habe im Wald Reisig für die Öfen gesammelt, erinnerte sich Luther später. Ihr düsteres Lieblingslied ging so: »Mir und dir ist keiner hold, das ist unser beider Schuld.«

Nicht nur ein strenger, strafender, allmächtiger Gott gehörte zur Vorstellungswelt jener Zeit und jener Gegend, in der Martin Luther aufwuchs. Auch Dämonen, böse Geister und der Teufel trieben ihr Unwesen, in den Schächten und Gruben tief unten im Gestein und leider auch auf der Erdoberfläche. Für den Tod eines ihrer Kinder machte Luthers Mutter die angebliche Hexerei einer Nachbarin verantwortlich. Der Sohn sah das auch so: Eine Giftmischerin habe einen seiner Brüder getötet.

Was sein Vater aus dem Erdinnern berichtete, war der Stoff, aus dem Albträume sind. Von einem sterbenden Bergmann erzählte er, den der Teufel am Rücken durch einen gewaltigen Tritt verletzt habe. Zur Abwehr des Teufels wurde den Kindern eingebläut, diesem rasch die Kehrseite zuzuwenden. Und dann waren da noch sehr reale Gefahren, die Pest etwa. Man mag sich nicht ausmalen, welche Bilder ein Kind in dieser Zeit verfolgt haben, kein Schlaflied konnte die bösen Geister ganz vertreiben.

Aber nicht nur von Dämonen, Geistern und Unholden ging Gefahr aus, sondern auch von den eigenen Eltern. Schläge, Prügel, Züchtigungen gehörten zu dem, was man heute kaum mehr Erziehung nennen mag, was damals aber als weitgehend normal galt. Wegen einer gestohlenen Nuss sei er von der Mutter »bis aufs Blut« geschlagen worden, berichtete Luther später. So arg habe ihn der Vater einmal gezüchtigt, dass er »ihn floh, ihm gram wurde«.

Wie prägt der Beginn eines Menschenlebens dessen Weg? Ist ein heller Schrei ein gutes Omen? Wann bildet sich der Charakter aus? Das alles geht uns Nachgeborenen durch den Kopf. Für derlei Betrachtungen aber fehlte den Zeitgenossen gewiss die Muße, und es fehlte auch das Wissen über die tiefe Wirkung von Kindheitserfahrungen. Mit Vorwürfen muss man deshalb sparsam sein.

Luthers Familie galt keineswegs als speziell. Aber reagierte er vielleicht auf besondere Weise? Was von der Kindheit Martin Luthers überliefert ist, durch Zeitzeugen und ihn selbst, es klingt danach, als könnte irgendwann in dieser Zeit eine Art zweite Geburt gelegen haben, die Geburt dessen, was später »Lutherzorn« genannt wurde. Der eigene Wille, die Widerstandskraft, das Rebellentum. Begann sein Kampf gegen den Teufel schon als Kind, lange bevor er ihn mit der Feder bekämpfte?

»Die Welt ist wie ein trunkener Bauer; hebt man ihn auf einer Seite in den Sattel, so fällt er auf der anderen wieder herab. Man kann ihr nicht helfen, man stelle sich, wie man wolle, sie will des Teufels sein.« Derlei drastische Sätze finden sich in den »Tischreden« Luthers, Mitschriften aus Diskussionen beim Essen mit Freunden und anderen Gästen des Reformators. Es fällt schwer, solche Äußerungen nicht auf dem Hintergrund seiner Kindheitserlebnisse zu deuten. Er selbst sprach davon, er habe mit »Knoten« in der Seele gelebt, die sich lange nicht lösen wollten.

Der Beginn seiner Schulzeit – um 1490 – änderte an dem Grundton nichts. Schon als Siebenjähriger musste Martin in die Lehranstalt, eine Lateinschule in Mansfeld. Anfangs wurde er dorthin selbst bei Kälte huckepack befördert, für seine Beine war der Weg zu weit. Luther hat über seine Schulzeit drastische Worte hinterlassen. Eine »Teufelsschule« sei es gewesen, in der »Tyrannen« geherrscht hätten. Wieder und wieder wurde er vom Lehrer mit einem Rutenbündel gezüchtigt. Hölle und Fegefeuer sei die Schule gewesen. Schüler seien gezwungen worden, andere Schüler zu überwachen und zu denunzieren. Schwächere wurden bloßgestellt und vorgeführt, mit einer Eselsmaske behängt. Gepaukt wurde vor allem Grammatik. Weder Geschichte noch Geografie standen auf dem Lehrplan, nicht einmal das Rechnen lernte Luther dort.

Seine nächsten Stationen waren die Lateinschule in Magdeburg, dann Eisenach, wo er Verwandte hatte. Als wäre die Prügelstrafe in Mansfeld nicht schlimm genug gewesen, so erfuhr Luther dort von noch drakonischeren Strafen. Man berichtete ihm von einem Vorfall in einem Franziskanerkloster. Dort sei ein Klosterbruder wegen finsterer Prophezeiungen eingemauert worden.

Dennoch scheint die Zeit in Eisenach gut für ihn gewesen zu sein. Luther lobte später seine Wirtin, die ihn in ihr Haus aufgenommen haben soll. Die Frau sei eine mildtätige Witwe gewesen, der Luthers »herzliches Singen« gefallen habe. Sie wiederum soll gesagt haben: »Es ist kein lieber Ding auf Erden, denn Frauenliebe, wem sie kann zuteil werden.« Zuvor hatte sich Luther seinen Lebensunterhalt in Eisenach erbetteln müssen. Sein Schüler und Biograf Johannes Mathesius beschrieb den studierenden Luther als fleißig. »Kein Allotria, kein Abweichen vom geraden Weg.«

Endlich Licht, endlich Zuwendung. Luthers Leben schien nun eine positive Wendung zu nehmen. Der Vater, der etwas sparen konnte, verwendete offensichtlich einen Teil des Geldes dazu, seinem Sohn das Studieren zu finanzieren. Luther ging nach Erfurt, er ging wirklich, er pilgerte, um sich 1501 immatrikulieren zu lassen. Die Eltern hofften auf einen beruflichen Aufstieg des Sohnes, sie wollten, dass er Jurist wird. Und der Sohn fügte sich. Erfurt, am Schnittpunkt vieler Handelswege, galt als modernste der deutschen Hochschulen. Hier wurde kritische Quellenforschung betrieben, die Luther prägen sollte. Vier Jahre studierte Luther hier, vom 17. bis zum 21. Lebensjahr.

Wie wird diese Zeit den späteren Rebellen geprägt haben? Das Treiben in der Stadt war jedenfalls von einer Vielfalt, wie Luther sie bis dahin nicht kennengelernt hatte. Händler kamen mit ihren Wagen, auf dem Marktplatz wechselten die Stände,

Feste wurden gefeiert, kirchlicher und weltlicher Brauch gingen ineinander über. Und wie kaum anders zu erwarten, neideten Menschen anderen Menschen den Erfolg. Erstmals habe er Leichen auf der Straße liegen sehen, klagte Luther. Die Stadt sei ein »Hurhaus und Bierhaus« gewesen. Unruhe auch an der Universität. Mutige Studenten wagten der Obrigkeit zu widersprechen. Promotionen wurden mit höchstem Gepränge gefeiert.

Luther jedoch blieb auf Distanz. Er lebte hier wie in einer Art Kloster, im Kollegium Amplonianum, im Haus zur Himmelspforte oder in der Georgenburse. Die Regeln des Zusammenlebens waren streng, ob sie immer eingehalten wurden, kann man bezweifeln. Gespräche sollten auf Latein geführt werden. Dennoch, heißt es bei seinem Studienfreund Crotus Rubeanus, sei Luther ein »fröhlicher junger Geselle gewesen« – eine Beschreibung, die viel Spielraum für Interpretation lässt.

Für die Juristerei hatte Luther hier das Disputieren zu lernen. Auf dem Lehrplan standen das Streitgespräch, Logik, Dialektik. Und er war offensichtlich begabt in alledem; einen »Philosophen« nannten ihn Mitstudenten der sogenannten Artistenfakultät. Später hat Luther gesagt: »Die furnehmste Frucht und Nutz der Dialectica ist, ein Ding fein rund, kurz und eigentlich definiren und beschreiben.«

Student Luther machte im Wortsinne von sich reden, er durfte bald mitbestimmen, über welche Fragen zu disputieren sei. Luther vertiefte sich in die Astronomie, las antike Denker, er lernte die Laute zu spielen. »Musica soll das Seelchen erfreuen«, sagte er. Die Musik schien ihm wohl ein Mittel gegen die Trübsinnigkeit, die Düsternis, die sich immer wieder über ihn legte.

Luther war ein fleißiger Student, und das beeindruckte offenbar den Vater. Der Ton zwischen ihnen wurde versöhnlicher.

»Mit aller Liebe und Treu« habe der ihm geholfen, vor allem mit ausreichend Geld, sodass er seinen Wohnraum nur mit einem weiteren Studenten teilen musste. Luther legte seine Examina in der schnellstmöglichen Zeit ab. Als Magister, wie er sich nun stolz nennen durfte, erhielt er freien Zutritt zur Bibliothek – dort hielt er angeblich erstmals eine vollständige Bibel in der Hand.

Doch als sollte so viel Gutes ihm nicht zugedacht gewesen sein, als sollte ihm zuvor eine Prüfung auferlegt oder ein Zeichen gesendet werden, widerfuhr Luther Schreckliches. Ein kleiner Degen, den er bei sich trug, wurde ihm noch als Student zum Verhängnis. Auf einem Fußmarsch schlug er mit seinem Bein gegen die Waffe, die Degenspitze brach, ein Teil bohrte sich ins Fleisch. Das Blut schoss aus der Wunde am Oberschenkel. Der ihn begleitende Gefährte eilte zum nächstgelegenen Ort, um einen Arzt zu holen. Da schrie Luther in Todesangst: »O Maria hilf!« Er flehte um Beistand. Hilfe kam, aber in der kommenden Nacht brach die Wunde erneut auf. Wieder rief er Maria an. An einem Osterdienstag soll sich dies zugetragen haben. So wurde der Vorfall von einem Hausgenossen überliefert.

Welche Rolle spielten solche dramatischen Erlebnisse für Luthers Weg? Luther selbst sagte später, er sei »nicht mit Lust und Willen« Mönch geworden, sondern: »Durch Schrecken und Angst vor einem plötzlichen Tod gab ich ein gezwungenes und notwendiges Gelübde.« Alles allein wegen der Angst vor dem Tod? Oder welche Sünde und Schande, von der er immer wieder sprach, wollte er wiedergutmachen? Immer wieder wurde spekuliert, Luther habe sich nicht mit dem Degen selbst verletzt. Die Wunde stamme nicht von einem Unfall, sondern von einem Kampf, bei dem er einen anderen Studenten versehentlich getötet habe. Aufklären lässt sich die Causa nicht, der Verdacht bleibt.

Bis 1521 trug Luther seine Mönchskutte und die Tonsur.
Erst danach brach er auch optisch mit dem alten Glauben,
Kupferstich von Lucas Cranach d. Ä.

»Verzweiflung macht den Mönch!«, hat Luther selbst einmal gesagt. Weggefährten notierten, er habe zeitweilig unter Todesfurcht gelitten, die ihn wie ein Wall umgeben habe. Sorgte die Erfahrung der Todesnähe für eine Art religiöse Erweckung? Oder gab ein Blitzschlag, der ihm bei Stotternheim nahe Erfurt einen heiligen Schrecken einjagte, den Impuls, Mönch zu werden? Auch diese Deutung ist überliefert.

Unstrittig ist: Luther entschied sich 1505 für den Weg ins Kloster. Er hatte den Wunsch nach »besinnungsloser Einsamkeit«. Er kehrte bei einem Bettelorden, den Augustinereremiten, ein und erklärte, frei, ledig und ohne Krankheiten zu sein. Dann opferte er Teile seines Haupthaars. Übrig blieb nur ein Haarkranz, die sogenannte Tonsur.

Mit sich selbst war er im Reinen. Aber die Eltern? Es dauert lange, bis sein Vater diesen Schritt akzeptierte. Er sei so stolz gewesen, dass sein Sohn »Magister« geworden war, hatte er einmal gesagt. Und nun solch ein Schritt aus dem Leben hinter die Mauern eines Klosters? Selbst die Mutter mochte keinen Kontakt mehr. Erst als die Pest zwei weitere Söhne fortriss, da besann sich der gestrenge Vater. Er nahm wieder Kontakt zum gelehrsamen und frommen Martin auf. Und blieb doch auf Distanz.

In der Tat ging Luther vom Leben in die Stille, in die strenge Disziplin, in ein Dasein, in dem das Lachen unerwünscht war. Arm waren die Augustinerklöster jener Zeit nicht. Und auch Luther fand, er habe genug zu essen und zu trinken gehabt, mit dem Fasten habe man es auch nicht übertrieben. Zudem galt der Orden als humanistisch und der Welt zugewandt.

Die Zelle, in der Luther lebte, war kalt, sein Lager ein Strohsack mit Decke. Und ständig wurde von der Schuld gesprochen. Dabei hätten die Mönche gar nicht immer gewusst, welche konkrete Sünde sie bekennen sollten. Nicht aus jedem »Furz habe man eine Sünde« machen können, klagte ein Zeitgenosse

Luthers. Viele Mönche beichteten stundenlang. Sechs Stunden lang habe er seine Sünden bekannt, rühmte Luther sich einmal. Aber was konnte man derart lange beichten? Kritik am Beicht- und Bußritual der Zeit findet sich in einem Luther-Satz: »Je länger wir waschen, desto unreiner werden wir.«

Manche Geschehnisse im Kloster würde man wohl heute unter Psychose verbuchen und nicht als besonderen Ausdruck von Frömmigkeit. Luther soll sich, mancher Überlieferung nach, beim Lesen seiner ersten Messe zu Boden gestürzt und geschrien haben. Er habe gezittert beim Lesen, berichtete er angeblich selbst, vor Furcht und Schrecken. Er habe vom Altar flüchten wollen, er habe sich gefragt, mit wem er da rede. Und wer er sei, der da zu Gott spreche? Mitbrüder besänftigten ihn.

War Luther ein Ekstatiker, sah er sich von Dämonen bedroht, oder fürchtete er nur den gestrengen Allmächtigen? Heute würde jemand mit derartigen Erscheinungen als Sonderling gelten. Luther aber geriet schon bald in den Ruf, ein »zweiter Paulus« zu sein.

Dieser neue Paulus erhielt Weihen jener Kirche, der er sich später entfremdete. Er wurde Subdiakon, Diakon und schließlich 1507 zum Priester geweiht. Sein beruflicher Aufstieg beeindruckte sogar den Vater, für eine wirkliche Aussöhnung mit der Familie reichte es jedoch nicht. Der Vater erwies sich zwar als großzügiger Spender, stiftete 20 Gulden für die Klosterküche, und er erschien in Erfurt zu einem Festmahl. Doch der Sohn freute sich zu früh. Erneut knurrte der Vater ihn an. Ob er denn an das vierte Gebot gedacht habe: »Du sollst Vater und Mutter ehren?« Wieder kam Luther in der Rückschau auf jenen legendären Blitzschlag zu sprechen, der ihm wie ein Ruf erschienen sei. »Teufelsgespenst« soll der Vater gesagt haben. Der Junge sieht Gespenster, würde man heute formulieren. Wie ein »schneidendes Schwert« hätten ihn die abweisenden Worte des Vaters getroffen.

Luther widmete sich von nun an ganz der Bibellektüre. Er besaß eine lateinische Ausgabe, in rotes Leder gebunden. Und er las derart besessen, dass er die Texte angeblich bald auswendig konnte. Im Herbst 1508 wurde er an einen Ort versetzt, dessen Ruf er prägen sollte: Wittenberg. Verglichen mit Erfurt war Wittenberg ein Kaff an der Elbe, »am Rande der Zivilisation«. Und die Universität hier war neu und viel kleiner. Aber für Luther war es eine Chance. Er wurde Dozent für Moralphilosophie.

Zuvor musste er in einem ganz anderen Sinn Moral zeigen. Er musste den Weg zu Fuß bewältigen, wie damals üblich, mehrere Tagesmärsche weit. Und aus der klösterlichen Stille ging es hinaus in eine gefährliche, grelle Welt, mit schlechten Wegen und rücksichtslosen Wegelagerern. Als Mönch hatte Luther demütig zu gehen, die Blicke gesenkt, die Hände in der Kutte. Aber er ging mit offenen Ohren – und er hörte, was der gemeine Mann sprach. Tausende Kilometer ist Luther schon in jungen Jahren gelaufen und hat sicher auch dabei gelernt, dem »Volk aufs Maul« zu schauen.

Luthers längste und beschwerlichste Reise begann im Herbst 1510. Sie führte ihn wohl über Nürnberg, Ulm und Chur über die damals noch unwegsamen Alpen. Sein Ziel hieß Rom. Allerlei Reiseeindrücke des jungen Mannes sind überliefert, über die Schweizer etwa, »kräftige Menschen«, wie er fand, »beherzt und ohne Tadel«. Die lange Reise und das winterliche Wetter aber zehrten an Luthers Kräften, er wurde krank, litt wahrscheinlich an Fieber. Granatäpfel, so berichtete er, hätten ihn gerettet. Begeistert war Luther von den Hospitälern in Italien, sie seien wesentlich besser ausgestattet als daheim. Luther (und ein ihn begleitender Mönch) hatten den Auftrag, bei dem Generaloberen des Ordens und womöglich beim Papst die Anliegen seines Ordens vorzutragen. Der wurde von Flügelkämpfen und theologischen Zwistigkeiten geplagt.

Die Einheit des Ordens mit seinen zahlreichen Klöstern in verschiedenen Provinzen war in Gefahr. Teile der Augustinereremiten hatten ihr Regelwerk reformiert, andere beharrten auf der Tradition. Sollte es ein einheitliches Regelwerk für alle geben, wie viel Selbstständigkeit stand jedem der Teile zu? Sollte der Generalvikar die Unabhängigkeit der Augustinereremiten sichern, oder sollten alle einem Generaloberen in Rom unterstehen? Ein Streit, wie ein Vorbote für jenen Großkonflikt, den Luther bald selbst auslösen sollte.

Aber noch war er ein gehorsamer Sohn der Kirche, vom Glauben durchdrungen. In Rom angekommen, warf er sich auf die Erde und rief: »Sei gegrüßt, heiliges Rom, wahrhaft heilig durch die heiligen Märtyrer, von deren Blut es trieft!« Vier Wochen lang blieb Luther in Rom. Über Erfolg oder Misserfolg ist schwer zu urteilen, Rom soll die Bitten der Emissäre abschlägig beschieden haben: »Den Deutschen wird aufgrund der Gesetze verboten zu appellieren.«

Tief hat sich die Reise in Luthers Gedächtnis geprägt. Sein Eindruck von der Kirchenzentrale, wie er ihn später geschildert hat, scheint ambivalent gewesen zu sein: Er pries die Kirchenverwaltung: Gerichtssachen würden »fein regelmäßig gehört, erkannt, gerichtet und erörtert«. Er beklagte sich jedoch über »Höflinge«, die bei Tisch prahlten, wie viele Messen sie gehalten hätten. Ihn ekelte, wie einige der Amtsbrüder so »rips raps« die Messe hielten. »An Unwissenheit werden die deutschen Priester von den italienischen weit übertroffen.« Und der Papst? Er habe ihn nur murmelnd am Altar sich hin und her bewegen sehen. Dabei hatte der Mönch aus Deutschland erwartet, der Heilige Vater würde den »goldenen Mund auftun und von dem unaussprechlichen Heil der Seligen mit Entzücken sprechen«. Doch seiner Frömmigkeit tat die Reise keinen Abbruch, und der Gedanke an eine Reform oder gar Reformation trieb ihn noch nicht um. Erst im Nachhinein wurden seine Reiseeindrücke derart gedeutet, ein wenig auch von ihm selbst.

Von nun an blieb Wittenberg die Wirkungsstätte Luthers, der das machte, was man heute Karriere nennen würde: Innerhalb seines Ordens stieg er in die oberste Leitung auf, an der Universität wuchs er in das Amt eines Theologieprofessors, wozu er erst einmal Doktor werden musste, oder wie er selbst gern sagte, »geschworener Doktor der Heiligen Schrift«. Der Aufstieg ging einher mit einem für ihn bislang unerreichten Luxus. Mit 29 Jahren bezog er – erstmals in seinem Leben – ein eigenes Zimmer in einem Anbau des Augustinerklosters. Aus diesem »armen Stüblein« heraus habe er, staunte er später, »das Papsttum gestürmt«. Bald hieß es über ihn: »Der Mönch wird eine neue Lehre aufbringen.«

In jenem Zimmer soll sich Luther beim Studium der Bibel – besonders der Psalmen und der Paulus-Briefe – das »Tor zum Paradies« geöffnet haben. Jener Gedanke, der nun Kern seines theologischen Denkens werden sollte, sei ihm nach langer Grübelei dank göttlicher Hilfe gekommen, wie er selbst schrieb: Danach berufe Gott den Menschen grundlos zum Heil. Nicht ständiges Büßen mache den Menschen frei, sondern allein »die Gnade Gottes«.

Was für ein Gedanke! Er stellte die Lehre von der Erbsünde, vom abgefallenen Menschen in einen anderen Kontext. Statt Zerknirschung und ewiger Selbstbezichtigung sollte der Mensch allein durch Gnade erlöst werden. Auf dem alten Glaubenskonstrukt aber basierte alles, wogegen Luther von nun an rebellierte, zuallererst der Ablasshandel, mit dem man sich angeblich von den Sünden freikaufen konnte.

Doch damit griff er die Institution Kirche an. Sie hatte sich zwischen den Menschen und Gott postiert mit dem Anspruch, ohne ihre »Vermittlung« könne es kein Heil geben. Luther hoffte auf einen theologischen Disput. Bald jedoch wurde klar, dass er die Machtfrage gestellt hatte. Sein Gnadenverständnis machte die Kirche zwar nicht überflüssig; aber deren Anmaßung, sich selbst an die Stelle Gottes zu setzen, hatte jetzt keine theologische Grundlage mehr.

Der Grübler im Turmstübchen hat das kirchenpolitische Beben wohl kaum vorausgeahnt. Zuerst hat Luther sich selbst befreit, aus seinem selbstquälerischen Mönchtum, von einer uferlosen Buß- und Beichtpraxis. Der Weg war frei, die Geschichte von Geburt, Leben, Kreuzigung und Auferstehung Jesu als »Frohe Botschaft« anzunehmen.

Luthers Wirkmächtigkeit resultierte allerdings nicht allein aus seiner theologischen Provokation. Gegen das bisherige Selbstverständnis der Kirche beließ es der Mann aus Wittenberg nicht beim Disput von Doktor zu Doktor, von Geistlichem zu Geistlichem. Er suchte die breite Öffentlichkeit. Seine Thesen zum Ablass schrieb er 1517 zwar auf Lateinisch, aber schon im Jahr darauf brachte er sie in allgemein verständlicher Sprache unters Volk. Das war gänzlich neu und passte zu seinem Postulat vom »Priestertum aller Gläubigen«.

Jede neue seiner jetzt in rascher Folge erscheinenden Schriften steigerte den Zorn der Konservativen. Sollten die Bürger und Bauersleute etwa mitreden, wenn es um Gottes Gnade geht? Wer würde das Volk noch folgsam machen? Und wollte Luther etwa den Papst finanziell ruinieren? Oder den Mainzer Erzbischof? In dessen Auftrag zog der Dominikaner Johannes Tetzel durch die Lande und vergab Sünden im Tausch gegen Gulden. Und nun kam da so ein Doktor und befand, dass dieser Handel nicht zum Heil führen könne? Der Klerus bebte. Finstere Pläne wurden geschmiedet, um Luther das Maul zu stopfen. Theologen wurden gedrängt, Luther zu stellen und der Ketzerei zu überführen. Gutachten wurden gefertigt, Vorladungen ausgesprochen.

Aber Luther gefiel sich in der neuen Rolle und verlor die Angst vor der Obrigkeit. Der Papst? »Er ist ein Mensch wie auch die übrigen.« Die Spaltung der Kirche hatte der Professor aus Wittenberg nicht im Sinn. Er wollte sie zur Klarheit und Wahrheit führen. Aus dem stillen Turmbewohner und dem zu Boden blickenden Mönch war nicht nur ein kritischer Theologe geworden, sondern ein Aufwiegler. Und da er gelernt hatte, Klartext zu reden, gewann er Anhänger, wo er auftrat. Seine Einsichten hatten nun Züge von Trinksprüchen: »Ich habe keine bessere Arznei als den Zorn.« Es scheint, als sei all die Last seiner Jugend von ihm abgefallen.

Womöglich hat er sich dabei auch ein wenig treiben lassen. Denn Luther schwärmte in Briefen nicht nur von seinen Erfolgen im öffentlichen Disput, sondern auch vom Weinjahrgang 1518. Ein richtiger Prahlhans wurde aus dem einstigen Demutsapostel: »Je mehr mich die Leute bedrohen, umso größer meine Zuversicht.« Und: »Ich habe ein neues Feuer angezündet.«

# »SOBALD DER GÜLDEN IM BECKEN KLINGT«

*Luthers Kirchenkritik entzündete sich vor allem an den Ablassbriefen. Im Volk waren sie allerdings gefragt, denn sie versprachen Erleichterungen im Jenseits.*

Von MICHAEL SONTHEIMER

Das Dokument, über das sich Christian Heitzmann beugt, wirkt auf den ersten Blick nicht so, als sei es 498 Jahre alt. Das Pergament ist kaum vergilbt, die Schrift gestochen scharf. Der Leiter der Handschriftenabteilung der Herzog-August-Bibliothek in Wolfenbüttel hat einen in ein Passepartout gefassten Ablassbrief in Händen. Ausgegeben von Erzbischof Albrecht von Brandenburg, verfasst auf Latein. Der Brief stammt aus der großen Ablasskampagne zur Finanzierung des neuen, monumentalen Petersdoms. Verkauft und ausgestellt wurde er am 1. Juli 1517 in Göttingen. Welche Auflage der Brief hatte, ist unbekannt, aber sie dürfte mehrere Tausend betragen haben.

»Ablässe waren eine erprobte und beliebte Spielart der Frömmigkeit im Spätmittelalter«, sagt Bibliothekar Heitzmann. Schon seit Jahrhunderten konnten Christen sich nicht nur durch Gebete und Wallfahrten, sondern auch mit Geld die Qualen ganz ersparen. Im Fegefeuer mussten bis zum Jüngsten Gericht angeblich diejenigen schmoren, die nicht wie Heilige direkt in den Himmel kamen – so hatte es Papst Gregor der Große im 6. Jahrhundert postuliert. »Purgatorium« hieß es auf Lateinisch, Ort der Reinigung oder Läuterung.

Thomas von Aquin beschrieb es als Feuerloch im Inneren der Erde, Dante als Berg, auf dem Sündern die Augenlider mit Draht zugenäht wurden. In der von religiösen Vorstellungen tief durchdrungenen mittelalterlichen Gesellschaft war das Fegefeuer ein machtvolles, Angst und Schrecken einflößendes Szenario. Auf dieser Furcht basierte eine Finanzierungsmethode der Kirche, die man heute Spendenkampagne oder Crowdfunding nennen würde: Gemeinden, Bischöfe, Erzbischöfe und Päpste sammelten mit dem Verkauf von Ablassbriefen Geld für den Bau und die Renovierung von Kirchen, aber auch für Kreuzzüge.

Zur Rechtfertigung des Geschäfts hatten sich die Theologen eine pfiffige Erklärung ausgedacht: Durch die guten Werke von Jesus und den Heiligen sei ein Überschuss an guten Werken in der Kirche entstanden. Aus diesem »Gnadenschatz« könnten die Geistlichen schöpfen, um den Käufern der Ablassbriefe ihre Sündenstrafen ganz oder teilweise zu erlassen. Ein Bischof konnte 40 Tage »absolutio« oder »indulgentia« für die Strafe des Fegefeuers gewähren, ein Kardinal 100 Tage. Generalabsolution konnte nur der Stellvertreter Christi auf Erden, der Papst, erteilen – beziehungsweise von ihm Bevollmächtigte.

Der Ablassbrief in der Bibliothek in Wolfenbüttel stammt aus einer Serie, die zur Finanzierung des Petersdoms verkauft wurde. Aussteller ist »Albrecht, von Gottes und des apostolischen Stuhles Gnaden; Erzbischof der heiligen Kirche von Mainz und von Magdeburg«. So hebt der Brief an, es folgen acht weitere Titel bis hin zum »Fürst von Rügen«.

Der Käufer des Briefes durfte bei einem Geistlichen seiner Wahl beichten und um die General-Absolution vor dem Tod bitten. Selbst die Strafe für Kapitalverbrechen konnte ein einfacher Priester dann dem Besitzer des Briefes erlassen. Auf dem Brief ist die Ablassformel festgehalten, die der Geistliche Wort für Wort für diese »absolutio« sprechen musste. Allerdings heißt es einschränkend: »Ausgenommen sind Machenschaften zur Ermordung des Heiligen Vaters oder anderer hochrangiger Prälaten, und ausgenommen ist, wer päpstliche Schreiben fälscht.«

Die Ablasskampagne von Albrecht kam allerdings nicht nur dem Papst zugute. Um neben der Verwaltung des Bistums Halberstadt im zarten Alter von 23 Jahren auch noch das Erzbistum Magdeburg und ein Jahr später das von Mainz zu bekommen, hatte der Hohenzoller Albrecht erhebliche Gebühren bezahlen müssen. »Jede Amtsübertragung war gebührenpflichtig«, erklärt Heitzmann. »Bei der Besetzung einer Pfründe wurden die Annaten fällig, das Einkommen eines Jahres musste nach Rom abgeführt werden.«

Der dreifache Bischof Albrecht sah sich gezwungen, für den Erwerb seiner Ämter beim Bankhaus Fugger einen Kredit aufzunehmen, und kam mit dem Heiligen Stuhl überein, dass er die große Ablasskampagne für den Dombau starten werde. Die Hälfte der Einnahmen ging nach Rom, die andere nach Augsburg, an die Fugger. Zum Generalsubkommissar der Petersdomkampagne wurde der Dominikanermönch Johannes Tetzel ernannt. Mit Kreuz und Fahnen zogen er und sein Tross in Albrechts drei Bistümern von Stadt zu Stadt und forderten die Gläubigen zum Kauf der Briefe auf. Stets mit dabei war ein Mitarbeiter des Hauses Fugger, der den Geldkasten hütete.

Der simple Kuhhandel der Ablassbriefe ließ sich nur schlecht verklären. In einem zeitgenössischen Flugblatt hieß es über die Monetarisierung der Gnade Gottes: »Sobald der Gülden im Becken klingt, im Huy die Seel in den Himmel sich schwingt.« Die große Frage war: Hängt mein Heil von meinen guten Werken ab oder davon, dass Gott in seiner Gnade will, dass ich erlöst werde?

Martin Luther lehnte die Vorstellung ab, dass sich das Seelenheil erkaufen ließe. Er verfasste seine 95 Thesen über den Ablass und schickte sie an Erzbischof Albrecht. Den aber interessierte nicht die Grundsatzfrage, sondern vielmehr ganz praktisch die Rückzahlung seiner Schulden an die Fugger. Der Theologieprofessor aus Wittenberg war tief enttäuscht darüber, dass die Kirchenherren seine theologischen Erwägungen nicht richtig ernst nahmen, und suchte andere Wege, seine Ideen unter die Leute zu bringen. Er fand sie: Das war der Beginn der Reformation, das Ende der Einheit der Christenheit in Europa.

Die Kritik Luthers und anderer Zeitgenossen am Ablasswesen perlte jedoch auch an der alten Kirche nicht ab. Der Ablasshandel wurde 1563 verboten, und Papst Pius V. verfügte 1570 zusätzlich, dass alle, die mit Ablässen handelten, exkommuniziert werden sollten.

# ZURÜCK ZUM WAHREN GLAUBEN

*Bußprediger drohten Sündern mit der Apokalypse, Hexen und Häretiker wurden verbrannt. Die Menschen in Europa um 1500 waren so fromm wie selten zuvor. Viele aber hofften auf eine Reform der Kirche.*

Von MARTIN DOERRY

Hat er nun gebetet oder geschrien? Die zeitgenössischen Chronisten berichteten Widersprüchliches über die letzten Minuten im Leben des Jan Hus. Ein Zeuge sah ihn als frommen Mann Gottes, der auf dem Scheiterhaufen lateinische Gebete in den Himmel schickte, ein anderer beschrieb ihn als unbelehrbaren »Ketzer«, der, vor Schmerzen schreiend, im Feuer zugrunde ging.

Fest steht nur: Der tschechische Reformator und Kritiker der Papstkirche Jan Hus wurde am 6. Juli 1415 in Konstanz bei lebendigem Leibe verbrannt. Dabei hatte ihm König Sigismund freies Geleit zum Konzil in der Bodenseestadt versprochen – offenbar in dem naiven Glauben, Hus würde dort seine Lehren revozieren und somit die Abspaltung böhmischer Gemeinden von der römischen Kirche stoppen.

Doch Hus blieb standhaft. Tagelang nahm man ihn ins Kreuzverhör, und dennoch beharrte er auf seiner Kritik an den Zuständen der Kirche, am Ablass und am unmoralischen

Verhalten des Klerus. Sterben musste er wohl aus einem anderen Grund: weil er die Beraubung von Klöstern und Kirchen durch seine Anhänger nicht verdammen wollte. Das, so fanden auch ihm eher gewogene Konstanzer Konziliaristen, führte zur Auflösung der Kirchenhierarchie und ihrer Herrschaftsstrukturen.

Hundert Jahre vor der Reformation wurde damit der letzte große Häretiker des Mittelalters von der Mehrheitskirche zum Verstummen gebracht. Zwar fochten seine Anhänger noch über Jahrzehnte für die Umsetzung seiner Ideen in Böhmen, auch andere Bewegungen wie die Waldenser in West- und Mitteleuropa sowie die Lollarden in England verfolgten ähnliche Ziele. Doch mit dem Ausklingen des 15. Jahrhunderts schien das Zeitalter der großen Häresien, der Kirchenspaltungen und Glaubenskämpfe nun definitiv seinem Ende zuzugehen. Vor allem fehlte es an einem charismatischen Kopf, der in der Lage gewesen wäre, die kritischen Kräfte zu bündeln.

Denn Kritik gab es zuhauf an den Zuständen in den Klöstern, Pfarreien und Bischofsresidenzen. Auch beim Konstanzer Konzil war der Ruf nach einer Reform der Kirche an Haupt und Gliedern deutlich zu vernehmen gewesen. Die dort versammelten Kirchenmänner wollten eine Art Parallelregime in allen theologischen Fragen installieren und damit die Macht des Vatikans einschränken. Doch weder das Konstanzer noch das danach tagende Basler Konzil konnten diesen Anspruch durchsetzen. Der römische Papst Nikolaus V. drängte 1449 den von den Baslern gewählten Gegenpapst zum Rücktritt und etablierte einen autokratischen Führungsstil, der noch lange Zeit Bestand haben sollte.

Allerdings veränderte sich die Welt nun so gründlich wie selten zuvor: Johannes Gutenberg schuf den Buchdruck und sorgte damit erstmals für eine massenhafte Verbreitung religiöser und politischer Schriften; ein neuer Erdteil, Amerika, wurde von Seefahrern entdeckt; ein Vorbote der Aufklärung, der Humanismus, trat seinen Siegeszug durch Europa an, und die Renaissance in Kunst und Architektur verbreitete sich auch außerhalb Italiens.

Das Europa des späten 15. Jahrhunderts war ein Kontinent im Umbruch. Kirchenhistoriker sehen hier schon Tendenzen und Trends, ohne die es die Reformation nie gegeben hätte. Zwangsläufig, so meint allerdings der Göttinger Theologe Thomas Kaufmann, sei die Kirchenspaltung nicht gewesen. Die Idee einer »krisenhaften Beschleunigung« des innerkirchlichen Zerfalls etwa sei eine protestantische Geschichtslegende, denn um 1500 habe es »keineswegs« eine »mit Notwendigkeit auf eine Reformation hindrängende Situation« gegeben.

Tatsächlich zählte die Forderung nach Reformen seit bald zwei Jahrhunderten schon zu den Allgemeinplätzen des theologischen Diskurses. Selbst die Päpste beteiligten sich mitunter an dieser Debatte, wenn auch stets unter strenger Wahrung ihrer machtpolitischen Interessen. Am lautesten erscholl dieser Ruf zunächst an der Basis. In den Klöstern setzte bereits gegen Ende des 14. Jahrhunderts eine Art Selbstreinigung ein, eine Absetzbewegung besonders regeltreuer Mönche vom angeblich moralisch verwerflichen Mainstream in den Konventen und Stiften. Der Franziskanerorden spaltete sich 1417 in rigorose »Observanten« und eher großzügige »Konventuale«. Auch unter Dominikanern, Karmelitern, Benediktinern und Augustinern entstanden Erneuerungsbewegungen. In Deutschland bildeten sich Reformkongregationen, also Klosterbünde, die sich der sogenannten Observanz unterwarfen, geführt von den Mönchen in den süddeutschen Abteien Kastl und Melk sowie im norddeutschen Bursfelde.

Auch unter den gebildeten Laien verbreitete sich das Bedürfnis nach einer Rückkehr zum wahren, kompromisslosen Glauben. In den Niederlanden entstand, ebenfalls in der zweiten

Hälfte des 14. Jahrhunderts, die »Devotio Moderna«, eine Bewegung frommer Bürger, die sich nicht in Konkurrenz zu den Institutionen der Kirche sah, aber einen eigenen Weg zu einem bescheidenen, gottgefälligen Leben suchte. Tiefgläubige Laien bildeten Vereinigungen wie die Schwestern oder Brüder »vom gemeinsamen Leben«.

Anhänger der »Devotio Moderna« fanden sich bald in vielen Ländern Europas. Nach dem Vorbild der apostolischen Urgemeinde gründete man Gemeinschaftshäuser und unterwarf sich dort einem strengen Kanon christlicher Regeln und Werte. Man meditierte, betete und bildete Gemeinschaftseigentum. Schon Jahrzehnte vor Martin Luther sorgten die Brüder und Schwestern vom gemeinsamen Leben für eine Verbreitung der Bibel in den Volkssprachen. Auch der Humanist Erasmus von Rotterdam wurde von Anhängern der »Devotio« erzogen.

Nicht für jeden Vertreter des städtischen Bürgertums kamen solche asketischen Formen der Religiosität infrage. Wer wollte und konnte, stiftete stattdessen Altäre und Kapellen, religiöse Bildwerke und Stipendien für den niederen Klerus. Um 1500 wurde so großzügig für fromme Zwecke gespendet, wie wohl in keiner Epoche der Kirchengeschichte zuvor. Auch so ließ sich für die Gemeinschaft – und das eigene Seelenheil – Gutes tun.

Wer sich das alles nicht leisten konnte, bewies seine Gottesfürchtigkeit auf Wallfahrten und Pilgerreisen. In Trier zogen an einem einzigen Tag des Jahres 1512 etwa 80 000 Gläubige zum »Heiligen Rock Christi«, und das in einer Stadt, die nur rund 8000 Einwohner zählte. Allerorten wurden Mirakel registriert und zum Anlass neuer Wallfahrten gemacht. Der Kirchenhistoriker Kaufmann spricht von einer religiösen »Eventkultur«, die sich in den Jahrzehnten vor der Reformation ausgebreitet habe. Und nicht selten schlug die religiöse Inbrunst in Massenhysterie um: Frauen und Männer ließen urplötzlich alles stehen und schlossen sich den durch die Dörfer ziehenden Pilgern an, zuckende Menschen wälzten sich weinend am Fuße von Marienstatuen.

Solche Emotionen machten allerdings viele Gläubige auch anfällig für den grassierenden Hexenwahn. Manche Historiker erklären die wachsende Zahl von Hexenprozessen im ausgehenden 15. Jahrhundert mit dem Ende der großen Häresien: Ein neuer Sündenbock musste gefunden werden für all das Schlechte und Verdorbene in der irdischen Welt. So ließ sich Papst Innozenz VIII. 1484 dazu überreden, mit einer Bulle der Hexenverfolgung seine Zustimmung zu erteilen und damit die theologische Grundlage für eine kollektive Obsession zu liefern, die bis weit in die Neuzeit ungezählte Opfer forderte.

Das scholastische Fundament schuf zwei Jahre später der sogenannte Hexenhammer des Elsässer Dominikaners Heinrich Institoris, ein Kompendium des religiösen Wahns, in dem die Symptome der Hexerei detailliert beschrieben werden. Da ist von der spezifisch weiblichen Neigung zum Verbrechen die Rede, von bösen Frauen, die ihre Kinder verspeisten und Geschlechtsverkehr mit dem Teufel praktizierten.

»Es ist die größte Häresie, nicht an das Wirken von Hexen zu glauben«, heißt es im Hexenhammer. Noch zu Lebzeiten des Autors wurden Hunderte von Frauen hingerichtet. Die Motive der Verfolger waren selbstverständlich komplett irrational: Moralische Hybris, Frauenhass und die Angst vor dem scheinbar allgegenwärtigen Teufel spielten eine Rolle. Zudem glaubten viele Menschen, die Apokalypse sei nah. Wer sich jetzt nicht von den Sünden (und den Sündern!) befreie, müsse dafür zur Strafe in der Hölle schmoren.

Die Dämonen in den Bildern Hieronymus Boschs oder Hans Baldung Griens sowie Albrecht Dürers »apokalyptische Reiter« spiegeln die Endzeitängste dieser religiös über alle Maßen entflammten Epoche. Die Untergangsstimmung hatte sich so weit verbreitet, dass sogar der Vatikan ihr Einhalt zu bieten versuchte. Auf dem 1512 eingesetzten fünften Laterankonzil in Rom wurde beschlossen, dass ab sofort kein Priester mehr den genauen Zeitpunkt des Jüngsten Gerichts vorhersagen dürfe.

Das Konzil hatte dabei vor allem einen Mann vor Augen, der die Kirchenfürsten mehr als jeder andere Bußprediger geschockt hatte: Girolamo Savonarola. Der Florentiner hatte die Bürger seiner Heimatstadt wenige Jahre zuvor mit seinen Tiraden so in Angst und Schrecken versetzt, dass sämtliche Autoritäten um ihre Ämter fürchten mussten. Savonarola predigte gegen lasterhafte Prälaten und deren Mätressen und Lustknaben. Im Kirchenstaat, so wetterte Savonarola, »mehren sich Wollust und Raub, so dass niemand begreift, dass der Himmel nicht einstürzt«. Auch die Florentiner Stadtregierung schonte er nicht: Die Armen würden von der Last der Steuern erdrückt, die Herrschenden hätten jeden Realitätssinn verloren.

Am 7. Februar 1497, mitten im Karneval, ließ er einen »Scheiterhaufen der Eitelkeit« errichten, auf dem die Bürger der Stadt alles aus seiner Sicht Überflüssige zu verbrennen hatten: Schminke und Parfums, Spiegel, Gemälde und Musikinstrumente. Irgendwann hatte Savonarola allerdings den Bogen überspannt. Sein Pakt mit dem französischen König Karl VIII. machte ihn zum politischen Rivalen norditalienischer Potentaten. Papst Alexander VI. verbündete sich mit den Gegnern des Bußpredigers, auch die Florentiner wandten sich von ihm ab. Schließlich wurde ihm der Prozess gemacht. Nach grausamen Folterungen gestand Savonarola, ein Scharlatan zu sein. Am 23. Mai 1498 wurde er zusammen mit zwei Weggefährten erhängt und verbrannt.

Auch nördlich der Alpen riefen damals wortgewaltige Pfaffen die Gläubigen zur Umkehr auf. Einer der bekanntesten, der Straßburger Münsterprediger Johannes Geiler von Kaysersberg, unterhielt seine Gemeinde mit farbigen Schilderungen aus dem verwerflichen Sittenleben seiner eigenen Zunft: Die Geschichte vom Mönchlein etwa, das Wache hält vor der Bettnische, in der sich ein Priester mit seiner Mätresse vergnügt. Oder der Vergleich zwischen Huren und Nonnen: Die einen hätten wenigstens ein schlechtes Gewissen, die anderen lebten hingegen in Klöstern, die längst zu Bordellen geworden seien.

Habgier und Ämterkauf der Kleriker, Alkoholismus und Faulheit der Mönche – all das prangerte Kaysersberg an. Die Kirche ließ den populären Mann gewähren, weil er die Autoritäten nicht grundsätzlich infrage stellte. Andere Prediger mussten dagegen um ihr Leben fürchten, beispielsweise der Wormser Domherr Johann Ruchrat von Wesel, der energisch gegen den Ablass zu Felde zog. Wesel verlor erst seinen Job und musste dann auch noch seine Thesen widerrufen. Immerhin wurden am Ende nur seine Schriften verbrannt, er selbst durfte sich 1479 in ein Kloster retten.

Dank des Buchdrucks wurde die Sündhaftigkeit der Gottesdiener in der Literatur des späten 15.Jahrhunderts zu einem verbreiteten Topos. Er findet sich etwa im »Narrenschiff« (1494) des Humanisten Sebastian Brant, dem erfolgreichsten deutschen Buch vor der Reformation. Diese Moralsatire nahm nicht nur die Kirche, sondern die ganze Gesellschaft aufs Korn, Brant verspottete mit seinen Versen Neid und Missgunst, Dummheit, Geschwätzigkeit und viele andere menschliche Schwächen.

Einen Schritt weiter ging Erasmus von Rotterdam mit dem »Lob der Torheit« von 1509, einer Satire aus dem unmittelbaren Vorfeld der Reformation. Der humanistische Gelehrte hatte es in erster Linie auf die Theologen abgesehen, auf die weltfernen Disputationen dieser, wie er fand »hochnäsigen«

Spezies, die sich ständig bekämpfte und doch nur für weitere Konfusion sorgte. »Man fände sich rascher im Labyrinth zurecht«, schrieb Erasmus, »als in dem Knäuel von Realisten, Nominalisten, Thomisten, Albertisten, Occamisten, Scotisten, und das sind erst noch nicht alle, nur die bekanntesten.«

Theologischen Gelehrtenstreit gab es allerdings schon immer. Neu war die kritische Distanz von Humanisten wie Sebastian Brant, Erasmus von Rotterdam oder auch Ulrich von Hutten, den gerade die Missstände im Vatikan besonders empörten. Plötzlich weitete sich der Blick, fragwürdige Zustände, die teilweise seit Jahrzehnten oder gar Jahrhunderten bestanden, wurden nun hinterfragt.

Und so streiten die Historiker heute darüber, ob sich die Verhältnisse im Mönchstum, in den Pfarreien und im Klerus wirklich so dramatisch verändert hatten. Womöglich waren viele Menschen inzwischen nur besser gebildet und deswegen aufmerksamer für die Schwächen des kirchlichen Personals. Auch die dank des Buchdrucks nun immer dichter werdende Überlieferung könnte den Eindruck erwecken, dass sich die Krisensymptome verschärft hatten.

Dass es sie gab, ist allerdings unstrittig. Nur jeder dritte Pfarrer hatte überhaupt ein paar Semester studiert, jeder zehnte lebte mehr oder weniger offen in einem Konkubinat, ein großer Teil zeigte nicht das geringste Interesse an der Seelsorge. Viele Würdenträger hatten sich ihre Posten, Abteien oder Bischofsämter gekauft und kümmerten sich nur um die Ausplünderung der damit verbundenen Pfründen. Und besonders schlimm sah es an der Spitze der Kirchenhierarchie aus, wo Nepotismus die Regel war: Der Borgia-Papst Alexander VI. beispielsweise versuchte um das Jahr 1500 herum gleich ganze Teile des Kirchenstaats seiner eigenen Familie zuzuschanzen.

Ein Krisenphänomen hatte jedoch inzwischen dramatische Formen angenommen: Zur Finanzierung kirchlicher Aufgaben, etwa dem Bau von Kathedralen und Klöstern, wurden Ablässe ausgeschrieben. Die Päpste nutzten dieses Instrument in immer kürzeren Abständen, auch in den Bistümern machte man davon gern Gebrauch. Wer zahlte, büßte damit für eine sündhafte Vergangenheit. Luthers Zeitgenosse Kardinal Albrecht von Brandenburg verwies stolz darauf, dass er mit seinen Eintreibern mehr als 39 Millionen Ablassjahre gesammelt hatte.

Etwa ein Drittel der Einnahmen fiel gewöhnlich dem Papst zu, aber auch die weltlichen Stände, die Städte und Fürsten, sowie die Ablasskommissare verdienten mit. Viele Kirchgänger betrachteten den Ablass offenbar als praktikables Mittel der Buße, nicht wenige Theologen hingegen hielten ihn für Teufelszeug. Auch die deutschen Fürsten beobachteten die Missstände in den Gemeinden mit wachsendem Unbehagen. Schon 1456 hatten sie in den »Gravamina deutscher Nation« Klage geführt über die Ausbeutung ihrer Untertanen durch die römische Kurie. Ihre Reformforderungen wurden auf allen Reichstagen bis ins frühe 16. Jahrhundert hinein wiederholt. Das Selbstverständnis der Landesherren hatte sich geändert, sie fühlten sich nun auch für das geistliche Wohl der Menschen verantwortlich, zumal sich die Gewichte im ewigen Ringen zwischen der weltlichen und der kirchlichen Gewalt verschoben.

Das Papsttum hatte nämlich einen hohen Preis für die Unterstützung durch die Territorialfürsten im Kampf mit der Konzilsbewegung im 15. Jahrhundert gezahlt. Mehr und mehr kirchliche Ämter durften seither von den Landesherren besetzt werden, sie betrieben die Reform der Klöster, ihre Unabhängigkeit wuchs – ein Umstand, der Luther später das Leben retten sollte.

Die Päpste selbst machten Konzessionen nur aus Gründen des Machterhalts. Reformen wurden immer wieder gern versprochen – und wenig später annulliert. Alexander VI. etwa installierte nach dem Tod seines Lieblingssohnes, des Herzogs von Gandia, 1497 eine Kommission, die der Allmacht des Papstes Grenzen ziehen sollte. Als das gelehrte Gremium dann aber mit entsprechenden Vorschlägen kam, hatte er sich von dem Schock erholt: Das Reformpapier verschwand im vatikanischen Archiv.

Auch die Einsetzung des fünften römischen Laterankonzils, 1512 durch Papst Julius II., war ein Zugeständnis an die Reformer. Die Eröffnungsrede durfte ein angesehener Mönch halten, Aegidius von Viterbo, ein Augustiner wie Luther. Viterbo rührte die hohen Geistlichen mit seiner Philippika angeblich zu Tränen: »Die Kirche ist von Krieg und Lastern bis in die Grundfesten hinein erschüttert«, donnerte er in die Runde. Fast fünf Jahre lang debattierte man einen Katalog von Reformvorschlägen – ohne nennenswerten Erfolg. Dann löste sich der erlauchte Kreis wieder auf.

Sieben Monate später, am 31. Oktober 1517, schickte Martin Luther seine 95 Thesen in die Welt hinaus.

# DER STILLE URKNALL

## *Das Rätsel um den Thesenanschlag – und eine mögliche Lösung*

Von DIETMAR PIEPER

Der rebellische Mönch schreitet entschlossen zur Tür. Er greift zum Hammer und nagelt ein Plakat fest, mit dem er die Welt verändern will. 95 Thesen hat er aufgeschrieben, eine Anklage gegen die römische Kirche und die Geburtsurkunde eines neuen Glaubens.

Die seit Jahrhunderten überlieferte Szene an der Tür der Wittenberger Schlosskirche ist großartig. Im Album der deutschen Momente nimmt Martin Luthers Thesenanschlag deshalb einen prominenten Platz ein. Aber so wuchtig und entschlossen, mit Hammer und Nagel, ist sein Auftritt am 31. Oktober 1517 sehr wahrscheinlich nicht gewesen. Was damals passiert ist, weiß man nicht genau, obwohl man es lange Zeit zu wissen glaubte. Dann, im Jahr 1961, fand der Historiker Erwin Iserloh heraus: In sämtlichen Schriften Luthers gibt es keine einzige Stelle, in der von einem Thesenanschlag die Rede ist. Wenn aber der Reformator selbst kein Wort über seine heroische Tat verloren hat, dann hat sie vielleicht nie stattgefunden. Was nun?

Der Weg zur Quelle der berühmten Szene führt zu Philipp Melanchthon. Im Vorwort der gesammelten Werke Luthers schrieb er 1546, kurz nach dessen Tod, der Reformator habe seine Ablassthesen »öffentlich an der Kirche, die mit dem Wittenberger Schloss verbunden ist, am Vortag des Festes Allerheiligen 1517 angeschlagen«.

Als gewissenhafter Gelehrter und enger Wegbegleiter Luthers ist Melanchthon ein guter Gewährsmann. Und der von ihm beschriebene Urknall der Reformation passte zu Luthers kernigem Charakter ebenso wie zum Ablauf der Ereignisse seit 1517, aus denen sich wunderbar eine große Erzählung formen ließ. Der 31. Oktober steht bis heute als Reformationstag im Kalender. Ein Makel bleibt jedoch: Melanchthon war an jenem Tag kein Augenzeuge, denn er kam erst 1518 nach Wittenberg.

Luthers langjähriger Sekretär Georg Rörer wohnte dort seit 1522. Obwohl also auch er kein Zeuge des Thesenanschlags war, hat vor einigen Jahren eine neu entdeckte handschriftliche Bemerkung Rörers für großes Aufsehen gesorgt. In einem Exemplar des Neuen Testaments in Luthers Übersetzung, das er gemeinsam mit dem Reformator zur Feinarbeit am Text benutzte, notierte er ganz am Ende: »Im Jahr 1517 am Vorabend von Allerheiligen sind in Wittenberg an den Türen der Kirchen die Thesen über den Ablass von Doktor Martin Luther vorgestellt worden.«

Daraus, dass hier von »Türen« und »Kirchen« die Rede ist, lässt sich ein neues Szenario ableiten. Das Plakat mit den 95 Thesen wäre demnach zeitgleich an mehreren Orten in Wittenberg veröffentlicht worden. Plausibel ist das. Gemäß den Statuten der Theologischen Fakultät war es vorgeschrieben, dass die Aufforderung zu einer akademischen Disputation an Wittenberger Kirchentüren anzubringen sei. Und zumindest formal verband Luther seine Ablasskritik mit der Einladung zu einer Fachdiskussion. In seinem Vorspruch heißt es: »Aus Liebe zur Wahrheit und in dem Bestreben, diese zu ergründen, soll über die folgenden Sätze disputiert werden.«

Die akademischen Statuten regelten auch die praktische Frage, wer die Plakate anbringen soll: der Pedell, also der Hausmeister der Universität. Darauf hat der in Harvard lehrende Historiker Daniel Jütte 2014 noch einmal aufmerksam gemacht. Jütte ist spezialisiert darauf, alte Türen zum Sprechen zu bringen. Die Wittenberger Praxis war nach seinen Forschungen damals weitverbreitet: »Kirchentüren spielten eine zentrale Rolle als Informationstafeln im öffentlichen Raum.« Eine gängige Methode war dabei das Ankleben der Plakate mit Leim oder Siegelwachs.

Vielleicht hat Luther deshalb nie über das Geschehen am 31. Oktober 1517 gesprochen. Was sollte ihn ein Pedell kümmern, der mit Kleber von Tür zu Tür gelaufen ist?

# SCHACHZÜGE DER MACHT

*Kaiser Karl V. wurde zum mächtigsten Gegner der Reformation im Reich. Doch lange unterschätzte der Habsburger die politische Sprengkraft der neuen Ideen aus Wittenberg.*

Von JOHANNES SALTZWEDEL

Aachen sollte es sein, unbedingt. Eben hatte hier noch die Pest gewütet, aber der junge Regent war entschlossen: Nur dort, wo einst Karl der Große residiert hatte, wollte Karl, spanischer König und Herzog von Burgund, zum weltlichen Oberhaupt der Christenheit gekrönt werden. Finanziert war das Spektakel: Die aufstrebenden Generalstaaten der Niederlande, als deren Statthalter Karl fungierte, spendierten eine Million Goldgulden.

Am 23. Oktober 1520 war es so weit. Die Fürsten des Reiches standen parat, um den 20-Jährigen in den Dom zu begleiten. Zwischen den Erzbischöfen von Mainz und Trier betrat er das Gotteshaus; entschlossen bejahte der Habsburger die alten Fragen, ob er den Glauben wahren und die Kirche schützen, gerecht herrschen und für Arme und Niedrige, Witwen und Waisen eintreten wolle. Nach dem Treuegelöbnis der Anwesenden wurde er im Nacken, an Brust, Händen und Haupt gesalbt. Zeremoniös mit Zepter, Reichsapfel und Krone ausgestattet, verließ er den Dom als Römischer König und erwählter Kaiser.

Immer wieder ist es Karl gelungen, Momente zu schaffen, die wie auf schweren Renaissancewandteppichen für die Ewigkeit inszeniert scheinen. Dabei wussten die in Aachen Anwesenden gut, dass sie diesen Tag nur erleben konnten, weil schon Karls Großvater Maximilian viel für die Nachfolge getan hatte. Zudem waren enorme Summen als »Gratifikationen« – im Klartext: Bestechungsgelder – an die Kurfürsten geflossen, bis Mitte 1519 Karls Wahl durchgesetzt war, gegen die erklärten Interessen Frankreichs und des Papstes.

Das Reich war nur ein Teil seines riesigen Herrschaftsgebietes, aber hier sollte sich in den kommenden Jahren die größte Gefahr für Karls Pläne entwickeln. Der junge Regent wollte Macht und Ansehen des Kaisertums wiederherstellen. Europa sollte unter seiner Krone auf dem Boden der römischen Universalkirche geeint sein. Die Reformation jedoch bedrohte dieses große Ziel – und mit ihm die Bedeutung des Kaisertums. Karl wurde deshalb zum mächtigsten weltlichen Gegenspieler Luthers und seiner Anhänger: Ohne seinen Widerstand wäre die Reformation wohl noch erfolgreicher gewesen.

Mit dem fragilen Gebilde des Reiches, das er lenken sollte, war der neue Imperator zu Beginn noch wenig vertraut. Am Tag zuvor hatte er erstmals in seinem Leben deutschen Boden betreten; schon bald sollte der stille, blässliche Monarch, der Französisch, Spanisch und Latein, aber kaum Deutsch sprach, in Worms seinen ersten Reichstag bestreiten.

Aber der im frommen Geist der »Devotio moderna« erzogene junge Mann mit dem langen Kinn konnte seinen Ratgebern vertrauen – allen voran Wilhelm von Croy, dem Herrn von Chièvres. Der altburgundische Edelmann hatte den Prinzen seit dessen neuntem Lebensjahr gehütet und ausgebildet; ihm vor allem verdankte Karl seine hehren geistig-politischen Maßstäbe wie etwa die Vorliebe für den Ritterorden vom Goldenen Vlies – eine Art noblen Klub von Staatslenkern zur Einigung des christlichen Abendlandes.

Am Ideal des väterlich strengen Fürsten als Weltinstanz, auch oberhalb der päpstlichen Macht, sollte Karl ein Leben lang festhalten. Mit zäher Beharrlichkeit war es ihm nach seiner Krönung 1516 zum König von Spanien gelungen, die regionalstolzen Landtage, die Cortes, auf seine Seite zu bringen. Auch die Fehde mit Frankreich war vorerst beigelegt. Nun ging er mit den Ratgebern daran, das Gestrüpp seiner deutsch-italienischen Herrschaftsgebiete zu sichten.

Die Verabschiedung der »Reichsmatrikel«, eines langen, sorgsam abgestimmten Dokumentes über alle Einkünfte aus den vielen kleinen Territorien des römisch-deutschen Imperiums, war der eigentliche Erfolg des Wormser Reichstags im Frühjahr 1521. Dass im Mai dort ein rebellischer Mönch namens Martin Luther durch ein kaiserliches Edikt in die Schranken gewiesen werden musste, erschien Karl anfangs eher als Episode; viel härter traf ihn der Tod seines väterlichen Ratgebers Chièvres.

Spätestens jetzt musste der junge Monarch zeigen, wie ernst sein kühner Wahlspruch »plus ultra« (»noch weiter hinaus«) gemeint war – erstreckte sich seine Herrschaft doch auf eine fast erschreckend große Zahl unterschiedlicher Regionen und Regimente.

Als Basis wählt er anfangs das ihm schon recht vertraute Spanien. Den wieder aufgeflammten Krieg mit Frankreich, zunächst ein Ringen um die reichen Städte Norditaliens, ließ er von Untergebenen führen; seit Anfang 1522 regierte immerhin einer seiner früheren Lehrer als Papst: Hadrian VI. Das Reich mit Habsburgs Erblanden hatte sein Bruder Ferdinand einigermaßen im Griff. Den unbotmäßigen Adel Kastiliens zwang er mit der Macht etlicher Tausend Söldner und – noch ungewöhnlich – 74 Geschützen nieder.

Alsbald kam die Stabilität ins Wanken. Schon im September 1523 starb der ihm gewogene Papst Hadrian; es folgte der eher kaiserfeindliche Medici-Abkömmling Clemens VII. In Deutschland wütete der Bauernkrieg, in Griechenland und auf dem Balkan rückten die Türken vor. Karl konnte von Glück sagen, dass Frankreichs Streitmacht bei Pavia geschlagen wurde. Sogar seinen Erzgegner König Franz I. nahm man 1525 gefangen. Der Kaiser ließ den Herrscher nach Madrid bringen und drängte ihn zu einem Friedensvertrag.

Nur Wochen später heiratete Karl in Sevilla seine Kusine Isabella von Portugal, es war der nächste Schachzug hin zur globalen Macht. Frankreichs König kam im Austausch gegen zwei seiner Söhne frei – eine noble Geste, die den Gedemütigten indes nicht hinderte, umgehend Bündnispartner in Rom und Venedig zu suchen und erneut Krieg anzuzetteln. Erfreuliches hörte der habsburgische Herrscher fast nur aus Spaniens Besitzungen in Übersee: Mexiko unter dem despotischen Eroberer Hernán Cortés, von 1531 an auch Peru, regten mit Gold und Gewürzschätzen den europäischen Unternehmergeist an.

Europa dagegen machte Sorgen, wohin man schaute. Der reformatorische Widerstand griff weiter um sich. Bei Mohács unterlagen die Ungarn den türkischen Osmanen. Und in Italien überfielen 1527 ausgerechnet unzufriedene Söldner ihrer katholischen Majestät das Rom des frankreichfreundlichen Papstes: Über 20 000 Landsknechte plünderten die Stadt, mordeten und folterten; selbst nach hoher Lösegeldzahlung musste der Papst fliehen.

Trotz bedrohlicher Anfälle von Gicht ritt Karl immer rastloser von Reichstagen zu Gipfeltreffen, von Ritterfesten ins Feldlager. Dass ihn 1530 der Papst in Bologna endlich offiziell zum Kaiser krönte, bestätigte vollends seinen geradezu mittelalterlichen Traum universeller Herrschaft. »Als erster Fürst der Christenheit«, hatte er schon mit 22 Jahren erklärt, wolle er »wahrer Beschützer und Verteidiger des heiligen Glaubens und der christlichen Religion« sein, überdies »Anwalt und ältester Sohn unserer Mutter, der heiligen Kirche«.

Die weltliche Ordnung sollte in erster Linie dynastisch, durch Verwandte, gesichert werden, aber auch durch überregionale Gesetze. Am nachhaltigsten wirkte die 1532 erlassene »Constitutio Criminalis Carolina« oder »Peinliche Halsgerichtsordnung«, Europas erstes allgemeines Strafrecht. Seine höhere Rolle als Schirmherr der christlichen Welt nahm der Habsburger so ernst, dass er sogar einen Kreuzzug erwog.

Die Eroberung des nordafrikanischen Tunis im Jahre 1535, befehligt von Karl persönlich, sollte ein erstes Signal in dieser Richtung sein. Dann aber griffen erneut die Franzosen an. Fast ein Jahrzehnt wechselte das Kriegsglück von den Niederlanden bis zur Provence und Oberitalien hin und her; erst im September 1544 wurde die Dauerfehde im – freilich kurzlebigen – Frieden von Crépy beigelegt.

Fortan widmete sich Karl vor allem der religiösen Einheit seiner Länder. Für ihn, den Pragmatiker, war das Ende 1545 in Trient begonnene Konzil längst überfällig: Nur eine innerlich reformierte katholische Kirche mit klareren geistlichen Argumenten konnte nach seinem Urteil die endgültige Abspaltung der Protestanten noch verhindern. Schon im folgenden Jahr setzte Karl auf dem Reichstag von Regensburg ein Zeichen: Er ächtete die Protestantenführer. Das hieß Krieg mit den lutherisch gesinnten Fürsten, hatten sie einander doch im »Schmalkaldischen Bund« Solidarität versichert.

Zwar gelang es dem Kaiser, die Rebellen einzeln zu unterwerfen. Bei Mühlberg an der Elbe fiel Ende April 1547 sogar Johann Friedrich von Sachsen, eine wichtige Führungsfigur der Schmalkaldener, in die Hände seiner Truppen. Mitte Juni ergab sich auch Philipp von Hessen. Aber durch militärische Erfolge war eben noch kein Glaubenskonsens geschaffen.

Wieder versuchte es der Habsburger als oberster Entscheider mit Druck und einem pragmatischen Machtspruch. Aber sein Ende Juni 1548 in Augsburg erlassenes »Interim« zur vorläufigen Befriedung stieß in beiden konfessionellen Lagern auf Widerstand – ein übler Rückschlag. Feldzüge der Protestanten gegen ihn, bald sogar im Bunde mit Frankreichs neuem König Heinrich II., nahmen dem mittlerweile dauernd von Gicht gepeinigten Herrscher vollends den Mut.

Den Augsburger Religionsfrieden von 1555 ließ Karl, gebeugt an Geist und Körper, schon von seinem Bruder und Nachfolger Ferdinand unterzeichnen – er selbst hätte die Einigung ohnehin nicht gebilligt. Desillusioniert von der offenbar unheilbaren Spaltung der Christenheit, dankte Karl ab und verzichtete auf die Kaiserwürde. Anfang 1557 bezog er im Kloster Yuste, 175 Kilometer westlich von Madrid, einen Alterssitz, wo er am 21. September 1558 starb.

»Wenige Monarchen haben ein mühsameres Leben geführt«, urteilte einer der besten Kenner Karls, der Brite Edward Armstrong. Rund 130 000 Briefe sind von ihm überliefert; seit Jahren werden sie in einer Datenbank erfasst. Mehrere Testamente, dazu Memoiren, die Karl 1550 während einer Rheinreise diktierte, haben es den Historikern erleichtert, Charakterzüge, Motive und Stimmungen des schier übermenschlich pflicht- und zielbewussten Regenten zu ergründen.

Am ernüchternden Fazit allerdings dürfte kaum eines der unzähligen Dokumente etwas ändern: Seinen Traum vom »plus ultra«, einer machtgeschützten Friedensherrschaft rund um den Erdball als »Reich, in dem die Sonne nie untergeht«, hat Karl letztlich scheitern sehen. Es könnte daran gelegen haben, dass er, der das Wechselspiel aller politischen Kräfte wie wenige beherrschte, in jungen Jahren einen Faktor unterschätzt hatte: die Reformation. Ein Fehler, der nie wiedergutzumachen war.

# VOR KAISER UND REICH

*Intrigen, Geheimverhandlungen, Lügen:
Mit allen Mitteln versuchen die Mächtigen auf dem Reichstag in Worms 1521, ihre Interessen in Sachen Luther durchzusetzen. Eine Rekonstruktion der Ereignisse.*

Von EVA-MARIA SCHNURR

**Worms, Mitte Dezember 1520**

In einem ungeheizten Zimmer irgendwo in der Wormser Innenstadt greift ein Italiener zur Feder und schreibt seinen Ärger nieder. Girolamo Aleander ist einer von zwei Sondergesandten des Papstes in Sachen Luther am Hofe Karls V. Vor rund zwei Wochen ist er im kaiserlichen Gefolge nach Worms gekommen, hier soll der erste Reichstag stattfinden, den Karl nach seiner Regierungsübernahme einberufen hat. Bisher lief alles in Aleanders Sinne: Luther steht nicht auf der Tagesordnung für Worms, die Reichsstände sollen sich mit diesem Thema nicht befassen. Stattdessen soll es um reichsrechtliche Fragen gehen wie das Reichsregiment, den Landfrieden, das Reichskammergericht und die Reichspolizeiordnung.

Doch nun gebe es unter Karls Beratern Bedenken, die Stände in der Luther-Angelegenheit einfach zu übergehen, schreibt der Nuntius nach Rom, sie wollten den Wittenberger Aufrührer doch vor den Ständen verhören. Aleander passt das überhaupt nicht. Denn der Papst hat Luther am 15. Juni den Bann angedroht. Und es gehört sich nicht, dass Laien ein päpstliches Urteil infrage stellen. »Jetzt verkriechen sich die Kaiserlichen mürrisch hinter dem nichtigen Vorwande, dass die Verurteilung eines Deutschen ohne vorausgegangenes Verhör nicht ohne das peinlichste Ärgernis vor sich gehen könne; daher empfehle es sich, ihn zu hören, ihn vor den Reichstag zu berufen«, schreibt er wütend. Er versichert seinem Auftraggeber jedoch, dass er alles tun werde, um die Dinge in die gewünschte Richtung zu lenken.

**Rom, Donnerstag, 3. Januar 1521**
In einem vatikanischen Amtszimmer fällt eine Entscheidung: Papst Leo X. erlässt mit der Bulle »Decet Romanum Pontificem« den Bann gegen Luther. Der ist damit exkommuniziert und zum Häretiker erklärt. Doch was bedeutet die Entscheidung im Ketzerverfahren gegen Luther für das Reich? Wie wird der junge Kaiser, gerade einmal 20 Jahre alt, darauf reagieren?

In den Niederlanden, wo er als Landesherr regiert, hat Karl die Schriften des Wittenbergers bereits verbrennen lassen. Doch im Reich stößt er auf Widerstand, vor allem von Luthers Landesherrn Friedrich von Sachsen. Der Kurfürst hatte mit seiner Stimme die Kaiserwahl zugunsten Karls entschieden. Er ist hoch angesehen und einflussreich – und er will, dass ein Verfahren gegen Luther nach Recht und Verfassung des Reiches abläuft, nicht nach Kirchenrecht. Der Kaiser weiß, dass auch andere Fürsten Friedrichs Ansicht zuneigen.

Deshalb fordert er Friedrich tatsächlich auf, den Professor zum Reichstag nach Worms mitzubringen, damit er dort verhört werde. Weil jedoch in Reichsstädten auf Betreiben der kaiserlichen Regierung bereits Werke von Luther verbrannt wurden, droht Friedrich, mitsamt Luther dem Reichstag fernzubleiben. Nun nimmt der Kaiser, bekniet von Aleander, seine Einladung an Luther zurück. Ist das sein letztes Wort? Hat Aleander sich durchgesetzt?

**Worms, Samstag, 5. Januar**

Kurfürst Friedrich von Sachsen trifft in Worms ein. Und dort ist einiges los: Mehr als 10 000 Gäste kommen von Januar an zum Reichstag, 80 Fürsten, 130 Grafen, Botschafter ausländischer Könige und Herren. Sie alle haben ihr Gefolge dabei, Räte, Geistliche, Ritter, Knechte, Spielleute, Diener und Hofnarren. Die Stadt mit ihren knapp 7000 Einwohnern steht vor einer gewaltigen Herausforderung: Schon seit Monaten klagen die Quartiermeister, wie schwierig die Suche nach Zimmern sei, auch Tagungsräume für Ausschüsse und das Reichstagsplenum, für die Kanzleien und für das Reichskammergericht sind gefragt.

Einzelbesucher bekommen Schlafstellen in öffentlichen Herbergen, oft teilen sich mehrere Männer einen karg eingerichteten Raum. Nuntius Aleander hat bei der Zimmervergabe kein Glück gehabt: Sein Kämmerchen hat keinen Kamin, im deutschen Winter friert er jämmerlich. Die hohen Herren haben es besser getroffen: Der Kaiser wohnt im Bischofshof, der nördlich an den Dom angrenzt, Kurfürst Friedrich der Weise ist in der Nähe des Dominikanerklosters untergebracht. Er beschwert sich, wie teuer der Aufenthalt mit Gefolge in der Stadt am Rhein ist.

**Wittenberg, Freitag, 25. Januar**

Luther hat ein Schreiben seines Landesherrn erhalten: Der Kaiser werde wohl über seine Angelegenheit entscheiden, teilt Friedrich ihm mit. Luther antwortet dem Kurfürsten und bittet ihn, sich beim Kaiser für freies Geleit einzusetzen und dafür, »dass die Sache frommen, gelehrten, verständigen, unverdächtigen und christlichen Männern, die in der Bibel wohl gegründet und Verstand und Wissen, zusammen mich mit Fleiß zu verhören, befohlen werd«.

**Worms, Sonntag, 27. Januar**

Im Dom feiern die Fürsten, geistlichen Herren und Vertreter der Reichsstädte gemeinsam die Messe, anschließend eröffnet Karl V. im Rathaus den Reichstag. Als der Kardinal von Salzburg die Proposition des Kaisers vorliest, sein Programm für den Reichstag, fällt über Luther wieder kein Wort.

Im Volk dagegen ist der Wittenberger Professor das große Thema. Voller Empörung schildert Nuntius Aleander in seinen Berichten nach Rom, wie respektvoll von Luther geredet wird, wie begehrt seine Schriften auch in Worms sind: »Täglich regnet es lutherische Schriften in deutscher und lateinischer Sprache; auch hier wird eine Druckerei unterhalten, wo dieses Handwerk bisher unbekannt war. Es wird hier gar nichts anderes verkauft als Schriften Luthers, und selbst am kaiserlichen Hofe, denn die Leute halten ganz erstaunlich zusammen und haben Geld in Menge.«

**Worms, Freitag, 28. Januar**

Für Kurfürst Friedrich, den Kaiser und ihre Räte beginnt der Reichstagsalltag. In den Ausschüssen und im Plenum verhandeln sie Punkt für Punkt über die anstehenden Fragen. Das Programm ist straff: Manche Sitzungen beginnen schon um sechs Uhr morgens. Doch es kommt nur, wer unbedingt anwesend sein muss, denn der Reichstag bringt auch willkommene Ablenkungen mit sich: Turniere und Spiele auf dem Obermarkt oder Musik dienen der Zerstreuung, der Kaiser und der Kurfürst von Sachsen haben sogar ihre Hofkapellen mitgebracht. »Man schläft sich morgens wohl aus: um 10 oder 11 hört Kaiserliche Majestät gewöhnlich die Messe«, notiert Friedrich.

**Worms, Montag, 11. Februar**

Offiziell findet das Luther-Thema weiter nicht statt. Doch hinter den Kulissen ringen die Diplomaten seit Tagen um den richtigen Umgang mit dem von Rom Gebannten. Es ist nicht so, dass viele Fürsten Sympathien für Luther haben. Doch die meisten fürchten den Zorn des Volkes. Und alle wollen mitsprechen, sind nicht gewillt, sich einfach einem Urteil aus Rom oder einem Diktum des Kaisers zu fügen.

Aleander sähe es am liebsten, wenn der Kaiser das Urteil des Papstes einfach bekräftigen und ohne weitere Umstände die Reichsacht über Luther verhängen würde. Kaiserliche Beamte haben bereits ein entsprechendes Mandat ausgearbeitet. Karl bräuchte es nur noch zu veröffentlichen, und alles wäre entschieden. Aber dann beschließen die kaiserlichen Diplomaten doch, die Verordnung erst den Ständen vorzulegen. Wieder eine Schlappe für Aleander.

**Worms, Mittwoch, 13. Februar**

Heute, am Aschermittwoch, hat der Nuntius die Chance, den Ständen die Position Roms nahezubringen. Seine Rede soll die Stände williger machen, der kaiserlichen Position beizupflichten und Luther von Worms fernzuhalten. Auch deshalb ist Karl V. persönlich anwesend, Friedrich der Weise jedoch liegt krank auf seinem Zimmer, seine Räte berichten ihm später, was Aleander sagen wird.

Der argumentiert fast drei Stunden lang auf Latein, warum Luther in den Augen des Papstes ein »Empörer« sei, der Aufruhr gegen die Obrigkeit und Umsturz aller politischen Verhältnisse predige. Und er erläutert noch einmal, warum er gegen eine Anhörung Luthers ist: Der Kaiser sei der Schirmherr der Kirche und habe sich dem päpstlichen Bannspruch anzuschließen, Luthers Schriften zu verbrennen und diesen sofort zu bestrafen, weitere Diskussionen seien unnötig.

»Wie ich von mehr als einer Seite höre, hielt man meine Rede für durchaus geschickt, sachgemäß und erfolgreich«, schreibt der Nuntius am Tag darauf nach Rom, fügt aber bescheiden an: »Ich selbst, der ich mir in derartigen Leistungen nie genugtun kann, halte sie für mittelmäßig und nur teilweise gelungen.«

**Worms, Montag, 18. Februar**

Kurfürst Friedrich verhandelt mit den anderen Reichsständen über den Mandatsentwurf des Kaisers, der den Vorschlägen Aleanders folgt. Die Gemüter sind erhitzt, die Diskussionen lautstark: Die geistlichen Fürsten wollen Luther verurteilt sehen, meinen, der Kaiser solle seine Verordnung einfach erlassen. Die Mehrheit der weltlichen Fürsten dagegen will Luther nicht ungehört bestraft sehen.

So gereizt ist die Stimmung, dass Friedrich und Kurfürst Joachim von Brandenburg, ein Gegner Luthers, fast handgreiflich aneinandergeraten. Vermutlich geht es bei dem Streit um die Frage, ob Luther nun nach Worms kommen soll oder nicht – Friedrich ist dafür, der Brandenburger dagegen. Selbst der pfälzische Kurfürst Ludwig, sonst eher stiller Beobachter, brüllt wie ein Stier und verlässt dann gemeinsam mit Friedrich aus Protest die Sitzung.

Am Tag darauf jedoch übergeben die Stände dem Kaiser eine Antwort: Aus Angst vor der Reaktion des Volkes akzeptieren sie ein kaiserliches Mandat nicht. Luther soll gehört werden, aber es soll keine Disputation geben. Luther soll nur sagen, ob er seine ketzerischen Aussagen widerruft oder nicht. Nur wenn er wenigstens teilweise widerruft, soll er auch in anderen Punkten gehört werden – denn seine Kirchenkritik kommt den meisten Ständen politisch durchaus gelegen. Wenn Luther dagegen auf seinen Standpunkten beharrt, darf der Kaiser sein Mandat erlassen und die Reichsacht gegen Luther verhängen, so schlagen es die Stände vor.

**Worms, Samstag, 2. März**

Dem Kaiser und seinen Diplomaten ist völlig klar, dass der Streit um Luthers Auftritt in Worms auch eine Machtfrage zwischen dem Reichsoberhaupt und den Reichsständen ist. Bisher bedeutete ein Kirchenbann automatisch auch die Reichsacht. Nun aber fordern die Stände, dabei mitreden zu dürfen, schließlich geht es um ihre Untertanen. Karl ist nicht völlig frei in seinen Entscheidungen: Er ist auf die Steuergelder der Reichsstände angewiesen, auch auf diesem Reichstag müssen sie wieder neu bewilligt werden.

Er kommt den Ständen deshalb ein Stück weit entgegen und stimmt einer Ladung Luthers unter freiem Geleit zu. Er hat allerdings nicht die Absicht, die päpstliche Entscheidung zu überprüfen – er will den Ständen vor allem das Gefühl geben, sie würden gehört.

**Worms, Sonntag, 10. März**

Nun zeigt sich, wie wenig Karl bereit ist, auf die Forderungen der Stände einzugehen. Er hintergeht sie mit einem »Sequestrationsmandat«: Luthers Schriften sollen an die Obrigkeit abgeliefert werden, neue dürfen nicht veröffentlicht werden, niemand soll sich fortan Luthers Meinung mehr anschließen können. Damit zieht der Kaiser bereits Konsequenzen aus dem päpstlichen Urteil über Luther, bevor dieser in Worms gehört wurde. Weil jedoch alle auf das weitere Geschehen am Rhein gucken, wird das Mandat kaum beachtet.

**Worms, Montag, 11. März**

Die kaiserliche Regierung stellt einen Geleitbrief für Luther aus, zurückdatiert auf den 6. März, er soll nun tatsächlich nach Worms kommen. Am 15. März verlässt der Reichsherold Kaspar Sturm Worms mit dem Brief an Luther.

Mit diesem Geleitbrief garantierte Karl V. Luther eine sichere Anreise nach Worms, Urkunde vom März 1521.

**Wittenberg, Freitag, 29. März**

Martin Luther erhält die Vorladung nach Worms. Dort zweifelt man, ob er überhaupt kommen wird. Doch Luther will sich die Chance nicht entgehen lassen und sich vor der Reichsöffentlichkeit behaupten. Unverzüglich macht er sich an die Reisevorbereitungen.

**Wittenberg, Dienstag, 2. April**

Die Stadt Wittenberg hat für Luther den Pferdewagen eines Goldschmiedemeisters angemietet und ihn zum Schutz vor Regen und Kälte mit einem Dach versehen lassen, die Universität gibt ihm 20 Gulden für unterwegs mit. Begleitet wird Luther von einem Ordensbruder, einem Professorenkollegen und weiteren Reisegefährten. Unterwegs erfährt er vom Sequestrationsmandat des Kaisers – und ist empört. Trotzdem will er seine Reise fortsetzen.

**Erfurt, Samstag, 6. April**

Über Leipzig, Naumburg und Weimar erreicht Luthers Reisegesellschaft Erfurt. Dort erwartet der Rektor der Universität den Wittenberger Professor mit 40 Reitern vor der Stadt und geleitet ihn feierlich in den Ort. Am Tag darauf predigt Luther in der Augustinerkirche vor einer riesigen Menschenmenge: Die Empore droht unter dem Andrang zusammenzubrechen, Zuhörer müssen Fenster einschlagen, um ins Freie zu gelangen. In Erfurt stößt der Jurist und Theologe Justus Jonas zu Luthers Reisegruppe, über Gotha, Eisenach und Frankfurt geht die Fahrt weiter.

Fast überall jubeln die Menschen dem Kirchenrebellen zu. Luther jedoch fühlt sich nicht wohl, er klagt über heftige Bauchschmerzen und Verstopfung, kann kaum schlafen.

**Worms, Dienstag, 16. April**

Erst vor drei Tagen ist hier bekannt geworden, dass Luther tatsächlich auf dem Weg ist. Nun verkünden um zehn Uhr morgens Trompeten vom Dom seine Ankunft. Etwa 2000 Menschen begrüßen jubelnd die Reisegesellschaft: Vorn reiten der Reichsherold Kaspar Sturm und sein Diener, dahinter kommt Luthers Wagen, zuletzt folgt Justus Jonas zu Pferde. Sein Quartier nimmt Luther im Johanniterhof, er muss sein Zimmer mit zwei sächsischen Beamten teilen. Etliche Adelige wie Landgraf Philipp von Hessen oder Herzog Wilhelm von Braunschweig, aber auch Gelehrte und Räte melden sich zu einem Besuch an, sie wollen den Kirchenrebellen persönlich kennenlernen.

**Worms, Mittwoch, 17. April**

Im Laufe des Vormittags teilt ein Bote Luther mit, dass er um 16 Uhr vor Kaiser und Ständen zum Verhör zu erscheinen habe. Reichsherold und Reichsfeldmarschall holen ihn ab. Um einem Menschenauflauf zu entgehen, wählen sie einen geheimen

Weg zum Bischofshof. Luther, gekleidet in das Gewand seines Ordens, die Tonsur frisch rasiert, ist guten Mutes, als er den kleinen und niedrigen Raum betritt. Karl V. hat bereits Platz genommen, es ist die erste Begegnung zwischen Reichsoberhaupt und Rebell, zumindest aufseiten des Kaisers ist es keine Sympathie auf den ersten Blick: Er soll laut Aleander beim ersten Anblick gesagt haben: »Der wird mich nicht zum Ketzer machen.«

Luther rechnet mit einer Disputation, einer Diskussion über seine Thesen. Entsprechend überrumpelt ist er, als Johann von der Ecken, der Offizial des Erzbischofs von Trier, mit einem formalen Verhör beginnt. Von der Ecken bemüht sich um einen neutralen Ton. Er fragt Luther zunächst auf Latein, dann auf Deutsch, ob er sich zu seinen Büchern bekennt und ob er ihre Inhalte widerrufen will. Luthers Bücher, etwa 20 Titel, sind auf einer Bank aufgestapelt. Trotzdem fordert sein juristischer Beistand, der sächsische Rat Hieronymus Schurf, dass die Titel der Werke einzeln verlesen werden. Dann hat Luther das Wort. Zunächst auf Deutsch, dann auf Latein bekennt er sich zu seinen Büchern. Die Frage, ob er widerrufen werde, lässt er offen. Stattdessen bittet er um Bedenkzeit.

Seine ersten öffentlichen Worte auf dem Reichstag spricht er leise, man kann ihn kaum verstehen, er wirkt verunsichert. Viele sind enttäuscht, sie haben eine eindeutige Antwort erwartet. Kaiser und Stände beraten eine Weile, dann gewährt ihm Johann von der Ecken einen Tag zum Nachdenken – er müsse dann allerdings frei sprechen und dürfe keine schriftliche Erklärung vorlegen, mahnt er. Zurück in seinem Quartier, bereitet sich Luther auf seine Erwiderung am nächsten Tag vor.

**Worms, Donnerstag, 18. April**

Gegen 16 Uhr wird Luther zum zweiten Verhör abgeholt. Kaiser und Fürsten tagen noch, Luther muss in einer Masse von Menschen warten, die in den Verhörsaal drängen. Der Raum, in den Luther nach fast zwei Stunden geführt wird, ist größer als am Vortag, aber trotzdem überfüllt. Es ist heiß, Fackeln erhellen den Raum. Luther schwitzt sehr, und trotzdem wirkt er selbstbewusster als am Tag zuvor.

Erneut fragt ihn von der Ecken, ob er seine Bücher verteidigen oder widerrufen wolle. Luther antwortet mit einer etwa zehnminütigen freien Rede auf Deutsch. Er legt dar, dass er drei Arten von Büchern verfasst habe – erbauliche Predigten und Bibelauslegungen, Schriften gegen das Papsttum und Disputationen über die Lehre Christi. Bei den ersten beiden Schrifttypen schließt er einen Widerruf aus, beim dritten sei er aber bereit, sich aus der Bibel widerlegen zu lassen – dann wolle er seine Schriften selbst freudig dem Feuer übergeben.

Auf Bitten des Kaisers wiederholt Luther seine Rede auf Latein. Die Fürsten und Räte tuscheln miteinander: Was heißt das? Widerruft er nun oder nicht? Sie fordern Johann von der Ecken auf, Luther zu einer eindeutigen Aussage zu bewegen: »Vergeblich erwartest du, Martinus, eine Disputation über Dinge, die du mit gewissem und ausdrücklichem Glauben zu glauben verpflichtet bist«, mahnt er Luther und fragt noch einmal, ob der Gebannte nun widerrufen wolle oder nicht. Luther antwortet mit deutlichen Worten, gut verständlich für alle Anwesenden: »So lange mein Gewissen durch die Worte Gottes gefangen ist, kann und will ich nichts widerrufen, weil es unsicher ist und die Seligkeit bedroht, etwas gegen das Gewissen zu tun. Gott helfe mir. Amen.«

Ratlosigkeit breitet sich unter den Zuhörern aus. Wie soll es nun weitergehen? Der Kaiser, der mithilfe von Dolmetschern dem Verhör folgt, befiehlt, die Verhandlung abzubrechen; von zahlreichen Anwesenden begleitet verlässt Luther den Saal. Die Menschen vor der Tür sind wohl durch Gerüchte auf dem Laufenden, sie schreien und jubeln Luther zu. In seiner Herberge reißt er wie nach einem Sieg die Arme hoch. »Ich bin hindurch, ich bin hindurch«, jauchzt er erleichtert.

Auch den Kaiser hat Luther sehr beeindruckt – allerdings nicht so, dass er seine Meinung ändert. Im Gegenteil, die unerschütterliche Überzeugung des Wittenbergers fordert das Reichsoberhaupt heraus, ein eigenes Bekenntnis dagegenzustellen. Noch am selben Abend setzt er sich hin und verfasst auf Französisch eine Erklärung.

**Worms, Freitag, 19. April**

Bei den beiden Verhören durfte der päpstliche Nuntius Aleander nicht zuhören. Doch an diesem Morgen, als der Kaiser die Stände des Reichs zu sich ruft, ist auch er geladen. Die Kurfürsten und Fürsten verlangen noch Aufschub bis zu einer endgültigen Entscheidung. Der Kaiser jedoch will ihnen erst seine Ansichten darlegen: Auf Deutsch lässt er seine Erklärung verlesen. Viele der Fürsten seien ob dieser Worte »bleich wie der Tod« geworden, schreibt Aleander nach Rom.

Es ist eine kraftvolle Erwiderung auf Luthers Worte, selbstbewusst und entschlossen: Der Kaiser stellt sich in eine Reihe erhabener Vorfahren, die den christlichen Glauben und seine Gesetze immer verteidigt hätten, und betont, daran festhalten zu wollen: »Denn es ist gewiss, dass ein einzelner Ordensbruder irrt mit seiner Meinung, die gegen die ganze Christenheit ist, sowohl während der vergangenen tausend und mehr Jahre als auch in der Gegenwart; dieser Ansicht nach wäre die ganze genannte Christenheit immer im Irrtum gewesen und würde es heute noch sein.«

Karl appelliert an die Ehre der anwesenden Fürsten und mahnt zu Verantwortung: »Es wäre eine große Schande für mich und für Euch, die edle und gerühmte deutsche Nation, wenn zu unserer Zeit nicht allein Häresie, sondern schon Häresieverdacht oder eine Minderung der christlichen Religion nach uns bleibt in den Herzen der Menschen, zu unserer und unserer Nachfolger ewigen Unehre.«

Seine Rede schließt mit der Absage an weitere Verhandlungen mit Luther: »Wie ich oben gesagt habe, bin ich fest entschlossen, mich ihm gegenüber zu verhalten und gegen ihn vorzugehen wie gegen einen notorischen Häretiker. Euch aber ersuche ich, dass Ihr Euch in dieser Sache als gute Christen erweist, wie Ihr es ja zu tun gehalten seid und wie Ihr es mir versprochen habt.«

Karls Rede, so schreibt Aleander nach Rom, habe einen solchen Eindruck auf die Fürsten gemacht, dass sie noch am selben Tag beschlossen hätten, dem Willen des Kaisers zu folgen und einem Edikt gegen Luther zuzustimmen. Das allerdings ist eine geschönte Version. In Wahrheit schlagen die Fürsten dem Kaiser vor, mehrere gelehrte Männer sollten noch einmal mit Luther sprechen und ihn zum Widerruf bringen – sie hätten weiterhin Bedenken, ohne Weiteres über Luther die Acht auszusprechen.

**Worms, Samstag, 20. April**

Unter den Reichstagsdelegierten herrscht Unruhe. In der Nacht haben Unbekannte am Rathaus, an der bischöflichen Kirche und an anderen Türen der Stadt Zettel angeschlagen, in denen sie mit einem Aufstand drohen. »Bundschuh, Bundschuh, Bundschuh« heißt es auf einem der Zettel – eine unverhohlene Drohung mit einem Bauernkrieg. 400 Ritter und 8000 Mann stünden bereit, sich für Luther zu schlagen. Und im kaiserlichen Schlafgemach ist angeblich ein Drohbrief gefunden worden, auf dem steht: »Weh dem Land, des König ein Kind ist.« Droht nun doch ein Volksaufstand wegen Luther?

Der Luther-Gegner Albrecht, Erzbischof und Kurfürst von Mainz und der höchste der Reichsfürsten, ist eingeschüchtert und schickt seinen Bruder Joachim von Brandenburg zum Kaiser. Der soll das Reichsoberhaupt bewegen, weiteren

Verhandlungen zuzustimmen. Der Kaiser ist eigentlich dagegen. Doch die Bitte des mächtigen geistlichen Fürsten kann er nicht ignorieren. Deshalb bewilligt er drei Tage für weitere Verhandlungen, an denen er selbst und seine Räte jedoch nicht mehr teilnehmen wollen. Aleander argwöhnt, Friedrich von Sachsen habe mit »Einfluss und Verschlagenheit« diese neuerliche Wendung der Ereignisse herbeigeführt, Beweise dafür hat er aber nicht.

**Worms, Mittwoch, 24. April**

Morgens um sechs Uhr treffen die Mitglieder eines eigens ernannten Ständeausschusses mit Luther zusammen. Treffpunkt ist der Speisesaal in der Herberge des Kurfürsten und Erzbischofs von Trier, Richard von Greiffenklau. Er ist ein Freund Friedrichs und bekannt für seine ausgleichende Art, er leitet die Verhandlungen. Luther hat Justus Jonas und kursächsische Räte zur Unterstützung mitgebracht. Der Ton ist nun milder, weniger ein Verhör als ein Gespräch. Luther soll später zu einigen Rittern gesagt haben, dass »so bescheidner, gutter maß noch nie mit ihm gehandelt worden« sei. Doch die Verhandlungen bringen keinen Fortschritt, Luther bleibt bei seinem Standpunkt.

Im Anschluss geht es im Zimmer des Erzbischofs weiter: Johann von der Ecken und Johann Cochläus sind nun anwesend, beide streng altgläubig, die sich ein hitziges Rededuell mit Luther liefern, so chaotisch, dass der Erzbischof dazwischengeht und die Diskussion abbricht. Nachmittags besucht Cochläus Luther noch einmal in dessen Herberge im Johanniterhof, diesmal bleibt die Unterhaltung friedlich, doch zu einer Einigung kommt es weiter nicht. Als Cochläus weg ist, erfährt Luther vom Trierer Kurfürsten, dass die Frist für weitere Gespräche noch einmal um zwei Tage verlängert sei – früh am nächsten Morgen soll es weitergehen.

**Worms, Donnerstag, 25. April**

Wieder beginnen die Verhandlungen um sechs Uhr morgens. Der Augsburger Stadtschreiber Konrad Peutinger, ein Humanist und Freund des Erasmus von Rotterdam, will Luther überreden, seine Bücher dem Kaiser und dem Reich zur Beurteilung zu überlassen und sich dem Urteil zu fügen. Drei Stunden redet man, in kollegialem Ton, dann erbittet Luther sich Bedenkzeit bis zum Nachmittag. Um ein Uhr kommt Peutinger wieder zu Luther, nun scheint tatsächlich ein Kompromiss nahe: Ein baldiges Konzil, so der Minimalkonsens, könnte einige strittige Sätze Luthers prüfen.

Kann der Trierer Erzbischof daran anknüpfen? Er bittet Luther noch einmal zu sich, wieder redet man fast vertraut. Angeblich, so berichtet es Aleander, macht der Erzbischof etliche Kompromissangebote, auch die Idee des Konzils taucht wieder auf, vorausgesetzt, Luther widerrufe einige seiner umstrittensten Äußerungen. Doch Luther will sich nicht darauf einlassen, weitere Gespräche scheinen fruchtlos, die Verhandlungen sind beendet.

Zwischen fünf und sechs Uhr am späten Nachmittag kommen ein kaiserlicher Gesandter und Johann von der Ecken zu Luther und teilen ihm mit, dass der Kaiser ein freies Geleit von 21 Tagen für seine Rückkehr nach Hause gewähre – der Rebell ist förmlich vom Reichstag entlassen. Frustriert schreibt er später an seinen Freund, den Maler Lucas Cranach d. Ä.: »So ist nichts mehr hie gehandelt denn so viel: Sind die Bücher dein? Ja. Willst du sie widerrufen oder nicht? Nein. So heb dich! Oh wir blinden Deutschen, wie kindisch handeln wir und lassen uns so jämmerlich die Romanisten [den Papst und seine Anhänger] äffen und narren!«

**Worms, Freitag, 26. April**

Zwischen neun und zehn Uhr am Morgen bricht Luther mit seinen Begleitern auf. Neben dem Geleitbrief des Kaisers hat er einen von Philipp von Hessen dabei, Kurfürst Friedrich hat ihm 40 Gulden für unterwegs mitgegeben. In Oppenheim stößt der Reichsherold zu Luthers Reisegesellschaft, außerdem begleiten ihn 20 Reiter, man munkelt, der Ritter und Luther-Anhänger Franz von Sickingen habe sie geschickt. Zu den Auflagen des Kaisers für das freie Geleit gehört es, dass Luther unterwegs nicht öffentlich auftreten und nicht predigen darf. Aleander vermutet, dass Luther sich nach Böhmen oder Dänemark zurückziehen werde.

**Hersfeld, Donnerstag, 2. Mai**

Luther predigt um fünf Uhr morgens im Kloster von Hersfeld, wo er am Abend zuvor ehrenvoll empfangen worden ist. Er setzt sich damit über die kaiserlichen Vorgaben für sein Geleit hinweg. Den Verstoß rechtfertigt er theologisch: Das Wort Gottes dürfe nicht gebunden werden. Am Tag darauf predigt er auch noch in Eisenach – ein klares Zeichen, dass er sich nicht an die kaiserlichen Maßgaben halten will.

In diesen Tagen erscheinen die ersten Flugschriften, die über Luthers Verhör vor dem Kaiser berichten. Bald sind mindestens zehn verschiedene Drucke über das Geschehen in Umlauf.

**Thüringer Wald, Samstag, 4. Mai**

Luthers Reisegesellschaft ist klein geworden: Den Reichsherold hat er bereits nach Hause geschickt, auch die sächsischen Räte sind allein weitergeritten. Ziemlich sicher wusste der Wittenberger, was nun kommen würde, in seinem Brief an Lucas Cranach hatte er schon geschrieben: »Ich lass mich eintun und verbergen, weiß selbst noch nicht, wo.« In einem Hohlweg nahe der Burg Altenstein im Thüringer Wald überfallen

Doctor Martini Luthers offentliche
verher zu worms im Reichstag
vor Kai. Ma. Red vnd wider
red/am 17 tag Aprilis/im Tausent
Fünffhundert vnd ainundzwain-
zigisten Jar.



Schon kurz nach dem Verhör Luthers konnten die Menschen das Geschehen in Flugschriften nachlesen, Titelseite eines Drucks von 1521.

bewaffnete Reiter die Kutsche. Luther greift das Neue Testament und die hebräische Bibel, wird aus dem Wagen gezogen, muss neben den Reitern herlaufen, bis die Kutsche außer Sichtweite ist. Auf vielen Umwegen kommt Luther abends um elf Uhr auf der Wartburg an. Er wird sich hier unter dem Namen »Junker Jörg« versteckt halten. In Worms trifft die Nachricht von seinem Verschwinden am 11. Mai ein – niemand weiß, wo er steckt.

**Worms, Sonntag, 12. Mai**

Noch immer ziehen sich die Beratungen über das weitere Vorgehen in Sachen Luther hin. Etliche Gesetze und Regelungen müssen die Reichstagsdelegierten noch beraten, die ersten Fürsten reisen bereits ab, sie überlassen die abschließenden Verhandlungen ihren Räten und Diplomaten.

Längst hat Aleander auf Befehl des Kaisers den Entwurf eines Edikts verfasst, mit dem die Reichsacht über Luther verhängt und die Verbreitung seiner Bücher untersagt werden soll. Doch sollen die Stände noch einmal mitreden? Kurz vor der Unterzeichnung macht der Kaiser genau diesen Vorschlag. Aleander, der daneben steht, kann sich nur mühsam beherrschen: »Gott weiß, wie sehr uns das verdrossen hat«, schreibt er nach Rom, »dabei ist sehr zu befürchten, dass sie es überhaupt nicht annehmen oder die Strafe der kaiserlichen Acht streichen.« Doch am Ende raten die kaiserlichen Berater dazu, den Ständen das Gesetz nur noch nach Unterzeichnung zur Kenntnisnahme zu unterbreiten. Aleander frohlockt, die Sache scheint in seinem Sinne entschieden: »Heisa! Den Jubelgesang stimmt an, Ihr Genossen des Weidwerks, denn das begehrte Wild hat sich im Netze verstrickt.«

**Worms, Donnerstag, 23. Mai**

Kurfürst Friedrich macht sich zum Aufbruch bereit. Er hat seine Ziele für Worms nicht erreicht, obwohl Luther vor dem Kaiser sprechen durfte. Dennoch reist er nicht als Verlierer ab. Er weiß, dass Luther auf der Wartburg in seinen Landen in Sicherheit ist. Und er hat mit dem Kaiser eine geheime Vereinbarung getroffen: Der hochgeachtete Kurfürst Friedrich will mit der Luther-Sache nicht weiter behelligt werden. Karl hat deshalb zugestimmt, dass das Edikt gegen den Bibelprofessor in Sachsen nicht veröffentlicht werden muss. Es wird also überall im Reich gelten – in Sachsen jedoch nicht.

**Worms, Samstag, 25. Mai**

Der Kaiser und die Reichsstände versammeln sich zum feierlichen Schlussplenum im Rathaus. Sogar über Pfingsten hatte der Reichstag gearbeitet, um den Abschied vorzubereiten, über letzte Anträge zu beraten. Jetzt sind alle erleichtert: Die Stände haben dem Kaiser ausreichend Geld bewilligt, Reichsregiment und Reichskammergericht werden neu besetzt, ein Landfrieden ist ausgehandelt. Von Luther ist an diesem Tag nicht die Rede. Bis zum Ende ist der Wittenberger kein offizielles Thema des Reichstags mehr.

**Worms, Sonntag, 26. Mai**

Erst jetzt, nach dem Ende des Reichstags, ist die Luther-Frage endgültig entschieden. Karl V. unterzeichnet ein kaiserliches Rechtsgebot, ein Edikt, das auf den 8. Mai zurückdatiert ist. Damit ist über Luther die Reichsacht verhängt. Niemand darf ihn beherbergen oder ihn sonst wie unterstützen, wer ihn trifft, soll ihn gefangen nehmen und an den Kaiser ausliefern. Auch seine Anhänger sollen der Reichsacht verfallen, seine Schriften sind zu verbrennen.

Mit dem Publikationsmandat, der kaiserlichen Verordnung zur Veröffentlichung, wird eine gedruckte deutsche Fassung an die Reichsstände verschickt. Dass das Edikt »mit einhelligem rat und willen« der Stände ergangen sei, wie es im Text heißt, ist allerdings glatt gelogen – die Endfassung des Edikts bekamen die meisten von ihnen nie zu Gesicht, Aleander verfasste es weitgehend allein. Rechtmäßig ist es dennoch: Als kaiserliches Rechtsgebot bedurfte ein Edikt der Zustimmung der Stände nicht.

**Worms, Freitag, 31. Mai**
Nun verlassen auch der Kaiser und sein Gefolge Worms. Ob Karl glaubt, das Kapitel Luther sei mit dem Wormser Edikt beendet? Er hätte ahnen können, dass es so einfach nicht sein würde: Als zwei Tage zuvor in Worms gemäß seinem Befehl Luthers Bücher verbrannt wurden, protestierte die Bevölkerung heftig. Der Konflikt hat gerade erst begonnen.

# MEISTERHAFTER TAKTIKER

*Auf der Suche nach Gottes Gnade wurde Friedrich der Weise, Kurfürst von Sachsen, zum Beschützer Martin Luthers.*

Von JOACHIM MOHR

Friedrich der Weise war ein gottesfürchtiger Mann. Der Kurfürst von Sachsen, geboren 1463, trug eine der größten und kostbarsten Reliquiensammlungen des ausgehenden Mittelalters zusammen. Darunter waren angeblich ein Dorn aus der Dornenkrone Jesu oder der »Daumen der heiligen Anna«, der Mutter Marias. Mehr als 19 000 Gegenstände religiöser Verehrung häufte der Landesherr an, genug, um nach dem Glauben der Zeit mehr als 100 000 Jahre Ablass von Sündenstrafen zu erzielen.

Keinen Tag, auch nicht auf Reisen, versäumte Friedrich die christliche Messe. In der Fastenzeit zog er sich gern in ein Kloster zurück, regelmäßig unternahm er Wallfahrten, einmal reiste er als Pilger ins Heilige Land. Er liebte die Kirchenmusik und finanzierte den Ausbau von Kirchen und Klöstern. Dabei war Friedrichs Glaube alles andere als oberflächlich, ihm ging es nicht um eine religiöse Fassade, sondern um die Suche nach wahrhafter Gottgefälligkeit. Er las religiöse Schriften und stand im Briefwechsel mit den führenden Gelehrten seiner Zeit wie dem Theologen und Humanisten Erasmus von Rotterdam oder dem Historiker Johannes Aventinus, die beide Kontakt zu Martin Luther pflegten.

Insbesondere wegen seines aufrichtigen Interesses an religiösen Fragen wuchs Friedrich in eine historisch bedeutende Rolle hinein: Er wurde zum Beschützer Luthers, des religiösen Unruhestifters und Urhebers der Reformation. Von 1486 bis zu seinem Tod 1525 war Friedrich als Kurfürst einer der bedeutendsten Herren im Deutschen Reich. Seinen Einfluss mehrte er durch jahrzehntelanges Engagement: Friedrich besuchte wohl nicht weniger als 30 Reichstage, zeitweise agierte er als Berater von Maximilian I., deutscher König und erwählter Kaiser. Unterwegs in Reichsangelegenheiten verbrachte er zusammengerechnet vermutlich mehrere Jahre fern seines Landes Sachsen.

Dabei befand sich Friedrich in einer komplizierten Gemengelage: Einerseits war er dem Monarchen verpflichtet, andererseits musste und wollte er die Interessen der Reichsstände vertreten – und natürlich verfolgte er seine eigenen sächsischen Ziele.

Geschickt erarbeitete er sich einen Ruf als ehrlicher Makler. Im machtpolitischen Hickhack seiner Zeit ergriff er nie eindeutig für eine Seite Partei. So ist etwa keine klare Position des Sachsen im Streit um die Reichsreform bekannt, dem Versuch, die Verfassung des Reiches zu modernisieren, ihm eine Regierung entweder unter ständischer oder kaiserlicher Vorherrschaft zu geben. Auch als im Jahr 1500 das erste Reichsregiment begann, das die Mitsprache der Reichsstände garantieren sollte, versuchte Friedrich, zwischen dem König und den Ständen einen Ausgleich zu erreichen. Dabei hatte Maximilian ihn zum königlichen Statthalter ernannt.

»Gerechtigkeit, Mäßigung und öffentliche Ruhe« waren ihm wichtig, wie der Humanist Philipp Melanchthon 1551 rückblickend schrieb. Aufgrund seines eher friedvollen Wesens gelang

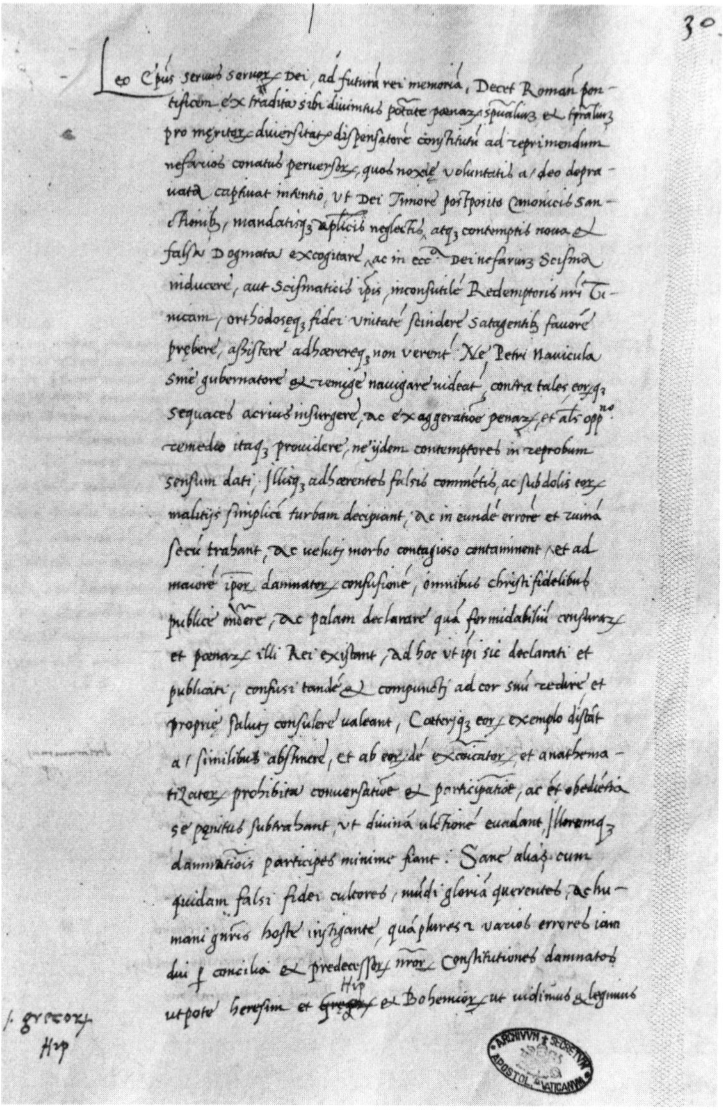

30.

Leo Epus servus servorum Dei, ad futuram rei memoriam, Decet Romanum pon-
tificem ex tradita sibi divinitus potestate poenarum spiritualium et temporalium
pro meritorum diversitate dispensatorem constitutum ad reprimendum
nefarios conatus perversorum, quos noxiae voluntatis a deo depra-
vata captivat intentio, ut Dei timore postposito canonicis san-
ctionibus, mandatisque apostolicis neglectis, atque contemptis nova et
falsa dogmata excogitare, ac in ecclesia Dei nefarium scisma
inducere, aut scismaticis ipsis, inconsutilem Redemptoris nostri tu-
nicam, orthodoxeque fidei unitatem scindere satagentibus favorem
prebere, assistere adhaerereque non verentur. Ne Petri navicula
sine gubernatore et remige navigare videatur, contra tales eorumque
sequaces acrius insurgere, ac exaggeratione poenarum, et aliis opportunis
remediis itaque providere, ne iidem contemptores in reprobum
sensum dati, illique adhaerentes falsis commentis, ac subdolis eorum
malitijs simplicem turbam decipiant, ac in eundem errorem et ruinam
secum trahant, ac veluti morbo contagioso contaminent, et ad
maiorem ipsorum damnatorum confusionem, omnibus christifidelibus
publice indere, ac palam declarare quam formidabilium censurarum
et poenarum illi Rei existunt, ad hoc ut ipsi sic declarati et
publicati, confusi tandem et compuncti ad cor suum redire et
proprie saluti consulere valeant, Caeterique eorum exemplo distant
a similibus abstinere, et ab eorundem excommunicatorum, et anathema-
tizatorum prohibita conversatione et participatione, ac etiam obedientia
se penitus subtrahant, ut divinam ultionem evadant, illorumque
damnationis participes minime fiant. Sane alias cum
quidam falsi fidei cultores, mundi gloriam querentes, ac hu-
mani generis hoste instigante, quamplures et varios errores iam
dudum per concilia et predecessorum nostrorum constitutiones damnatos
utpote heresim et ~~Grecorum~~ Hip et Bohemorum, ut vidimus et legimus

I. grecorum
Hip

Mit dieser Bulle exkommunizierte Papst Leo X. Luther 1521,
Handschrift aus dem vatikanischen Geheimarchiv.

es Friedrich allerdings nicht, sein eigenes Herrschaftsgebiet zu erweitern. Vielmehr verlor er 1513 die Bischofsstühle Magdeburg und Halberstadt und 1514 die Vormundschaft über Hessen.

Dafür gründete er 1502 die Universität Wittenberg und legte den Grundstein für den Aufstieg Luthers. Denn 1512 erwarb der Priester und Ordensbruder dort seinen »Doctor Theologiae« und übernahm den Lehrstuhl der »Lectura in Biblia«, die Professorenstelle für Bibelauslegung, die er bis zu seinem Lebensende innehatte. Nur weil Friedrich schon so viele Jahre lang politischen Einfluss und Respekt erworben hatte, konnte er ab 1518 seine schützende Hand über Luther halten, als dieser von der römischen Kurie der notorischen Häresie bezichtigt und verfolgt wurde.

Als die Kirchenspitze Luther im Juni 1518 nach Rom vorlud, erreichte Friedrich, dass der aufrührerische Theologe stattdessen beim Reichstag zu Augsburg vor einem Abgesandten des Papstes sprechen konnte. Und als sein Landesherr lehnte er eine Auslieferung Luthers ab, auch nachdem dieser sich geweigert hatte zu widerrufen.

Im Januar 1521 wurde Luther exkommuniziert. Trotzdem setzte der Kurfürst nach zähem Verhandeln durch, dass Luther seine theologischen Ansichten vor dem Wormser Reichstag im April noch einmal erläutern und verteidigen durfte. Allerdings weigerte der Wittenberger Professor sich auch dort, von seinen Lehren Abstand zu nehmen, und mit dem Wormser Edikt wurde die Reichsacht über ihn verhängt. Friedrich, der um Leib und Leben Luthers fürchtete, hatte allerdings bereits im Vorfeld freies Geleit für ihn bei Kaiser Karl V. ausgehandelt. Auf der Rückreise von Worms ließ Friedrich Luther dann von sächsischen Soldaten in Gewahrsam und auf der Wartburg bei Eisenach in Schutzhaft nehmen, inkognito als »Junker Jörg«. Im März 1522 kehrte Luther, nachdem er das Neue Testament ins Deutsche übersetzt hatte, dann nach Wittenberg zurück.

Persönlich begegnet sind sich Friedrich und Luther nie, nur auf dem Wormser Reichstag hat der Fürst seinen Professor wohl gesehen und gehört. Dabei standen die beiden laufend in Verbindung, wobei Georg Burkhardt Spalatin als Vermittler diente. Der Theologe und Luther-Freund war Friedrichs Hofkaplan und Schreiber, sein vertrautester Diener. 303 Briefe Luthers an Spalatin sind bekannt, immer wieder schrieb der Reformator auch an Friedrich persönlich. Dieser ließ ihm dann durch Spalatin antworten. Die vier bekannten Briefe des Fürsten, die direkt an Luther gingen, waren reine Dienstsachen, etwa wegen einer Stellenbesetzung an der Universität.

Friedrich hatte Luther »gewisslich gnädiglich lieb und werth«, wie Spalatin später vermerkte, der religiöse Furor des Reformers störte den Kurfürsten aber immer wieder. Zu einer Schrift des Reformators aus dem Jahr 1522 äußerte er etwa, »dan uns die verdrißlichen buchlein nie gefallen«. Die deutsche Theologin und Historikern Ingetraut Ludolphy schrieb in ihrer Friedrich-Biografie: »Indem aber Friedrich Luther nicht entgegentrat, indem er ihn handeln ließ und indem er tat, was irgend in seiner Macht stand, um schlimme Folgen klug zu verhindern, half er, der Reformation den Weg zu breiten.«

Am Palmsonntag 1525 ließ Friedrich der Weise auf seinem Schloss bei Torgau den Gottesdienst zum ersten Mal nach Luthers Ordnung halten. Zwei Wochen später empfing er das Abendmahl erstmals in beiderlei Gestalt, sein Priester Spalatin reichte ihm Brot und Wein. Dies kann als Hinwendung zu Luthers Lehren gesehen werden, da Rom im Jahr 1415 ein offizielles Kelchverbot für Laien erlassen hatte; das Trinken des gesegneten Weines war nun Vorrecht der Priester.

Kurz darauf starb Friedrich. So rang er wohl bis zu seinen letzten Stunden um den rechten Glauben, zerrissen zwischen geschichtsbewusster Frömmigkeit und reformerischer Religiosität.

## »AUS GROSSEN ÄNGSTEN GEHOLFEN«

*Warum war die Botschaft aus Wittenberg für die Menschen damals so attraktiv? Und was bleibt davon in der Gegenwart? Der Historiker Heinz Schilling und die Theologin Margot Käßmann diskutieren, wie die Reformation unsere Welt geprägt hat.*

Das Gespräch führten DIETMAR PIEPER und EVA-MARIA SCHNURR.

**SPIEGEL:** Frau Käßmann, Herr Schilling, was fasziniert Sie an Martin Luther?
**Schilling:** Mich fasziniert seine Zeit. Es ist eine Welt im Aufbruch und im Umbruch. Dabei spielt Luther eine zentrale Rolle. Aber auch Kaiser Karl V. ist eine epochale Figur, Papst Leo X. ist wichtig, und natürlich war die Reformation ein Gemeinschaftswerk, bei welchem Mitstreiter wie Philipp Melanchthon oder Georg Spalatin wichtigen Anteil hatten. Die Geschichtswissenschaft war über Jahrhunderte sehr auf Luther fixiert und hat den Mit- und Gegenspielern nicht das eigene Recht gelassen. Wenn man das tut, wird Luther keineswegs zum Zwerg, sondern dann wird sein Mut erst besonders deutlich.
**Käßmann:** Luthers Mut beeindruckt mich immer wieder. Ich weiß natürlich, dass der Satz: »Hier stehe ich, ich kann nicht anders, Gott helfe mir, amen«, nicht historisch belegt ist, aber

er drückt eine Haltung aus, für die Luther steht. Als Pfarrerin fasziniert mich der sprachkompetente Luther, der sein theologisches Denken so übersetzen konnte, dass die Menschen spürten, es geht sie unmittelbar an.

**SPIEGEL:** 1517 war Luther ein eher unbekannter Augustinermönch, der eine theologische Streitschrift auf Latein veröffentlichte. Spätestens 1521 war er eine Berühmtheit. Hat das auch mit seiner Sprachmacht zu tun?
**Käßmann:** Ein Drittel dessen, was in der ersten Hälfte des 16. Jahrhunderts auf Deutsch im Buchdruck erschien, stammte von Luther. Die Menschen rissen ihm seine Schriften quasi aus den Händen. Das hatte sicher auch damit zu tun, wie er sich ausdrückte. Aktuell erscheint eine Revision der Luther-Bibel, viele Wissenschaftlerinnen und Wissenschaftler haben daran gearbeitet, die Übersetzung an den Originaltexten in den alten Sprachen zu orientieren. An vielen Stellen nehmen sie erstaunlicherweise die Veränderungen der letzten Revisionen von 1984 zurück und vertrauen wieder auf Luthers Original von 1545.

**SPIEGEL:** Haben Sie ein Beispiel?
**Käßmann:** Luther hat das Psalmwort übersetzt: Der Hirsch schreit nach Wasser. Später wurde daraus gemacht: Der Hirsch lechzt nach Wasser. Heute weiß kein Mensch mehr, was »lechzen« eigentlich ist, also darf der Hirsch wieder schreien.

**SPIEGEL:** Dennoch: Die Sprache allein kann es nicht gewesen sein, die seiner Botschaft ein solches Gehör verschaffte.
**Schilling:** Natürlich muss man über die Inhalte seiner Botschaft sprechen. Er hatte ja nicht deshalb Erfolg, weil er den Papst kritisierte, sondern weil er eine Botschaft hatte, die die Leute überzeugte, die sie ganz existenziell und individuell ansprach.

Man kann sich heute kaum noch vorstellen, welche Ängste die Menschen damals um ihr Seelenheil hatten, welche Furcht vor Fegefeuer und ewiger Verdammnis sie mit sich herumtrugen. Auch Luther selbst war überzeugt, dass das Ende der Welt bald kommen werde.

**SPIEGEL:** Suchte er vor allem für sich selbst eine Antwort?
**Schilling:** Das war der Ausgangspunkt. Er hat all diese Ängste selbst durchlitten, auch das machte ihn so überzeugend. Seine Lösung war plausibel und verständlich: Er sagte, es komme nicht auf gute Werke an oder auf das Geld, das man für Ablässe zahlen kann, sondern auf die Gnade Gottes allein, so stehe es in der Bibel. Diese »Rechtfertigungslehre« beeindruckte nicht nur die einfachen Leute. Es gibt einen Eintrag im niederländischen Tagebuch von Albrecht Dürer, einem Intellektuellen erster Klasse. Er schrieb, Luther habe ihm »aus großen Ängsten geholfen«.
**Käßmann:** Es hat die Menschen sehr belastet, dass jedes Leben, das nicht im Zeichen des Zölibats oder im Kloster stattfand, schon wegen der Sexualität als sündig galt. Luther hat dagegen gesagt, auch die Sexualität und das Gebären sind eine gute Gabe Gottes, dafür braucht es keinen Ablass. Für ihn war das gute Leben im Alltag auch das gute Leben vor Gott. Das hatte eine enorm befreiende Wirkung. Hinzu kam, dass es einen riesigen Reformstau in der Kirche gab, der Druck, der sich aufgebaut hatte, war also gewaltig.

**SPIEGEL:** Ab wann war denn klar, dass es einen Bruch mit der alten Kirche bedeutete, wenn man sich Luther anschloss?
**Schilling:** Luthers Ablassthesen waren der erste Dominostein. Ab da fiel ein Stein nach dem nächsten um. Das hatte auch mit der Dummheit der katholischen Kirche zu tun. In Rom begriff man nicht, welche Sprengkraft Luthers Botschaft hatte.

Wäre die Kurie auf ihn zugegangen, hätte sie ihn integrieren können, aber man versuchte, ihn auszugrenzen, zum Schweigen zu bringen. Irgendwann prangerte er nicht mehr nur die Ablässe an, sondern das ganze System. Schon sehr früh fiel die Formulierung: Wir hier in Wittenberg haben erkannt, dass der Papst der Antichrist ist. Das war der Systembruch.
**Käßmann:** Luther rang anfangs ja noch um einen gemeinsamen Weg mit seiner, der alten Kirche, und seine Mitstreiter drängten ihn auch dazu. In der Einleitung seiner Schrift »Von der Freiheit eines Christenmenschen« schrieb er sinngemäß über die Missstände: Lieber Papst, wenn du das alles sehen würdest, würdest du mich verstehen und mir zustimmen – aber es wird ja vor dir geheim gehalten. Mit der Bannandrohungsbulle jedoch, die er dann Ende 1520 demonstrativ verbrannte, war der gemeinsame Weg ausgeschlossen.
**Schilling:** Interessant ist ja, dass sich die Reformation ausgerechnet in Deutschland entwickelte. Die Mediävistik hat herausgefunden, dass aus Deutschland viel weniger Geld nach Rom geschickt wurde als aus anderen Ländern. Die Gläubigen in Spanien oder Frankreich hätten unter dem Ablasswesen also faktisch viel mehr leiden müssen. Im Reich war man aber offensichtlich viel kritischer. Und hier waren die Menschen sehr auf die Heilsfrage fixiert, während sie in Italien kaum eine Rolle spielte. Dort gab es schon sehr früh Reformansätze, gerade im Klerus und in den Orden, ebenso in Spanien. Den Wandel vollzog die Kirche dort aus sich heraus. Die bornierte Hierarchie in Deutschland erkannte nicht die Chance zur Erneuerung, die sich ihnen mit Luther bot. Deshalb kam es zu der systemsprengenden Reformation.

**SPIEGEL:** War den Menschen, die ja zum Großteil nicht lesen konnten, denn überhaupt klar, was der Unterschied zwischen der alten Kirche und Luthers Vorstellungen war?

**Schilling:** Es bildeten sich sehr schnell Gegensätze heraus, die deutlich machten, wer wofür stand. Vor der Reformation etwa lebten die meisten Priester in einer Quasi-Ehe, hatten Frau und Kinder, und niemand störte sich daran. Nach Luther aber durfte der katholische Priester auf keinen Fall mehr eine Familie haben. Der protestantische Pfarrer dagegen musste heiraten. Ähnliches gilt für den Umgang mit der Bibel.

**SPIEGEL:** Es gab auch katholische Bibelübersetzungen ins Deutsche.
**Schilling:** Ja, schon vor Luther, ebenso eine Bibeltheologie. Aber nach Luther galt: Wer aus der Bibel argumentierte, musste ein Protestant sein. Die lange Tradition der katholischen Bibelübersetzungen und der wissenschaftlichen Arbeit an der Heiligen Schrift brach ab. Und noch ein drittes Beispiel: In der mittelalterlichen Mystik gab es eine große Christusfrömmigkeit, niemand wäre auf die Idee gekommen, das als häretisch zu brandmarken. Doch als Karl V. 1558 starb, sich auf dem Sterbebett das Kreuz zeigen ließ und allein in Christus sterben wollte, munkelte die Entourage, das müsse doch lutherisch sein. So tief war die konfessionelle Kluft.
**Käßmann:** Für viele Menschen symbolisierte das Abendmahl in beiderlei Gestalt, also Brot und Wein, den neuen Glauben. In der Papstkirche war das den Priestern vorbehalten, für die Laien gab es zur Feier der Eucharistie nur die Hostie. Und ganz wichtig war die Singebewegung: Die Gemeinden begannen, protestantische Lieder zu singen, und zeigten so ihren Übertritt zum Luthertum.
**Schilling:** Nur ein konkretes Beispiel unter vielen: In der Hansestadt Lemgo in der Grafschaft Lippe wollte Mitte der 1520er-Jahre ein Priesterlein in der Stadtkirche die alte Litanei herunterrasseln. Die Gemeinde war sich spontan einig, dass man sich das nicht mehr gefallen lassen wollte – und stimmte ein

protestantisches Lied an. Anderswo wurde die neue Lehre durch sogenannte Disputationen eingeführt: Anhänger der alten Kirche und Anhänger Luthers stritten öffentlich miteinander über theologische Fragen.
**Käßmann:** Und dann stimmte die Gemeinde ab, und wenn es genug Stimmen gab, wurde sie evangelisch.
**Schilling:** Es gab jetzt das Bewusstsein, dass die Gemeinde das Recht hat, über ihre Glaubensform selbst zu bestimmen. In zahlreichen Orten stand die Bürgergemeinde gegen den Stadtrat auf und drohte, wenn ihr die Konfession nicht ändert, dann müsst ihr verschwinden.

**SPIEGEL:** Gerade in Städten bekehrten sich die Menschen ja sehr früh zu Luther. Warum wirkte seine Botschaft auf sie so attraktiv?
**Schilling:** Das hängt sicher damit zusammen, dass die christliche Gemeinde und die Stadtgemeinde damals dasselbe waren. Luther setzte anfangs stark darauf, dass die Gemeinden von unten seine Botschaft verbreiteten.

**SPIEGEL:** Ist es übertrieben zu sagen, dass die Reformation nicht nur eine theologische, sondern auch eine politische Bewegung war?
**Schilling:** Es stimmt schon, durch die Aktivierung der Bürgergemeinden in den Städten entstand eine enorme politische Wirkung: Wenn die Gemeinde den Rat bat, die Religion zu ändern, war das automatisch eine politische Forderung. Luther hat das Mitwirkungsrecht der Bürger damit befördert. Das ist keine Demokratie im modernen Sinne, aber es geht in die Richtung. Das hat man übrigens lange unter den Tisch gekehrt. Noch heute lesen Sie bei bedeutenden Kollegen von mir, die politische Wirkung der Reformation sei erst mit dem Calvinismus gekommen. Kürzlich hat das sogar die Evangelische Kir-

che in Deutschland in einem Büchlein zum Reformationsjubiläum so dargestellt – das hat mich sehr geärgert.
**Käßmann:** Ich bin die Allerletzte, die sagt, die Reformation ist nur theologisch zu erklären, mich hat der politische Aspekt immer schon interessiert. Es ist ja bezeichnend, dass Luther schon 1520 in seiner Schrift »An den christlichen Adel deutscher Nation« die Fürsten in die Pflicht nahm, das Evangelium umzusetzen und auch die politischen Konsequenzen aus seinen theologischen Einsichten zu ziehen.
**Schilling:** Hauptgewinner der Reformation waren die deutschen Fürsten. Anfangs dachte Luther, er könne die Reformation von der Gemeinde aus verbreiten, aber er musste erkennen, dass nur die Landesherren sich gegen die Rechte der alten Kirche durchsetzen konnten. In der DDR wurde Luther deshalb mit den Worten Thomas Müntzers als »Fürstenknecht« verunglimpft. Das ist aber sicher zu scharf. Luther selbst hat seinem Landesherrn offen widersprochen, als der ihm verbieten wollte, von der Wartburg abzureisen: »So nicht, Landesherr«, schrieb er in einem Brandbrief.
**Käßmann:** Er verließ sich dennoch sehr auf die Landesherren. So sehr, dass er keine Bischöfe einsetzte.
**Schilling:** Die Fürsten waren als Notbischöfe verpflichtet, sich auch um die geistlichen Belange der Untertanen zu kümmern. Das funktionierte zu Luthers Lebzeiten so, wie er sich das vorgestellt hatte. Der große Wandel kam nach seinem Tod: Nun versuchten die Landesherren und auch die städtischen Magistrate ganz entschieden, Zugriff auf die Kirche zu erhalten. Sie entmachteten die geistlichen Gremien, um selbst das Sagen auch in der Kirche zu haben.

**SPIEGEL:** Luther erlebte noch zu Lebzeiten, wie die evangelische Bewegung zersplitterte in Täufer, Zwinglianer, Radikale. War er so gesehen überhaupt erfolgreich?

**Schilling:** Im Vergleich zu Vorgängern wie Jan Hus oder John Wyclif war er sehr erfolgreich: Seine Vorstellung vom Christentum konnte sich behaupten, er fand ausreichend politischen und gesellschaftlichen Rückhalt, weil sich viele Leute existenziell angesprochen fühlten. Auf der anderen Seite war er nicht erfolgreich, weil er sein großes Ziel verfehlte: Er wollte die Reform der gesamten Universalkirche und bekam stattdessen die Landeskirchen. Das machte ihm sehr zu schaffen, als es ihm um 1535 klar wurde. Sogar seine unsäglichen Judenschriften kann man aus diesem Absturz heraus erklären: Anfangs wollte er die Juden noch mitnehmen auf seinem Weg, dann sah er sein Werk in Gefahr und sich selbst umgeben von Feinden, da kippte seine Haltung.
**Käßmann:** Der Universalismus war zu dieser Zeit am Ende. Luther war ja nicht der Einzige, der daran scheiterte. Karl V. konnte das Reich nicht zusammenhalten, ebenso wenig wie der Papst seine Kirche – die Fliehkräfte waren zu stark. Luther selbst hätte aber wohl nie gedacht, dass er überhaupt eine so langfristige Wirkung erzielen würde. Er hat mal gesagt, es solle auf keinen Fall eine Kirche nach ihm benannt werden.
**Schilling:** Die Landeskirchen sah er als Rückzugsort an. Von dort aus sollte die evangelische Lehre wie ein Sauerteig in die gesamte Kirche hineinwirken. Dass das 500 Jahre dauern würde und noch andauert, hat er mit Sicherheit nicht erwartet. Allerdings haben wir in den vergangenen 50 Jahren in Sachen Ökumene mit Sicherheit mehr erreicht als in den 450 Jahren davor. Deshalb kann man wohl doch optimistisch sein, dass es zu einer Konvergenz der Kirchen kommt.

**SPIEGEL:** Im Moment sieht es eher so aus, als seien die Fliehkräfte innerhalb der protestantischen Kirche selbst ein Problem: Immer neue Freikirchen und evangelikale Bewegungen entstehen, die nur noch wenig gemeinsam haben.

**Käßmann:** Tatsächlich gibt es etwas, das ich bei der römisch-katholischen Kirche durchaus schätze: Sie hat es bei allen inneren Differenzen geschafft, eine Weltkirche zu bleiben. Die Protestanten dagegen sagen im Zweifelsfall gern: Hier stehe ich und kann nicht anders, und dann gründen sie ihre eigene Kirche. Gerade in Nordamerika ist das extrem. Dort, aber auch in Europa gibt es allerdings durchaus positive Entwicklungen: Seit 1973 erkennen sich Reformierte, Unierte und Lutheraner gegenseitig an. Seither können wir auch miteinander Abendmahl feiern, obwohl wir eigentlich seit 1529 unterschiedliche Auffassungen darüber haben, in welcher Weise Christus dabei präsent ist.

**SPIEGEL:** Wäre das nicht auch ein Weg für das Zusammenwachsen von katholischer und protestantischer Kirche?
**Käßmann:** Ich habe das einmal im Gespräch mit Kardinal Kasper vorgeschlagen, aber von katholischer Seite gibt es Vorbehalte, weil damit die grundsätzlichen Differenzen nicht ausgeglichen würden. Aber ich denke auch, dass wir im 20. Jahrhundert gerade in Deutschland enorm weitergekommen sind, durch die konfessionelle Durchmischung der Gebiete nach dem Zweiten Weltkrieg, durch die gestiegene Mobilität, durch das Kennenlernen und Miteinanderleben. Und 1999 haben wir ja auch mit der katholischen Kirche als Lutheraner eine gemeinsame Erklärung zur Rechtfertigungslehre verabschiedet und uns darauf geeinigt, dass die Verwerfungen des 16. Jahrhunderts in dieser Frage nicht mehr gelten.

**SPIEGEL:** Ist es dann nicht ein Affront gegen die ökumenischen Bemühungen, das Reformationsjubiläum und damit die Kirchenspaltung von 1517 so groß zu feiern?
**Käßmann:** Ich denke, die Anfangsbefürchtungen, die deutschen Evangelischen wollten sich hinstellen und ein Lutherfest

feiern, sind überwunden. Tschechien, wo ja Jan Hus 100 Jahre vor Luther gewirkt hat, und die Schweiz, wo Zwingli und Calvin ihre Wurzeln haben, beteiligen sich, ebenso wie die römischen Katholiken eingeladen sind mitzuwirken.

**SPIEGEL:** Luthers Wirkung in der Reformation ist nur aus seiner Zeit heraus zu verstehen, aus der Angst der Menschen um ihr Seelenheil. Wie aktuell ist Luther noch?
**Käßmann:** Für mich ist er bleibend aktuell. Seine Vorstellung vom Priestertum aller Getauften bleibt eine Herausforderung unserer Kirche, die manchmal auch zu hierarchisch wird. Und auch sein Gedanke von der Rechtfertigung allein aus Glauben scheint mir sehr aktuell. Ich bin überzeugt, dass viele Menschen verstehen, dass Anerkennung und Sinn im Leben nicht daher kommen, weil sie besonders viel leisten, viel verdienen oder besonders schön sind, sondern dass es eine Lebenszusage gibt, die darüber hinaus geht: Dein Leben ist sinnvoll, weil Gott deinem Leben Sinn schenkt. Ich denke auch, dass gebildeter Glaube heute ungeheuer wichtig ist angesichts des Fundamentalismus. Luthers Aufforderung zum Selbstdenken, Nachlesen, Fragen, dazu, selbst ein Gewissen auszubilden, ist bleibend aktuell.
**Schilling:** Er war ein religiös und politisch handelnder Mensch in einer Zeit des Umbruchs, damit kann er auch heute noch modellhaft sein. Allerdings nicht in der Weise, dass man ständig fragen sollte, was Luther in konkreten gegenwärtigen Problemzusammenhängen gesagt oder getan hätte.
**Käßmann:** Ich bin schon gefragt worden, was Luther zum Fracking gesagt hätte …
**Schilling:** Dass man sich an Vorbilder von vor 500 Jahren klammert, wollte er ja gerade nicht. Ich denke, man kann von Luther das Bohren dicker Bretter lernen. Er hat sich weder auf die Seite der Reaktionäre geschlagen noch auf die Seite

derer, die alles von heute auf morgen grundlegend verändern wollten; er wollte die Menschen überzeugen, sie mitnehmen. Beeindruckend ist auch, welch entscheidende Rolle er dem Recht zugestand. Er unterschied zwischen dem weltlichen und dem geistlichen Regiment Gottes. Nur auf dieser Basis konnten die unterschiedlichen Konfessionen im Westfälischen Frieden das neutrale Recht anerkennen und damit aufhören, sich gegenseitig zu zerfleischen.

**SPIEGEL:** Na ja, in Nordirland klappt das mit den Katholiken und den Protestanten noch immer nicht so ganz.
**Schilling:** Natürlich gab es Rückfälle. Aber eigentlich ist christlicher Fundamentalismus seit dem Ende des Dreißigjährigen Kriegs nicht mehr akzeptabel. Damit haben Luther und die Reformation entscheidend dazu beigetragen, dass wir in Europa heute friedlich miteinander leben.

**SPIEGEL:** Frau Käßmann, Herr Schilling, wir danken Ihnen für dieses Gespräch.

**Margot Käßmann,** geboren 1958, ist im Auftrag der Evangelischen Kirche in Deutschland (EKD) Botschafterin für das Reformationsjubiläum 2017. Die Theologin und Pfarrerin war bis 2010 Landesbischöfin in Hannover und Ratsvorsitzende der EKD und hat zahlreiche Bücher veröffentlicht.
**Heinz Schilling,** geboren 1942, ist einer der profiliertesten Forscher zur Reformationszeit. Der Historiker war bis zu seiner Emeritierung Professor für Europäische Geschichte der Frühen Neuzeit an der Humboldt-Universität Berlin. 2012 erschien seine Biografie Martin Luthers.

## Eine Frage der Gnade

*Was war so neu an Luthers Lehre?*
*Kernpunkte des reformatorischen Denkens.*

**Sola fide – durch Glaube allein**

Luther war überzeugt, dass der Glaube allein den Menschen zum Seelenheil – zur Rechtfertigung durch Gott – führt. Er stützte sich auf einen Satz des Apostels Paulus: »So halten wir nun dafür, dass der Mensch gerecht werde ohne des Gesetzes Werke, allein durch den Glauben.«

Gute Werke, Fürbitten der Heiligen und die Vermittlung durch geweihte Priester bringen also niemanden dem ewigen Leben näher: Damit richtete Luther sich vor allem gegen das zu seiner Zeit verbreitete Ablasswesen und die Heiligenverehrung. Vor allem aber stellte er die persönliche Beziehung des Individuums zu seinem Gott in den Mittelpunkt: Priester werden als Erklärer und Heilsvermittler nicht mehr gebraucht, auch die Sakramente – außer Abendmahl, Taufe und zunächst auch Buße – schaffte Luther ab.

**Sola gratia – aus Gnade allein**

Gottes Gnade, so Luthers zweiter zentrale Gedanke, kann man sich nicht verdienen, sondern sie wird dem Menschen geschenkt. Gute Werke oder bestimmte Verhaltensweisen führen danach nicht dazu, dass man sich von Sünden reinwäscht oder das ewige Leben erwirbt. Auch damit richtete sich Luther gegen das Ablasswesen, ebenso gegen den Gedanken, einige Menschen – vor allem Mönche und Nonnen – könnten sich durch ihren Lebenswandel besondere

Verdienste bei Gott erwerben. Luther ging stattdessen davon aus, dass alle Menschen vor Gott gleich seien. Jede kirchliche Hierarchie ist damit obsolet, ebenso wie Zölibat und Klöster.

**Sola scriptura – durch die Schrift allein**

Nicht die überlieferte Tradition, sondern allein der ursprüngliche Text der Bibel muss Luther zufolge der Maßstab der kirchlichen Lehre sein. Das Evangelium erkläre sich selbst, davon war er überzeugt. Deshalb dürften Priester nicht länger behaupten, sie seien die Einzigen, die das Wort Gottes auslegen könnten. Stattdessen sollte jeder Gläubige selbst in der Bibel lesen, sie beurteilen und danach handeln. Deshalb übersetzte Luther sowohl das Alte wie auch das Neue Testament ins Deutsche.

Indem er die Bibel zur alleinigen Quelle theologischer Wahrheit machte, waren auch Konzilsbeschlüsse, päpstliche Entscheidungen über Glaubensfragen oder die damals übliche Argumentation mit Schriften der Kirchenväter keine letzte Autorität mehr. Sein Mitstreiter Philipp Melanchthon formulierte es unmissverständlich: »In Glaubensfragen haben die Päpste, die Konzilien und die gesamte Kirche kein Recht, etwas zu verändern oder festzulegen, sondern die Artikel des Glaubens müssen schlicht und einfach an der Vorschrift (Urschrift) der Hl. Schrift überprüft werden.«

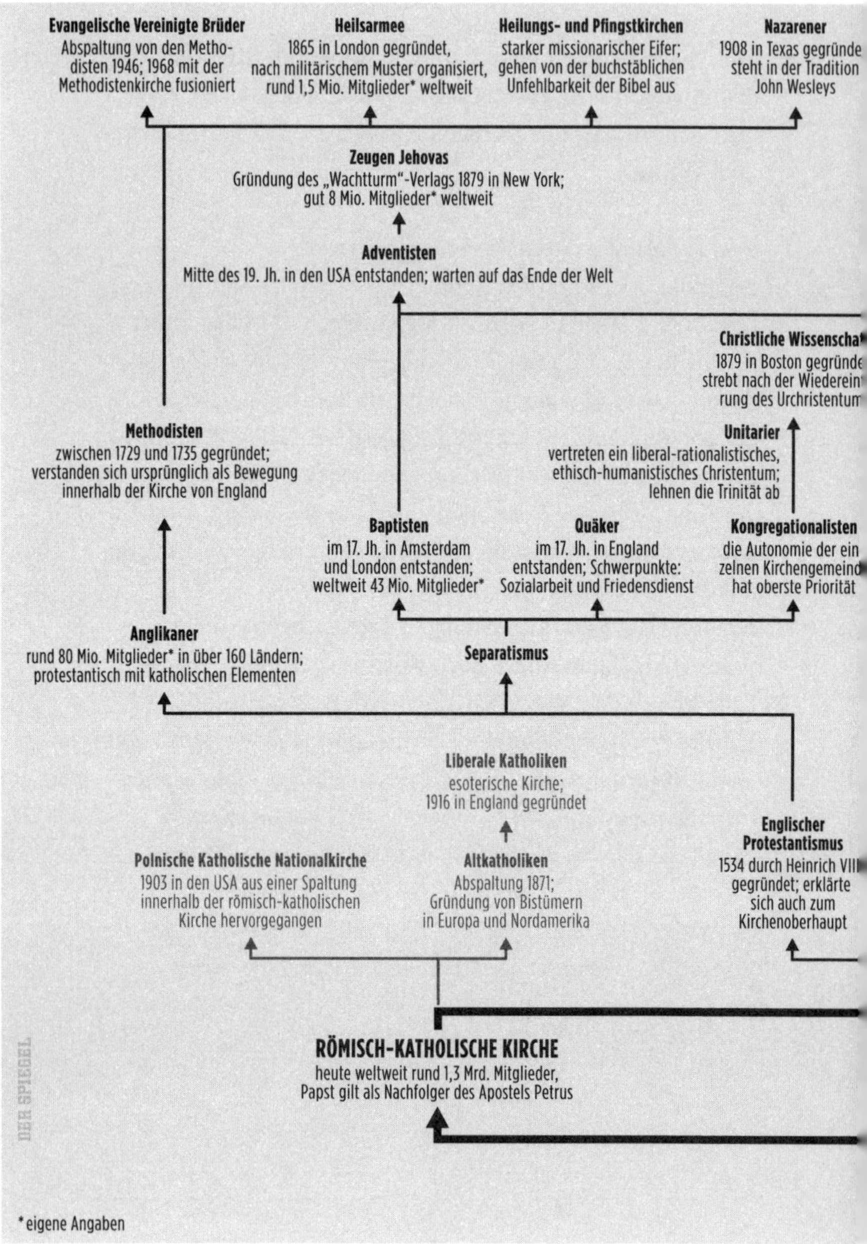


Quelle: Hubert Jedin et al.: Atlas zur Kirchengeschichte, Freiburg 2004, Seite 102.

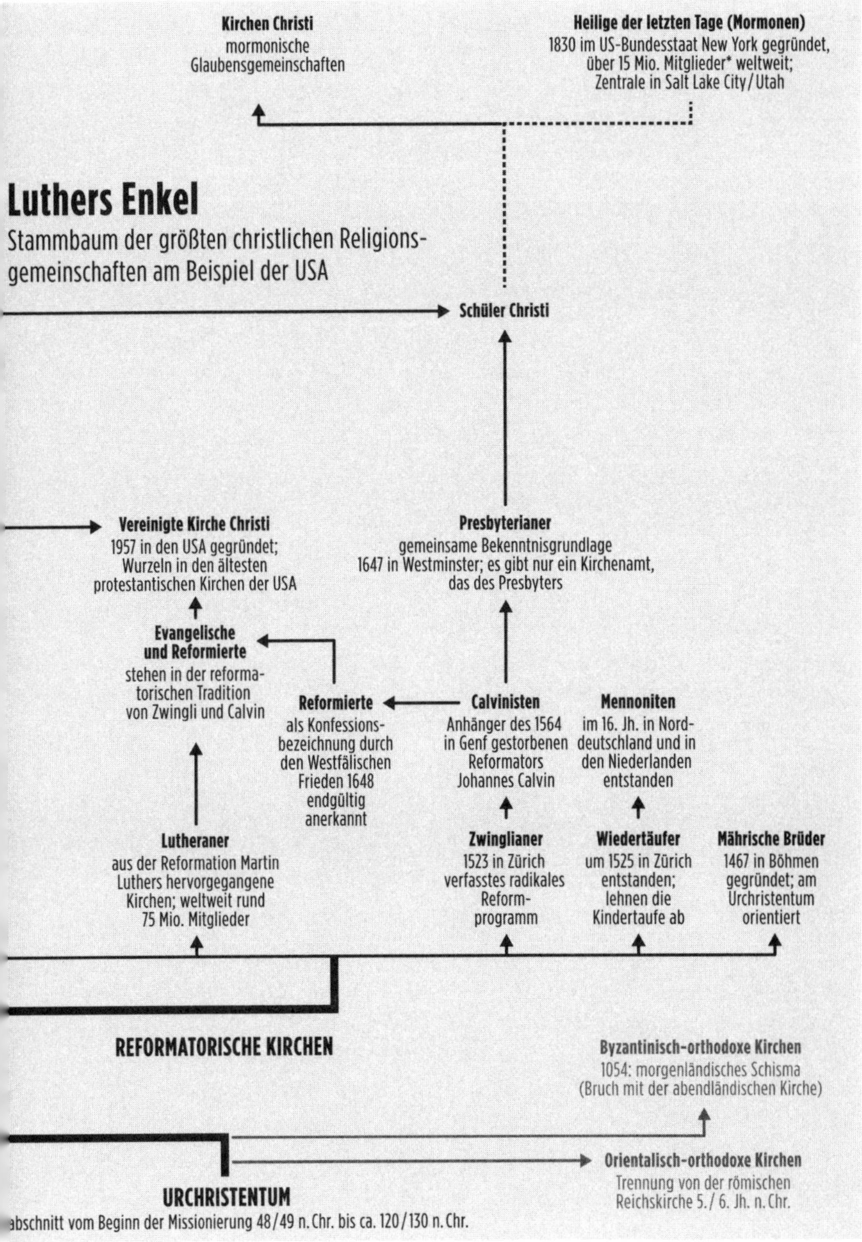
Luthers Enkel
Stammbaum der größten christlichen Religionsgemeinschaften am Beispiel der USA
Kirchen Christi
mormonische Glaubensgemeinschaften
Heilige der letzten Tage (Mormonen)
1830 im US-Bundesstaat New York gegründet, über 15 Mio. Mitglieder* weltweit; Zentrale in Salt Lake City/Utah
Schüler Christi
Vereinigte Kirche Christi
1957 in den USA gegründet; Wurzeln in den ältesten protestantischen Kirchen der USA
Presbyterianer
gemeinsame Bekenntnisgrundlage 1647 in Westminster; es gibt nur ein Kirchenamt, das des Presbyters
Evangelische und Reformierte
stehen in der reformatorischen Tradition von Zwingli und Calvin
Reformierte
als Konfessionsbezeichnung durch den Westfälischen Frieden 1648 endgültig anerkannt
Calvinisten
Anhänger des 1564 in Genf gestorbenen Reformators Johannes Calvin
Mennoniten
im 16. Jh. in Norddeutschland und in den Niederlanden entstanden
Lutheraner
aus der Reformation Martin Luthers hervorgegangene Kirchen; weltweit rund 75 Mio. Mitglieder
Zwinglianer
1523 in Zürich verfasstes radikales Reformprogramm
Wiedertäufer
um 1525 in Zürich entstanden; lehnen die Kindertaufe ab
Mährische Brüder
1467 in Böhmen gegründet; am Urchristentum orientiert
REFORMATORISCHE KIRCHEN
Byzantinisch-orthodoxe Kirchen
1054: morgenländisches Schisma (Bruch mit der abendländischen Kirche)
Orientalisch-orthodoxe Kirchen
Trennung von der römischen Reichskirche 5./6. Jh. n. Chr.
URCHRISTENTUM
abschnitt vom Beginn der Missionierung 48/49 n. Chr. bis ca. 120/130 n. Chr.

# TEIL II:

# DIE REFORMATORISCHE BEWEGUNG

# LUTHERISCHE SONNE

*Nürnberg, die bedeutende Handelsmetropole, wurde als erste Reichsstadt zu einer festen Burg des Protestantismus. Wie kam das?*

Von ANNETTE BRUHNS

Mit wallenden Locken und gestutztem Vollbart blickt er aus luftiger Höhe gen Sankt Sebald, Hauptkirche von Nürnberg und seit 1522 ein lutherisches Gotteshaus. Das Vorbild für das Gesicht seines riesigen Bronzedenkmals hatte Albrecht Dürer einst selbst geliefert. Er war der erste Künstler in Europa, der ein frontales Selbstporträt malte: ein Gemälde wie ein Spiegelbild, frei nach der antiken Aufforderung »erkenne dich selbst«.

Mit dem Bild wagte Dürer 1500 etwas Unerhörtes. Weder Möbel noch eine Landschaft umgeben sein Antlitz, stattdessen undefiniertes Braun. Aus dem Dunkel leuchten hell das Gesicht und die feingliedrige Hand. Starr heften sich die Pupillen auf den Betrachter. Einen verstörend forschen Blick mutete der junge Mann seinen Zeitgenossen zu. Ganz im Sinne des Humanismus kündete er von einer neuen Zeit, die den Menschen und dessen Intellekt in den Mittelpunkt stellen würde.

Dass die Zukunft auch seinen Glauben verändern würde, konnte der damals 28-jährige Maler nicht ahnen. Zwei Jahrzehnte später schlug die Reformation kometengleich in seiner Heimat ein. Und die Nürnberger verbreiteten Luthers Lehre eifrig weiter: Es war ein Ratsgesandter der fränkischen Reichsstadt, Kaspar Nützel, der dessen 95 Thesen 1517 vom Lateinischen ins Deutsche übertrug. Erst jetzt konnte der »gemeine Mann« die unerhörte Kritik lesen – auch ein Handwerkersohn wie Dürer, der nie Latein gelernt hatte. Das Interesse für Luther war durch eben jenen Humanismus vorbereitet worden, der seinem Selbstbildnis die ungeheure Wucht gibt: als Geisteshaltung, die einen kritischen Blick auf die Wirklichkeit anhand der Quellen erlaubte – unverstellt von kirchlichen Autoritäten.

Viele Nürnberger Patrizier kamen auf ihren Handelsreisen nach Italien mit dem Humanismus und den künstlerischen Leistungen der Renaissance in Berührung. Daheim gaben diese Kaufleute den Ton an: Nürnberg war zwar eine dem Kaiser unterstellte Reichsstadt, die dessen Reichskleinodien beherbergte und später auch das Reichsregiment. Des Kaisers Wort war hier Gesetz. Gleichzeitig war die Stadt aber auch eine relativ autonome Handelsrepublik: Der Rat erließ eigene Gesetze, verhängte Strafen, befehligte Wehreinheiten. Patrizier, die mindestens tausend Gulden besaßen, galten als »ehrbar« – und damit ratsfähig. Turnusmäßig zu Ostern wurden die 42 Ratsherren gewählt.

Mit rund 40 000 Einwohnern war Nürnberg – neben Köln und Augsburg – im 16. Jahrhundert eine der größten deutschen Städte. Zu den Kirchen, Märkten, Brunnen und Gassen innerhalb der imposanten, noch erhaltenen, Ringmauern kam noch das Umland mit sechs größeren Ortschaften und vielen Weilern. Der Stadtstaat war doppelt so groß wie das heutige Hamburg. Er lag zentral: Allein zwölf Handelswege kreuzten sich hier und verbanden Nürnberg mit der Hanse im Norden, Venedig im Süden und über dessen Handelshafen mit dem Orient. Eng getaktet ratterten schwer beladene Fuhrwerke durch die großen Tore, hin zur Waage vor dem Hauptmarkt, wo die Waren abgewogen, verzeichnet und verzollt wurden.

Die Kaufleute handelten mit Baumwolle, Seide, Gewürzen; allein an die 1500 Kilo Safran, wertvoll wie Gold, wurden hier alljährlich importiert. Bestverkaufte Exportartikel waren Metallwaren. Nürnbergs Handwerker hämmerten Besteck, schmiedeten begehrte Waffen und fertigten erstklassige Werkzeuge. 1471 schwärmte der Mathematiker, Astronom und Humanist Regiomontanus: »Nürnberg habe ich mir zum dauernden Wohnort ausgewählt, zum einen wegen der Tauglichkeit der hier angefertigten Geräte, besonders der astronomischen ... zum anderen wegen der günstigen Gelegenheit für einen Gedankenaustausch mit den anderswo lebenden Gelehrten.« Denn der Ort sei, so der Wahl-Nürnberger, »gleichsam das Zentrum Europas«.

An den Umwälzungen, die hier bald stattfinden sollten, war indes ein weiteres Standbein der Nürnberger Prosperität maßgeblich beteiligt: der aufblühende Buchdruck. Ohne ihn hätte sich die Reformation nicht durchsetzen können. Dürers Patenonkel Anton Koberger war um 1500 mit 100 Gesellen an 24 Pressen der größte Buchdrucker Europas. Die Alphabetisierung war weit fortgeschritten, fast jeder zweite Nürnberger konnte lesen. Martin Luther wusste um die Bedeutung der Medienstadt für seine Zwecke; Nürnberg sei »fast wie die Augen und Ohren Deutschlands«, lobte er, die Stadt leuchte »wie eine Sonne unter Mond und Sternen«.

Mit der Bedeutung der Stadt verknüpfte Luther einen Namen mehr als andere: »Doktor Lazarus Spengler allein hat das Evangelium in Nürnberg eingeführt, und er allein hat erreicht, dass es dort bis heute Bestand hat.« Etwas übertrieben war das schon: Weder war Lazarus Spengler promoviert noch reformierte er Nürnberg auf eigene Faust. Gleichwohl spielte der Stadtschreiber eine bedeutende Rolle, die er virtuos ausfüllte. Als Vermittler zwischen Rat, Kaiser und Volk fädelte der Luther-Anhänger die notwendigen Reformschritte geschickt ein. Spengler war auch ein Freund Albrecht Dürers: gut möglich, dass er den Künstler dazu animierte, am Ende seines Lebens wirkmächtige Bilder für die neue Zeit und ihren Glauben zu schaffen.

Ein dritter Nürnberger schließlich machte Luther mit eingängigen Stanzen weit über die Stadtmauern hinaus berühmt: der dichtende Schuster Hans Sachs. Der Meistersinger war ein mutiger und wortgewaltiger politischer Beobachter, der sich traute, die Dinge beim Namen zu nennen und den Zensoren zu trotzen.

Denn der Rat ließ alle zirkulierenden Schriften routinemäßig überprüfen, bei Bedarf konfiszieren und den Verfasser bestrafen. Aber auch der Rat selbst musste sich gegen von Papst und Kaiser ausgesandte Zensoren wehren. Hier war der Stadtschreiber gefragt. Spengler, den Dürer mit prominenter Nase über leicht fliehendem Kinn porträtiert hat, entwickelte sich zum Meister des Lavierens. Mit diplomatischer Finesse tat er alles, um den Wandel in den Kirchen möglichst geräuschlos zu gestalten, ohne dabei den Argwohn der katholisch-kaiserlichen Statthalter in der Reichsstadt zu wecken und ohne das Volk gegen die Obrigkeit aufzuwiegeln.

Die Kunde von Martin Luther hatte sich früh unter den Nürnbergern verbreitet. Seit der Adventszeit 1516 predigte Luthers früherer Wittenberger Beichtvater Johannes von Staupitz auf der Kanzel des Augustinerkonvents. Heute steht an der Stelle des riesigen gotischen Klosters ein Cityparkhaus; allein die Straße heißt noch nach der Bruderschaft. Der Augustinermönch Staupitz verkündete seinen Hörern ein neues Gottesbild. Sein Gott forderte nicht Frömmigkeit und Ablass, um gnädig die sündigen Seelen zu erlösen, sondern er war ein gütiger Schöpfer, der die Menschen in ihrer Unvollkommenheit liebte und ihnen seinen Sohn geschickt hatte.

Auf Männer wie Dürer und Spengler wirkten Staupitz' Predigten befreiend. Um den Seelsorger bildete sich bald ein Freundeskreis, der sich in bester humanistischer Manier »Sodalitas Staupitziana« nannte. Dem Kreis gehörten viele der reichsten und mächtigsten Männer der Stadt an; er wurde zur Keimzelle der Reformation. Auch wenn Staupitz kein Humanist im engeren Sinne war, so lehnte auch er die scholastischen Autoritäten ab und wandte sich der Heiligen Schrift zu. Außerdem lieferte er seinen elitären Anhängern eine neue Ethik der »Ehrbarkeit«, die ihre Führungsrolle auf der Basis von Frieden, Gerechtigkeit und Gottesliebe begründete.

Die Abkehr vom alten Klerus traf auch politisch den Nerv. Längst wollten die Kaufleute ihre Macht nicht mehr mit Mönchen und Pfaffen teilen. Nürnbergs geistliches Oberhaupt, der Bischof von Bamberg, hatte sich schon früher über die Kirchenpolitik des Rats beklagt: Der ziele darauf ab, ihm »in geistlichen sachen nit mer unterworfen zu sein«. Mit Argusaugen zählte der Rat mit, wie viele Ablassgelder aus der Stadt abflossen, und handelte der Kirche immer wieder Anteile für eigene soziale Zwecke ab. 1496 hatte der Rat ein erbittertes Ringen mit den Dominikanern um die Lateinschulen gewonnen und eine humanistisch geprägte »Poetenschule« gegründet, die sich aber nicht lange hielt. Und für das Recht, Predigerstellen zu besetzen, gab die Stadt sogar ein Vermögen aus: 80 000 Gulden zahlte der Rat zwischen 1474 und 1571 für die Personalhoheit in den beiden Hauptkirchen.

1518 empfingen die Staupitzianer hohen Besuch. Martin Luther machte auf der Hin- und Rückreise zum Augsburger Reichstag Station. Lazarus Spengler zeigte sich tief beeindruckt von der Begegnung. Er selbst musste mit 17 sein Studium in Leipzig abbrechen und sich in der Ratskanzlei verdingen, weil sein Vater, der auch Ratsschreiber gewesen war, plötzlich verstarb. Inzwischen war Spengler 39 und gerade zum Mitglied des Großen Rats befördert worden – ein politisch unbedeutendes, gesellschaftlich aber hoch angesehenes Amt.

Der Vielbeschäftigte war ein Bücherwurm: Als er Luther traf, kannte Spengler bereits dessen sämtliche Schriften. »Ich habe auch von Doktor Luther persönlich gehört«, schwärmte er von der Begegnung, »dass er ob allen Bedrohungen« darauf vertraue, dass Gott die Seinigen »leiten und schützen« werde.

Spengler schrieb dies 1519 in seiner »Schutzrede und christliche Antwort eines ehrbaren Liebhabers der göttlichen Wahrheit«. Es war die erste öffentliche Parteinahme eines Laien für Luther. Das Flugblatt erreichte schnell auch außerhalb Nürnbergs eine hohe Auflage. Denn Spengler schrieb kenntnisreich und mit Verve. In sechs Schritten begründete er, warum Luther recht habe und die Pfaffen, die »auch nur Menschen« seien, seine Lehre nicht verwerfen dürften. »Diese Fabel- und Märleinprediger« hätten den Glauben in Zeremonien gepresst: »Alle Tage den himmlischen Rosenkranz päppern, viele Wallfahrten und Fasten, in großen Kirchen viele Lichter anzünden, die armen Seelen mit viel geweihtem Wasser trösten.« Nichts, was theologisch Hand und Fuß habe, könne gegen Luther vorgebracht werden. Diejenigen, die ihn jetzt »wie saures Bier« ausbuhten, ätzte Spengler, hätten die Bibel doch nur »durch ein Bohrloch« gelesen.

Einer der Verhöhnten fühlte sich persönlich getroffen: Johannes Eck, Professor der Theologie, glänzender Rhetoriker und einer der größten Widersacher Luthers. Als kurz nach Spenglers Schrift die anonyme, auf Latein verfasste Polemik »Eccius Dedolatus« (sinngemäß: »Der angeeckte Eck«) erschien, erwirkte der einflussreiche Deutsche in Rom, dass in die Bannandrohungsbulle gegen Luther die Namen von zwei Nürnbergern aufgenommen wurden: Lazarus Spengler und Willibald Pirckheimer. Letzteren hatte Eck – wohl nicht zu Unrecht – als Autor der Anti-Eck-Schrift identifiziert.

Nürnbergs Rat ächzte. Spengler war Ratsherr, Pirckheimer einer der ehrbarsten Patrizier, steinreich und belesen. Der

Humanist stand in engem Briefkontakt mit den Intellektuellen Europas, allen voran Erasmus von Rotterdam. Pirckheimer galt als Dürers bester Freund. Welch ein ungleiches Paar: Pirckheimer stattlich, laut und jähzornig, wovon auch eine beim Turnier eingedrückte Nase zeugte, Dürer dagegen zart, tugendhaft, rational. Nach der Bannandrohung dürfte es hoch hergegangen sein in der »Herrentrinkstube«, in der sich die Männer des Kleinen und Großen Rats – auch Dürer gehörte zu Letzterem – nach Feierabend trafen. Von der intimen, bierseligen Stimmung dort gibt dessen Stich »Das Männerbad« Auskunft.

Die Drohungen gegen Spengler und Pirckheimer trieben die Nürnberger weiter auf die Seite der Reformatoren. Dürer bekniete den sächsischen Hofkaplan in einem Brief, Martin Luther »unbedingt« porträtieren zu dürfen, »zu einem langen Angedenken des christlichen Mannes, der mir aus großen Ängsten geholfen hat«. Es gehört zu den verpassten Chancen der Kunstgeschichte, dass dieser Wunsch nie in Erfüllung ging. 1521 soll das Gerücht zu Dürer gedrungen sein, Luther sei womöglich umgebracht worden. Der Maler reagierte mit einer »Totenklage«, deren Authentizität allerdings manche bezweifeln. Wenn Luther ermordet worden sei, heißt es in seinem Tagebuch reichlich pathetisch, dann deshalb, weil »wir (der Früchte) unseres Blutes und Schweißes beraubt und ausgesogen werden und diese so schändlich von müßiggängerischem Volk (gemeint war der Klerus) verzehrt werden«.

Im Frühjahr 1521 musste der vom Bann bedrohte Spengler aus dem von der Pest heimgesuchten Nürnberg zum Reichstag nach Worms reisen. Erst danach wurde sein Name aus dem Urteil getilgt. In Worms machte auf Spengler nicht nur Luther erneut Eindruck, sondern auch der ernsthafte junge Herrscher Karl V.

»Von da beginnt die Doppelpoligkeit der Nürnberger Politik«, schreibt der Historiker Gerhard Pfeiffer: »Gehorsam gegenüber dem Wort Gottes« – in lutherscher Manier – und zugleich »Gehorsam gegenüber dem Kaiser als dem weltlichen Herrn der Reichsstadt«. An diese doppelte Treue hielt sich Spengler konsequent bis zu seinem Tode – auch wenn dies immer wieder zur Zerreißprobe führte, weil dem katholischen Kaiser die Kirchenpolitik seiner Reichsstadt ein Dorn im Auge war.

Dem Wormser Edikt des Kaisers hätte Nürnberg sich bedingungslos beugen und alle Schriften Luthers verbieten müssen. Stattdessen spielte man auf Zeit: Das Edikt wurde ein halbes Jahr lang schlichtweg nicht veröffentlicht, mit der Begründung, es könne bei den Bürgern für Aufruhr sorgen. Auch was die zirkulierenden Flugblätter anging, griff der Rat eher halbherzig durch. Nur zweimal wurden Spötter, die das Papsttum verunglimpft hatten, für kurze Zeit eingebuchtet.

Ein Jahr später, 1522, machte der Rat deutlich, wie anders als sein weltlicher Herrscher er sich seine Kirchenpolitik vorstellte: Er berief erklärte Anhänger Luthers auf die frei werdenden Predigerstellen von Sankt Sebald und Sankt Lorenz. Am Gründonnerstag 1523 wurde im Augustinerkloster erstmals das Abendmahl in beiderlei Gestalt gereicht, mit Brot und Wein. Dürer schuf im selben Jahr einen Holzschnitt zum Abendmahl, den sein Biograf Johann Konrad Eberlein als »Propagandabild der Reformation« wertet, etwa weil das typische Lamm fehlt. Luther sah das Abendmahl nicht als Opfer, sondern ausschließlich als Sakrament.

»Wacht auff, es nahent gen dem Tag,/ich hör singen im grünen Hag/ein wunnigkliche Nachtigall«, erscholl es am 8. Juli 1523. Mit diesen Versen, die Richard Wagner später in »Die Meistersinger von Nürnberg« verewigte, meldete sich der Schuhmachermeister Hans Sachs zu Wort. Die liebliche Nachtigall in seinem Spruchgedicht war Luther, der, so der Autor, »wider viel irrthumb vnd missbreüchen des gaystlichen regiments und das haylig Evangelium das wort Gottes widrrumb klar unvermischt an den tag gegeben hat«. In rasenden Reimen entlädt Sachs seinen Zorn über die vielen Riten, mit denen göttliche Gnade erzwungen werden soll, »mit wachen, fasten, langen bet,/mit gerten-hauen, creutzweis-ligen,/mit knien, neygen, bucken, biegen,/mit reuchern und mit glocken-tauffen,/mit lampen-schüren, gnad-verkauffen/mit kirchen-, wachs-, saltz-, wasser-weyen«. Das Gedicht erreichte noch im Erscheinungsjahr sieben Auflagen und machte den Verfasser weit über Nürnberg hinaus bekannt.

Drei Jahre hatte Sachs zu den Vorgängen in seiner Stadt geschwiegen – für den Vielschreiber eine ungewöhnlich lange Zeit. Währenddessen hatte der von den Eltern finanziell gut ausgestattete 27-Jährige ein Haus am Weißen Turm in der Lorenzer Altstadt erworben, seine junge Frau hatte zwei Mädchen geboren. Den Grund seines Schweigens sieht sein Biograf Eckhard Bernstein darin, dass der gebildete Schuster sich zunächst in Luthers Werke vertieft hatte, um sich eine dezidierte Meinung zu bilden.

Der Mann der deftigen Worte war kein Hitzkopf: Wie Lazarus Spengler hielt Hans Sachs Frieden und Ordnung für hohe Güter, die man nie leichtfertig opfern dürfte. In den kommenden Jahren sollte Sachs das Tauziehen zwischen den Alt- und Neugläubigen sowie zwischen Obrigkeit und Volk literarisch verarbeiten. Doch so viel Mitleid er dabei mit den darbenden Bauern zeigte, er mahnte die Unterdrückten dennoch, ohne Murren ihr »creutz in dem elend« zu tragen, »geduldig biß ins end«.

Im gesamten Stadtstaat brodelte es. Mehr noch als Sachs' Verse zeigten die neuen Predigten Wirkung – allen voran die des charismatischen Andreas Osiander, zu dem das Volk in die Lorenzkirche nur so strömte, auch von außerhalb der Stadt. Theologische Fragen beschäftigten inzwischen sogar »die Kinder auf der Gasse«, so ein Beobachter.

Während der Fastnachtszeit verulkten junge Patrizier die alten Kleriker, indem sie einen Mönch auf einem Glücksrad zur Hölle fahren ließen. Bei den Predigermönchen wurden Schmähzettel an die Tür geschlagen, bei den Barfüßern während der Messe Steine in die Fenster geworfen. Die Reformation verlief in Nürnberg »alles andere als friedlich«, schreibt der Kirchenhistoriker Berndt Hamm, »auch wenn ihre führenden Köpfe ... stets handgreifliche Gewaltanwendung gegen Altgläubige ablehnten«. Letztere wiederum hätten auch nicht klein beigegeben, sondern wehrten sich mit »unflätigen Beschimpfungen«.

Immer energischer bedrängten Gesandte des Kaisers und des Papstes den Rat, endlich durchzugreifen und das Wormser Edikt zu befolgen. Doch der wand sich und behauptete, ihm seien die Hände gebunden gegenüber seinem aufständischen Volk.

Gefährlich heiß wurde der Glaubensstreit, als sich die Bauern einmischten. Am 2. Juni 1524 wurde eine elfköpfige Delegation aus Poppenreuth im Rathaus verhört. Die Bauern beschwerten sich über den »Zehnten«, den sie gegenüber den Pfaffen leisten müssten, und der inzwischen nicht nur von Getreide, sondern von allen Früchten zu leisten sei. Dabei beriefen sich die einfachen Männer auf die Prediger zu Sankt Lorenz: Die hätten verkündet, der Bibel nach sei der Zehnte nicht gerechtfertigt.

Während der Vernehmung wurde es draußen laut. Gesellen, Lehrlinge, Dienstboten, Frauen und Männer, schrien den Ratsherren zu, sie sollten die Bauern sofort freilassen. Außerdem sollten sie die Steuern und Abgaben senken. Mit Messern und Hämmern bewaffnet standen sie da und drohten, andernfalls das Rathaus aufzuklopfen, die Häuser der Reichen zu stürmen und die Ratsherren zu erschlagen.

Der Rat ließ die Bauern noch am selben Tag frei. In den

folgenden Monaten regierte er mit Zuckerbrot und Peitsche. Zwei Rädelsführer wurden hingerichtet, drei junge, rebellische Maler der Stadt verwiesen, die militärischen Ordnungskräfte verstärkt. Gleichzeitig senkte der Rat die Abgabenlast sowohl für die Stadtbewohner als auch, etwas später, für die Landbevölkerung. Der Bauernkrieg wurde in Nürnberg abgewendet.

Auch kirchenpolitisch musste der Rat jetzt Farbe bekennen. Nur eine einheitliche Liturgie mit reformiertem Abendmahl konnte den Frieden wiederherstellen. Denn zu den offiziellen Predigern gesellten sich immer wieder Männer, die in Wirtshäusern und auf Märkten den neuen Glauben verkündeten, in variierenden, meist sozialkritischen Versionen. Mit solchen Wildwüchsen war jetzt Schluss – aber auch mit dem alten Glauben.

Am 12. Dezember 1524 schickten Nürnberg und weitere evangelische Reichsstädte wie Ulm und Straßburg einen Brief an den Kaiser. Ganz im Sinne Luthers hieß es in dem von Spengler aufgesetzten Schreiben, dass man in weltlichen Dingen – »soviel unser leib und gut belangt« – dem Kaiser Gehorsam leisten wolle. Was aber das »hail unser seelen« angehe, da wollten die Stadtregierungen sich an ihr Gewissen halten.

Das anschließende Religionsgespräch im Rathaus mit allen Parteien – lutherischen Predigern, Mönchen, papsttreuen Pfaffen – war eine Pro-forma-Veranstaltung. Der Ausgang dieses »Nürnberger Konzils« stand von vornherein fest: die offizielle Einführung der Reformation. Draußen lungerte derweil eine Menge und schrie, man solle die Mönche zum Fenster hinauswerfen, »sie wüssten recht mit ihnen zu disputieren«.

Doch so weit kam es nicht. In Nürnberg verlief die Auflösung der Klöster vergleichsweise zivil – die Nonnen der Frauenkonvente etwa durften dort lebenslang bleiben, nur

Neueintritte waren untersagt. Die konfiszierten Einnahmen aus den Pfründen der Klöster wurden sorgsam umgebucht. Mit ihnen wurden brotlos gewordene Kleriker unterstützt sowie Sozialwerke, die vormals die Kirche betreut hatte.

In den Mauern des ehemaligen Benediktinerklosters erfüllten sich die Humanisten einen alten Traum: 1526 öffnete dort das erste städtische Gymnasium seine Pforten. Die Festrede hielt Luthers Weggefährte Philipp Melanchthon, der ein Loblied auf die Wissenschaften und die Bildung der Jugend anstimmte. Die Realität war ernüchternd. Über Nürnbergs erste Gymnasiasten seufzte einer der Lehrer: »Sie träumen nur von Safran und Pfeffer.«

Albrecht Dürer litt an einem wiederkehrenden Fieber. Vor seinem Tod im Jahr 1528 stiftete er Nürnberg »zu seinem Gedächtnis« das zwei Meter hohe Diptychon »Die vier Apostel«. Die Inschriften zu deren Füßen warnen vor »Irrlehren«, vor denen sich weltliche Regenten hüten sollten. Es wird viel gerätselt, ob Dürer damit allein vor den Dogmen der Katholiken warnen wollte und nicht sogar vor dem Übereifer der neuen Prediger. Sein Freund Pirckheimer hatte sich von den Reformatoren abgewandt, nachdem seine Schwester Caritas, Äbtissin des Klarakonvents, die Schließung ihres Klosters nur mit Mühe hatte abwenden können. »Ich bekenne, dass ich anfänglich auch gut lutherisch gewesen bin wie auch unser Albrecht selig«, schrieb Pirckheimer kurz nach Dürers Tod. »Wir hofften, dass die römische Büberei … sollte gebessert werden. Aber wenn man sich das so ansieht, ist die Sache noch ärger geworden, sodass die evangelischen Spitzbuben nun jene Spitzbuben fromm aussehen lassen.«

Lazarus Spengler hatte in den postreformatorischen Wirren eine unerfreuliche Aufgabe: Er musste die Begründung dafür formulieren, warum Nürnberg Martin Luther im April 1530 kein Asyl gewähren wollte. Dessen Schutzherr, der sächsische Kurfürst, hatte darum nachgesucht, weil er selbst zum Augsburger Reichstag reisen musste und seinen geächteten Schützling nicht unbewacht in Sachsen lassen mochte. Im Rat herrschte große Verlegenheit ob der Bitte. Denn so sehr man Luthers Lehre schätzte, so sehr fürchtete man sich auch davor, mit der Aufnahme des Vogelfreien dem Kaiser einen Vorwand für Waffengewalt zu bieten. Am Ende, so Spengler in seiner Absage, müsse Nürnberg Luther gar an den Kaiser ausliefern. Die kleine Reichsstadt Weißenburg war da mutiger und bot Luther Asyl an.

Während der sächsische Kurfürst verschnupft reagierte, trug Luther seinem Freund diese Entscheidung nicht nach. 1542, acht Jahre nach Spenglers Tod, lobt er diesen in einer Tischrede: »Es liget mechtig viel an einem gutten stadtschreyber in einer Stadt, wenn etwas sol ausgerichtet werden.« Ohne »Lazarus Spengeler zu Nurmbergk« wäre das Evangelium »so bald nicht aufgangen«.

Als Hans Sachs 1576 mit 81 Jahren starb, schickte der Rat sofort die Zensoren: Sie sollten das Haus des schreibenden Schuhmachers nach staatsgefährdendem Material absuchen. Darunter war auch ein ungedruckter Prosadialog, der schon 1546 nicht die Zensur passiert hatte, eine bittere Abrechnung mit dem vom Kaiser begonnenen Krieg gegen die protestantischen Fürsten. Sachs beschreibt darin einen fliehenden Christus, der nirgendwo Zuflucht findet. Auch die Reichsstädte bieten dem Heiland keine Zuflucht, weil sie tief »in wollust und aignem nuetz« versunken sind. Der fromme Sachs zeigte sich am Ende seines Lebens resigniert darüber, wie wenig das Lied seiner »Nachtigall« seine Mitbürger verändert hatte.

Mancher Kompromiss der Ratsherren hatte aber auch sein Gutes. In den beiden evangelischen Hauptkirchen der Stadt stehen liebreizende Madonnen, bevölkern Engel und Heilige die Wände. Einen Bildersturm wie andernorts hat es hier nie gegeben. Der berühmteste Nürnberger hatte sich dagegen verwahrt. »Ein frommer Christenmensch«, befand Albrecht Dürer 1525, »wird durch Gemälde oder Skulptur ebenso wenig zum Aberglauben verführt, wie ein frommer Mann zu einem Mord, bloß weil er eine Waffe an der Seite trägt.«

# EIN MANN ALS MARKE

*Ohne den Buchdruck hätten sich Luthers Ideen nie so schnell verbreitet. Der Streit der Theologen verschaffte Druckern reißenden Absatz und machte die Reformation zum Medienereignis.*

Von DANIEL BELLINGRADT

Am Anfang war das Wort. Doch darauf allein verließ Martin Luther sich nicht, als er 1517 seine Thesen zum Ablasswesen und Bußverständnis in Fachkreisen bekannt machen wollte. Zwar hatte er seine Ideen wohl zunächst in Predigten erprobt und präsentiert. Schon im Oktober des Jahres jedoch, als er seine Thesen lateinisch formulierte und damit eine Disputation an der Universität Wittenberg ankündigte, zirkulierten sie bereits in handschriftlicher und gedruckter Form.

Luther hatte die Verbreitung seiner Kirchenkritik anscheinend strategisch geplant – und er nahm sie auch selbst in die Hand: Seine 95 Thesen verschickte er in handschriftlichen Briefen an einige ausgewählte Empfänger aus Wissenschaft, Politik und Kirche, etwa an Albrecht von Brandenburg, Erzbischof von Magdeburg und auch von Mainz und damit der ranghöchste deutsche Kleriker. Zudem deuten Indizien darauf hin, dass der Bibelprofessor auch die erste Drucklegung – in einer Wittenberger Druckerei entstand ein Plakatdruck – selbst beauftragte. Die Presse stand möglicherweise in der

Offizin im ersten Stock des Augustinerklosters. Nach allem, was bekannt ist, hat die mündliche Disputation nie stattgefunden. Sie war angesichts der auf Schriftmedien konzentrierten Vorgehensweise Luthers auch gar nicht nötig.

Denn so unscheinbar ein paar Briefe und ein lateinischer Plakatdruck zunächst auch wirken mochten – nur wenige Jahre später war Luther nicht nur der meistgelesene und umstrittenste Autor Europas, sondern auch der fleißigste Publizist des gesamten 16. Jahrhunderts. Aus der strategischen Kommunikation eines sächsischen Professors war binnen kurzer Zeit ein Öffentlichkeitsphänomen von epochaler Bedeutung geworden.

Zwischen 1517 und 1555 entwickelte sich eine komplexe kommunikative Dynamik; sie machte es erst möglich, dass ein theologisches Fachthema derartige Wirkungen entfaltete. Die Erfolge der reformatorischen Bewegung hingen dabei maßgeblich damit zusammen, dass Martin Luther berühmt wurde. Im Oktober 1517 war er noch weitgehend unbekannt. Lediglich in der rund 2000 Einwohner zählenden Stadt Wittenberg erklang seine Stimme von der Kanzel sowie in den Hörsälen der erst 1502 gegründeten Landesuniversität. Überregional war Luther ein unbeschriebenes Blatt. Und eigentlich sprach nur wenig dafür, dass sich daran etwas ändern würde. Denn sein Berühmtwerden, so hat es der Historiker Bernd Moeller beschrieben, begann an einem unscheinbaren Ort des Heiligen Römischen Reiches Deutscher Nation.

Aber Luthers Veröffentlichungen kamen zur richtigen Zeit und trafen den Zeitgeist, der für Kritik am Klerus empfänglich war. Das Finanzgebaren Roms trieb nicht nur die Gläubigen im Deutschen Reich um, sondern war bereits seit Jahrzehnten in Briefkorrespondenzen der Gelehrtenrepublik, der »res publica litteraria«, unter Humanisten und Wissenschaftlern ein ständiges Thema.

Luthers akademisch verpackte Thesenerörterung zur Unsitte des Ablasses passte zum Zeitgeist der Neuorientierungen und Reformanstrengungen in der Renaissancekultur und sorgte für enorme Resonanz in der stetig korrespondierenden Gelehrtenwelt. Aus den ersten Lesern Luthers wurden Multiplikatoren seiner Ideen.

Binnen kürzester Zeit ließen sie die Neuigkeit »Martin Luther« in ihren Netzwerken zirkulieren: Sie berichteten Freunden und Bekannten über Luthers Thesen und gaben sie in eigenen Worten in ihren handschriftlichen Notizen wieder. Aus diesem zeittypischen Reflex der Gelehrtenwelt, nämlich der kollegialen Debatte in Briefform, resultierten bald weitere gedruckte Versionen der 95 Thesen auf Deutsch und Latein, gefertigt in Druckereien in Basel, Nürnberg und Leipzig. Wenige Wochen nach der ersten Niederschrift seiner Thesen war der Professor aus Wittenberg bereits ein Medienereignis, wenn auch zunächst im elitären Kreis lesekundiger Menschen. Damit aber begann das Öffentlichwerden seiner reformatorischen Ideen.

Die Nachfrage nach den ersten Auflagen war immens. Zeitgenössische Stimmen vermuteten angesichts der mindestens 16 Neuauflagen, die bis Ende 1518 erschienen, dass »das gantze Teutschland« und kurz danach »schier die ganze Christenheit« über den Mann aus Wittenberg und seine Opposition gegen den Ablasshandel informiert gewesen seien.

Entscheidend waren aber nicht die Auflagenerfolge, sondern drei miteinander verbundene Aspekte: 1. eine Institution, die ihre Wahrheit kompromisslos durchsetzen wollte, die römische Kirche. 2. eine darbende Ökonomie, der Buchdruck, und 3. eine Vielzahl agiler, sich öffentlich streitender Publizisten.

Die politisch-religiöse Großwetterlage sorgte für Aufmerksamkeit par excellence. Rom mobilisierte gegen den aufsässigen Mönch aus der Provinz mit einem Inquisitionsverfahren, das teilweise sogar am Rande des Augsburger Reichstags 1518 veranstaltet wurde. Die drohende Exkommunikation Luthers machte aus der »Causa Lutheri« eine beobachtens- und berichtenswerte Neuigkeit allerersten Ranges. Es ging nun um den theologischen Wahrheitsanspruch. Luthers Bekanntheitsgrad beim »gemeinen Mann« erhöhte sich mit jedem Ketzervorwurf, der von den Kirchenkanzeln schallte.

Hinzu kam der Buchdruck. Seit Gutenbergs Verbesserung der Drucktechnik um 1450 gab es zwar zahlreiche Drucker, und sie waren auch technisch gerüstet für die Produktion hoher Auflagen. Aber um 1500 mangelte es an Nachfrage nach typografisch hergestellten Massenmedien – es fehlten schlichtweg die Themen, die ausreichend viele Käufer interessiert hätten. Nun aber witterte die kriselnde Buchdruckindustrie das Bestsellerpotenzial des Themas »Mönch gegen Rom«.

Zu Luthers eigenen deutschsprachigen Publikationen seit 1518 gesellten sich zudem rasch unterstützende und ablehnende Stimmen. Die vielen unterschiedlichen Bewertungen der »Causa Lutheri« sorgten für eine erste Publikationswelle, ein dissonanter Meinungsmarkt entstand. In publizistischen Duellen und Streitschriften rangen Autoren um Deutungshoheit und Positionierung.

Besonders kleine Flugschriften – preiswerte Drucke mit selten mehr als 48 Seiten – und einblättrige Flugblätter mit Bildern entfalteten große Wirkung. Sie waren überwiegend leicht verständlich in Deutsch verfasst, schnell und in großer Menge herzustellen, wurden relativ preiswert angeboten. Und sie wurden, wie es damals üblich war, kollektiv rezipiert, durch lauten Vortrag – das sogenannte Lesen-Hören. Nicht nur die fünf bis zehn Prozent der Lesefähigen im deutschsprachigen Raum erreichte die Kunde von Luthers Streit mit der Kirche auf diese Weise: Über Vorlesen, mündliche Kolportage und Predigten, ergänzt durch eingängige bildliche Darstellungen, erfuhren auch die Leseunkundigen von den Vorgängen um den Wittenberger.

Luther selbst trug seinen Teil dazu bei, indem er ständig Nachschub für den Buchmarkt lieferte. Er war ein Vielschreiber, der allein in den Jahren 1518 und 1519 auf 45 Einzelpublikationen mit rund 1600 Druckseiten kam. Jeder Titel erzielte durchschnittlich sechs Auflagen. Schätzungsweise 250 000 bis 300 000 Exemplare dieser in 263 Auflagen hergestellten Flugschriften verkauften sich in den ersten beiden Jahren seiner Publikationstätigkeit.

Sein einfaches und wortgewaltiges Deutsch und seine passgenaue Ansprache unterschiedlicher Zielgruppen machten seine Schriften zur begehrten Ware, die häufig illegal nachgedruckt wurden. Und zwar nicht nur in den damaligen Zentren des Buchdrucks im Reich, in Leipzig, Erfurt, Nürnberg, Augsburg, Straßburg, Basel, sondern auch in vielen kleineren Druckorten wie Breslau, München und Mainz.

Andere Reformatoren wie Andreas Bodenstein von Karlstadt, Philipp Melanchthon, Johannes Oekolampad oder Lazarus Spengler lieferten sich von Beginn an Streitschriftenduelle und ließen Flugschrift auf Flugschrift reagieren. Luther hingegen ignorierte beinah alle anderen Stimmen. Für ihn produzierten alle Andersdenkenden nur »Geplärre«, wie er es in seinem ersten, 26-mal aufgelegten Bestseller kundtat, der Flugschrift »Sermon vom Ablass und Gnade« vom März 1518. Luther hatte für mediale Scharmützel auch kaum Zeit, konzentrierte er sich doch auf seinen Großangriff auf die »Altgläubigen« in Rom.

Als ihn der Papst 1520 mit einer Bannbulle abstrafte und Luther 1521 zum finalen Verhör auf den Reichstag in Worms eingeladen wurde, waren seine Publikationen Bestseller, um deren Manuskripte die Drucker rangelten. Während des Wormser Reichstags verkauften sich szenische Porträtdrucke

Luthers auf den Straßen wie warme Semmeln. Seine druckfrische Flugschrift »An den christlichen Adel deutscher Nation« erlebte in diesen Wochen Neuauflage um Neuauflage – sie wurde zum auflagenstärksten Luther-Druck überhaupt.

Jeder Drucker, der die Initialen »M. L.« oder »M. L. A.« (Martin Luther Augustiner) in einen Flugschriften-Titel einbaute, konnte mit schnellem Absatz der Auflage rechnen. Denn Luther war längst eine eigene Marke (»brand identity«) geworden, so der Buchhistoriker Andrew Pettegree. Seine Markenprodukte waren wohlformulierte und hochwertig produzierte Flugschriften mit hohem Wiedererkennungswert.

Ergänzt wurden sie von hochklassigen Porträtgrafiken aus der Wittenberger Meisterwerkstatt von Lucas Cranach. Die Bilder lieferten passende Deutungsassoziationen zum Text und machten die Botschaft dadurch noch plakativer: Luther als Prophetmönch Elias, Luther als schaffender Tatmensch, gar Luther als heilsbringender Jesus Christus.

Als Luther 1521 exkommuniziert wurde, sah es so aus, als ließen sich die reformatorischen Veröffentlichungserfolge kaum steigern. Doch in den folgenden Jahren erreichte die Buchproduktion einen Höchstwert nach dem anderen. Denn zu den publizistischen Kontroversen zwischen Luther-Anhängern und Altgläubigen kamen nun die innerprotestantischen Querelen um grundsätzliche Fragen und Detailbewertungen hinzu. Calvinisten, Zwinglianer, Philippisten, Schwärmer, Täufer und andere gerieten in Deutungskonflikte, die sich in Unmengen von Flugschriften niederschlugen. Sie veröffentlichten Streitbriefe, Predigten, Polemiken oder druckten Gespräche nach, um die Rechtmäßigkeit ihres jeweiligen Standpunkts zu belegen oder einzufordern.

Berühmt wurde das Titelblatt der Flugschrift »Papstesel« von Lucas Cranach d. Ä., 1523. Den satirischen Text verfassten Martin Luther und Philipp Melanchthon.

Zwischen 1520 und 1526 erschienen etwa 11 000 Flugschriftenausgaben mit geschätzten 11 Millionen Exemplaren; allein 1524 wurden etwa 2400 Flugschriften mit einer geschätzten Gesamtauflage von 2,4 Millionen Exemplaren veröffentlicht. Doch die wirkungsvollsten Schriftmedien der frühen Reformation schuf Luther mit seinen deutschsprachigen Bibelübersetzungen von 1522 (Neues Testament) und 1523/34 (Altes Testament). Auch diese Drucke wurden zu zeitgenössischen Bestsellern mit sehr hohen Auflagenerfolgen über mehrere Jahrzehnte.

Und sie waren mehr als das: Ihre eigentliche theologische und konfessionelle Wirkung entfalteten diese Übersetzungen erst in gesprochener Form. Denn die Bibelübersetzungen waren Quelle, Vorlage und Referenz, aus denen die immer zahlreicher werdenden reformatorischen Prediger ihre Worte und Inspirationen zogen. Ähnlich einflussreich wie die parallel entstehenden reformatorischen Gemeindelieder, deutschsprachige Messgesänge, die die Gottesdienstbesucher erstmals aktiv in die Liturgie involvierten, sorgten die Bibelübersetzungen für sich verstetigenden Widerhall in der mündlich geprägten Alltagskultur. In der Phase zwischen 1530 und 1555 waren sie für Millionen Menschen der entscheidende Kontakt mit der Reformation.

Begonnen hatte die Reformation mit den in Briefen kommunizierten Worten Luthers. Davon ausgehend verzahnten sich auf völlig neuartige Weise mündliche, handschriftliche und gedruckte Mitteilungsformen. Dieser Medienverbund verstärkte und multiplizierte die Wirkung und Reichweite einzelner Medien und schuf eine öffentliche Informationsdichte, die schwerlich zu ignorieren war. Die Marke »Luther«, so hat es der Buchhistoriker Pettegree zugespitzt, konnten die Zeitgenossen aufgrund der vielen Markenprodukte – seiner Flugschriften – sowie deren Echo in anderen Medien

Mit plakativen Bildern und leicht verständlichen Texten machten sich unzählige Flugblattautoren über die alte Kirche lustig. Hier ein Flugblatt, das die Ablasskampagne von Johannes Tetzel kritisiert.

kaum übersehen. Damit war der Streit um den Professor aus Wittenberg das erste massenmediale Thema der europäischen Neuzeit.

# FEHDE FÜR DAS EVANGELIUM

*Ein Raubritter gehörte zu den ersten Anhängern Luthers. Franz von Sickingen, gefürchteter Haudegen, kämpfte mit dem reformatorischen Gedankengut gegen den Untergang seines Standes.*

Von NILS KLAWITTER

Wie kommt es, dass einem üblen Wegelagerer Denkmäler gesetzt werden und er auf Kirchenfenstern verewigt wird? Wie ist es zu erklären, dass einer, der mit seinen Kumpanen Dörfer abfackelte und Schutzgeld erpresste, noch heute als Robin Hood durchgeht? Die Nachsicht mit Franz von Sickingen (1481 bis 1523) hat mit der anderen Seite des Ritters zu tun. Mit seiner Abscheu vor Autoritäten, seinem Schicksal als tragischer Held. Und mit seiner Rolle in der Reformation. Denn Sickingen, der mächtigste Vertreter des einst so stolzen Reichsritterstands, ist einer der ersten Anhänger Luthers. Dessen Botschaft versteht der Ritter als Aufruf zum Feldzug gegen die Pfaffen – und das ist sehr in seinem Sinne.

Sickingen kämpft nämlich vor allem gegen den eigenen Abstieg. Sein Stand ist im Niedergang: Der Kaiser, einst oberster Schutzherr der Ritter, verliert Macht an die aufstrebenden Territorialfürsten. Gleichzeitig blühen die Städte auf. Für den niederen Adel bleibt immer weniger Spielraum. Hinzu kommt, dass die moderne Kriegsführung mit Landsknechtheeren und Artillerie die Schwertträger zusehends überflüssig macht. Zeitlebens wird Sickingen damit beschäftigt sein, diesen Bedeutungsverlust zu kompensieren. Den Vorabend der Reformation, so schrieb der Historiker Leopold von Ranke 1839, kennzeichne der »Sieg des Fürstentums über das Rittertum, des Geschützes über die Burgen, insofern der neuen Zeit über die alte«.

Es hat wohl auch mit dieser Perspektivlosigkeit zu tun, dass sich viele Reichsritter früh zu Luther bekennen. Von seiner Schrift »An den christlichen Adel deutscher Nation« fühlen sich nicht wenige ganz persönlich angesprochen, vor allem die weltliche Herrschaft geistlicher Würdenträger ist ihnen als Konkurrenz ein Dorn im Auge.

Den Niedergang seines Standes konnte Sickingen schon 1495 beobachten. Als 14-Jähriger nimmt er im kurpfälzischen Gefolge mit seinem Vater am Reichstag in Worms teil. Die Schmach ist für die Ritter nur schwer zu ertragen: Als Reichsstand sind sie nicht mehr vertreten. Ihre Tradition der Fehde, lange als Rechtsmittel zur Klärung aller möglichen Streitfälle gültig, wird durch den Ewigen Landfrieden verboten. Künftig haben sie sich bei Streitigkeiten an eine juristische Instanz zu wenden, das Reichskammergericht.

Die Familie von Sickingen trifft das alles zunächst nicht persönlich. Wirtschaftlich läuft es gut, Lehen und Bergwerke werfen genug ab. Im Herbst 1514 allerdings spürt auch die Pfälzer Familie die Krise, die durch das Überangebot an Metallen in der Region ausgelöst wird. Die Rendite ihres Bergwerks am Rheingrafenstein lässt zu wünschen übrig, im November 1514 wird es für 3200 Gulden verkauft.

Sickingen besinnt sich auf ein lukrativeres Geschäftsmodell, die Fehde. Ab 1515 stürzt sich der Haudegen in eine Serie von Streitigkeiten. Meist tritt er für die Rechte anderer ein und kassiert dafür. Innerhalb weniger Jahre wird aus dem pfälzischen

Ritter ein überregional bedeutender Kriegsunternehmer – in dieser Branche ist keiner so dreist und erfolgreich wie er. In der Literatur taucht er als »letzter Ritter« auf, eine schmeichelhafte Verklärung, tatsächlich ähnelt er einem Schutzgelderpresser. Er nimmt Kaufleute als Geiseln, zündet Dörfer an und belagert Städte – allein im Jahr 1518 nimmt er so über 80 000 Gulden ein.

Doch der alte Brauch der Fehde, den er ausreizt, ist seit dem Wormser Reichstag ein Rechtsbruch. Im April 1515 verhängt Kaiser Maximilian deshalb die Reichsacht über den Ritter. Die Verfolgung währt indes nicht lange: Sickingen hat sich im Rhein-Main-Neckar-Gebiet zu einer Macht entwickelt, auf die der Kaiser mit Blick auf die Konkurrenz des französischen Königs nicht verzichten kann. Der Kaiser nimmt erst die Acht zurück, um schließlich sogar mit Sickingen zu paktieren.

Und so kann es sich der Ritter auch erlauben, auf seiner Ebernburg südlich von Bingen an der Nahe verfolgten Reformatoren Unterschlupf zu gewähren. Zwar lehnt Luther eine Einladung ab, doch es kommen andere: Martin Bucer etwa, später der große Reformator Straßburgs. Oder Caspar Aquila, der Sickingens Fehden als Feldprediger begleitet.

Die Ebernburg gilt als »Herberge der Gerechtigkeit«. Dort wächst in dieser Zeit die dritte evangelische Gemeinde im alten Reich heran – nach Wittenberg und Nürnberg. 1521 lässt Sickingen die tägliche Messe abschaffen und durch einen sonntäglichen Gemeindegottesdienst ersetzen. Der bekannteste seiner Gäste ist der radikale Kirchenkritiker Ulrich von Hutten, mit dem er heute auf einem Denkmal zu Füßen der Burg zu sehen ist: der Mann des Schwertes neben dem Mann der Feder. Hutten, selbst Spross einer Reichsritterfamilie, gilt zu dieser Zeit als wohl bedeutendster Dichter des Reiches. Seine Schriften sind Manifeste gegen Rom. Den Papst nennt er einen »Tyrannen« und duzt ihn. Eine Unverfrorenheit. Der Ablasshandel der »römischen Goldsauger« ist für ihn Räuberei, Mönche tut er als päpstliche »Agenten« ab.

Rom reagiert scharf: In der päpstlichen Bannandrohungsbulle gegen Luther ist Hutten ausdrücklich erwähnt. Er solle – tot oder lebendig – nach Rom ausgeliefert werden. Im September 1520 unterstellt sich der Dichter deshalb dem Schutz Sickingens. Doch die römische Bedrohung hält sich in Grenzen. Neun Zehntel der Deutschen erhöben das »Feldgeschrei Luthers«, schreibt der päpstliche Nuntius Anfang 1521. Ohnmächtig fühlen sich die Romgegner längst nicht mehr, Sickingen schon gar nicht: 1522 fordert er den Trierer Erzbischof Richard von Greiffenklau heraus.

Geldforderungen an zwei Trierer Bürger dienen Sickingen als Fehdegrund. Er ahnt aber offenbar, dass derartiger Adelsstreit zu wenig ist, um breite Solidarität zu erreichen. Den Angriff rechtfertigt er deshalb auch damit, dass er kirchlichen Besitz säkularisieren und dem »Evangelium eine Öffnung machen« wolle. Doch seine 7000 Fußknechte und einige Hundert Reiter reichen diesmal nicht für eine erfolgreiche Belagerung. Greiffenklaus Gegenschlag ist beispiellos: Der Erzbischof hat nicht nur viele Fürsten, sondern auch das Reichsregiment als Unterstützer gewonnen und nimmt Sickingen an seinem Rückzugsort Burg Nanstein bei Landstuhl unter schweren Beschuss.

Mehr als 600 Kanonenkugeln treffen die Burg an nur einem Tag. Besonders beeindruckt scheint der verletzte Ritter nicht: »Wiewohl mich die Stein ein wenig geschlagen haben, schadt es mir doch nichts.« Nach achttägiger Belagerung geben seine Unterstützer dennoch auf. Franz von Sickingen erliegt am 7. Mai 1523 seinen Verletzungen. Mit ihm stirbt die letzte Hoffnung der resignierenden Reichsritter. Ihr Aufbäumen gegen die Landesherren war vergebens, in der Reichspolitik spielen sie künftig keine Rolle mehr.

Sickingens Nachruhm als »letzter Ritter« allerdings währt bis heute. Den Nationalliberalen und später den Nazis galt er als Vorkämpfer für ein mächtiges, von Rom unabhängiges Deutschland. Die DDR-Geschichtsschreibung stilisierte ihn zu einem Vorreiter der frühbürgerlichen Revolution. In evangelisch geprägten Gegenden gibt es nach ihm benannte Schulen. Und im pfälzischen Landau ziert sein Porträt sogar die Fassade über einem Schuhgeschäft.

# EIN NEUES BILD DES GLAUBENS

*Schon Martin Luther hatte einen Propagandisten:*
*Der Maler Lucas Cranach warb für die Reformation –*
*und schmähte den Papst.*

Von ULRIKE KNÖFEL

Dieser Maler sei mit »Dr. Martin Luther« im »Bande inniger Freundschaft und Gevatterschaft« verbunden gewesen – mehr noch, er sei von Luther »sein ganzes Leben hindurch geliebt« worden. So schwärmt der Autor einer Biografie über Lucas Cranach, die 1556 erschien, wenige Jahre nach dem Tod des berühmten Künstlers.

Für eine besondere Nähe zwischen Maler und Reformator gibt es viele Indizien. Gegenseitig machten sie sich sogar zu Paten ihrer Kinder. Auch an Briefen Luthers und den Nachschriften seiner »Tischreden« lässt sich ablesen, wie intensiv der Austausch über Jahrzehnte gewesen sein muss. Zürnte der Künstler mit seinen Gehilfen, dann wusste das auch Luther; er schilderte ebenso die Hochzeit des Cranach-Sohnes und später dessen Untreue.

Wenn es um die historische Bedeutung dieser Männerfreundschaft geht, ist einer von Luthers Aussprüchen besonders erhellend. Im Jahr 1546, kurz vor seinem Tod, bekannte der Wittenberger Aufrührer quasi als Nachtrag zu der von ihm ausgelösten Kirchenspaltung: »Ich hab den Papst mit den bösen Bildern sehr erzürnet.« Und diese bösen Bilder stammten, natürlich, von Cranach. Ohne ihn, ohne seine Illustrationen und Gemälde, wäre die Reformation wohl anders verlaufen. Noch heute sprechen Kunsthistoriker von der einzigartigen cranachschen »Bildgewalt«, die den Religionskampf befeuerte. In einer insgesamt bilderarmen Epoche entfaltete seine prägnante Malerei eine ungeheure Strahlkraft.

Der Künstler, damals »Lucas Maler« oder »Meister Lucas« oder gar in vornehm antikisierter Form »Lucas Chronus« genannt, in die Kunstgeschichte eingegangen als Lucas Cranach der Ältere, wurde mit seinen Bildern und Grafiken so etwas wie Luthers Vermarkter und Spindoktor. Sein Anteil an der religiösen, politischen und gesellschaftlichen Zeitenwende, die durch die Reformation ausgelöst wurde, war mit Sicherheit größer als oft vermutet.

Doch das Zusammenwirken der beiden Männer gibt auch Rätsel auf. Viele Anhänger der neuen Glaubensrichtung verdammten den Bilderschmuck in den Kirchen – auch Altäre, wie Cranach sie geschaffen hatte. Für sie war das »Abgötterei«. Luther selbst ließ zwar jene Darstellungen gelten, die das Wort der Bibel illustrierten, aber auch er kritisierte all die Gemälde, die von den Gläubigen regelrecht angebetet wurden – und dennoch schuf Cranach serienweise Porträts, auf denen der Reformator selbst zum Idol wurde.

Beide Männer müssen ein ungeheures Selbstbewusstsein gehabt haben, und der Künstler dürfte sich insbesondere auch in der Rolle eines Erneuerers gefallen haben. Schon als er, ein gebürtiger Franke, 1505 als Hofmaler in Kursachsen angestellt worden war, hatte er sich einen Umbruch zur Aufgabe gemacht: Er wollte die Malerei revolutionieren, sie profaner und italienischer, also moderner, gestalten. Mitten im frommen Sachsen schuf er dazu Darstellungen antiker Göttinnen und Nymphen.

Ausgerechnet mit diesen »nacketen weybern« sammelte er Erfahrungen, die ihm für die reformatorischen Bilder von Nutzen sein sollten: Seither wusste er, wie man neue Sujets etabliert, wie man sie geistreich umsetzt und dem mitteleuropäischen Geschmack und Verständnis anpasst. Er wusste auch, wie man eine Nachfrage nach Bildern, die es bisher so nicht gegeben hatte, überhaupt erst schafft. Cranach hatte es schon vor der Reformation zu großer Anerkennung gebracht, am fürstlichen Hof und weit darüber hinaus, denn er belieferte als Lohnmaler auch andere Kunden. Wittenberg, die kleine, aber aufstrebende Residenz- und Universitätsstadt, war der Rahmen dieses Aufstiegs. Dann wurde dieser Ort zum Ausgangspunkt neuer religiöser Tendenzen. Das wäre ohne die Unterstützung des sächsischen Kurfürsten Friedrich III., genannt der Weise, nicht denkbar gewesen. Und der war eben auch Cranachs Dienstherr.

Der Künstler war also mittendrin, und er war bald mehr als ein Zuschauer. Darin lag durchaus ein Risiko. Plötzlich bestand seine Arbeit nicht mehr nur aus Herrscherporträts, Heiligenbildern und Venusdarstellungen, plötzlich mischte er sich ein in die größte Auseinandersetzung seiner Zeit.

Wann genau er und Luther sich erstmals trafen, ist nicht überliefert. Der erfolgreiche Maler porträtierte den aufrührerischen Theologen 1520 mit einem Kupferstich, doch wahrscheinlich kannten sie sich schon länger. Luther weihte Cranach im April 1521 schriftlich ein, bevor er sich auf der Wartburg vor dem Kaiser in Sicherheit brachte: »Ich lasse mich einthun und verbergen, weiß selbst noch nicht, wo.«

In diesem Jahr von Luthers endgültigem Bruch mit Rom fertigte der Künstler dann eine papstfeindliche Serie von Holzschnitten. Im Dezember 1521 reiste Luther von seinem Versteck auf der Wartburg inkognito nach Wittenberg und traf sich auch mit Cranach. Der Maler war es außerdem, der Luthers sogenanntes Septembertestament 1522 in seiner Werkstatt druckte und mit seinen Illustrationen ausstattete – wo er einem Untier die Papstkrone aufsetzt. Ein Jahr später beherbergte er Luthers künftige Ehefrau Katharina von Bora, obwohl sie eine abtrünnige Nonne war. Er wurde 1525 Trauzeuge bei der kleinen, heimlichen und skandalösen Hochzeit, später Pate von Luthers erstem Sohn Johannes.

Sie trauten sich viel zu, der Prediger und der Maler. Auch all die im Lauf der Jahre entstandenen Bilder mit dem Antlitz Luthers waren ein unglaublicher Affront und sollten es auch sein. Porträts gab es von anerkannten Persönlichkeiten, von Regenten, Gelehrten, reichen Kaufleuten. Luther war zwar Augustinermönch, Priester, promovierter Theologe und Universitätsdozent, aber vor allem war er: Aufwiegler und Papstfeind. Damit war er niemand, der als malenswert gegolten hätte.

Cranach bildete Luthers reformatische Entwicklung ab – und er trieb sie damit wohl auch voran. Auf Holzschnitten, Kupferstichen, Gemälden erhöhte er Luthers Wirkung. Anfangs präsentierte er den Kirchenkritiker als unbescholtenen Mönch. Später dann als nachdenklichen, aber entschlossenen Kämpfer mit Schwert. Und schließlich als reifen Mann, ernsthaft und milde, als seriöse, menschliche Instanz. Starke Bilder, die bis heute nachwirken. Wie zur Verstärkung porträtierte der Maler auch die Mitstreiter Luthers, etwa den Universalgelehrten Philipp Melanchthon oder den Kirchenmann Johannes Bugenhagen. Und er malte die Ehefrau Luthers – und sogar dessen Eltern. Ihre alten Gesichter werden bei ihm zum Inbegriff von Würde und Standhaftigkeit.

Jedes dieser Bildnisse war eine Botschaft im Sinne der Erneuerung der Kirche. Cranachs Luther etwa war menschlich und – in seiner Zielstrebigkeit – übermenschlich zugleich. Er gab der Kirche ein bescheidenes und fürsorgliches Antlitz, ein neues, besseres Gesicht des Glaubens. Zugleich wurde er auf den Bildern mehr und mehr zum menschlichen Fels, zu jemandem, der auch dem größten religiösen Sturm standhielt, der den Weg kannte. Die Bilder seiner Frau, seiner Eltern, seiner Gefährten vertieften diesen Eindruck. Nichts an diesen Darstellungen dürfte Zufall gewesen sein.

So spielte die Porträtkunst eine besonders große Rolle in diesem Streit um Glauben und Kirche. Nachdem Johann Friedrich I. 1532 zum Regenten in Sachsen gekürt worden war, der Neffe Friedrichs des Weisen, machte Cranach mit einem Gruppenporträt – sicher auch mit politischen Hintergedanken – deutlich, dass Johann Friedrich ebenfalls ein Anhänger Luthers war: Der Hofmaler, der den Herrscher seit seiner Kindheit kannte und ihn schon als blonden Knirps porträtiert hatte, malte ihn als wuchtige Gestalt im Kreise der Reformatoren.

Je mehr der Künstler zum Bilderlieferanten des neuen Glaubens wurde, umso mehr kristallisierte sich in seiner Werkstatt auch eine besondere Kunstauffassung heraus. Für Luther konnte man Gott nicht in einem Kunstwerk finden – denn »mein got ist im himmel«. Cranach also versorgte die Reformation mit Darstellungen, denen man das Nicht-Kultische sofort ansah. Diese Szenen sollten nicht verehrt, sondern verstanden werden, sollten gleichsam Wort und Bild in einem sein. Und wohl auch deshalb, so glauben Kunstwissenschaftler, wurde sein Stil schematischer und zeichenhafter, also protestantischer.

Insbesondere zwei Motive malte Cranach mehrfach: Die Bilder von »Christus und der Ehebrecherin« erzählen, so wie er sie malerisch konzipierte, eher von Buße und Gnade als von der Verwerflichkeit der Sünde. Christus durfte darauf sogar die Hand der Sünderin halten. Bei der »Kindersegnung« symbolisieren die Säuglinge all die Gläubigen, die es trotz ihrer

Unwissenheit ernst zu nehmen gilt. In seinen Grafiken, vor allem auf Flugblättern, blieb er hingegen polemisch, er machte den Papst zum »Papstesel zu Rom«, zeigte Frauen, die Geistliche verprügeln.

All die Unterstützung für Luther und seine Sache hinderte den überregional stark gefragten Maler und umtriebigen Geschäftsmann Cranach nicht daran, weiter für Kardinal Albrecht von Brandenburg und andere Vertreter der alten Kirche zu arbeiten. Er lieferte auch nach der Reformation noch in sehr großer Zahl »katholische« Bilder: Altäre, Heiligenzyklen, ebenso Porträts ihrer Stifter. Darüber hinaus produzierte Meister Lucas mit seinen Gesellen mehr profane Aktbilder denn je.

In Wittenberg gehörte Cranach zu den angesehensten Bürgern. Er war erst Ratsherr und später Bürgermeister, wirkte als eine der maßgeblichen Persönlichkeiten. Und doch verließ er als alter und gesundheitlich angeschlagener Mann den Ort, der ihm wichtig war und an dem er eine besondere Bedeutung erlangt hatte. 1550, mit knapp 80 Jahren, folgte er Johann Friedrich dem Großmütigen ins Exil nach Augsburg. Als der ehemalige Kurfürst später den Rest seines Herrschaftsgebietes von Weimar aus regierte, zog Cranach erneut mit. In Weimar starb er 1553. War es also das Fürstenhaus, dem er sich letztlich am stärksten verpflichtet fühlte?

Bis heute kann nur darüber spekuliert werden, was Cranach wirklich antrieb, wie überzeugt er tatsächlich von der protestantischen Sache seines Freundes war, welche Mission er verfolgte. Die Kunstwissenschaft hat noch keine endgültige Antwort gefunden, doch fest steht, dass er mit der Macht seiner Malerei Luther dabei half, die Welt zu verändern.

Seine Werkstatt, dieser überall bekannte Malereibetrieb, überdauerte. Cranachs zweiter Sohn, Lucas Cranach der Jüngere, übernahm das Unternehmen in Wittenberg, malte im Stile des Vaters. Ursprünglich war Cranachs ältester Sohn Hans als Nachfolger vorgesehen gewesen. Doch der starb 1537 als junger Mann. Es war Luther, der damals Worte für den Schmerz seines Weggefährten Cranach fand. Sie klingen hart und trösteten vielleicht trotzdem, denn sie kündeten von tiefem Mitgefühl. Gott, so meinte er, greife einen Menschen gern dort an, wo »es ihm am wehesten tut«.

## SEHNSUCHT NACH FREIHEIT

*Im »Bauernkrieg« kämpften nicht nur Bauern um ihre Rechte. Die Obrigkeit schlug die Aufstände gnadenlos nieder.*

Von NILS MINKMAR

Es begann mit einem Fischzug. Eine Abordnung empörter Bewohner der thüringischen Stadt Neustadt an der Orla zog am 23. April 1525 zum Landsitz des benachbarten Adligen und machte sich daran, dessen Teiche abzufischen. Der verblüffte Hausherr konnte die Nachbarn nicht davon abbringen, er musste sogar sein Pferd stehen lassen und »zu Fuß entlaufen«. Die Fische wurden an Stangen befestigt und in die Stadt getragen, vornweg marschierten der städtische Pfeifer und der Trommler. Mit ihrer nassen Beute zog die Gruppe einmal um den Mittelring, sammelte sich auf dem Marktplatz und verzehrte die Fische im Hause eines Ratsherrn.

Dass wir all das heute noch wissen und mit Interesse studieren, liegt daran, dass aus diesem Fischzug wie auch aus vergleichbaren Aktionen in ganz Deutschland etwas anderes wurde, etwas, das Leopold von Ranke das »größte Naturereignis des deutschen Staates« genannt hat – ein historisches Phänomen, das uns in vielen Aspekten immer noch ein Rätsel geblieben ist.

Bekannt wurden diese Ereignisse als deutscher Bauernkrieg, obwohl sie weder »deutsch« noch allein eine Sache der Bauern und eigentlich gar kein Krieg waren. Dennoch ist der Begriff in die Geschichtsschreibung und somit auch in das Schulwissen eingegangen. Der Historiker Peter Blickle hat für diese kurzen, aber so facettenreichen Ereignisse zwischen Sommer 1524 und Frühsommer 1525 einen treffenderen Begriff vorgeschlagen: Er sieht im Bauernkrieg eine Revolution des »Gemeinen Mannes«. Denn tatsächlich waren, wie in Neustadt, auch viele Handwerker, Stadtbewohner also, an den Unruhen beteiligt. Sogar Adlige schlossen sich den Protesten an, bekannt wurden Florian Geyer und sein schwarzer Haufen oder Götz von Berlichingen.

Solche Bezeichnungsprobleme weisen auf bis heute anhaltende Deutungsprobleme hin. In der kurzen Episode der Aufstände finden sich Splitter all der Themen, die die Geschichte Deutschlands prägen werden. So gleicht die Beschäftigung mit den Ereignissen dem Blick in ein Kaleidoskop: Je nachdem, wie der Betrachter es dreht, erblickt er immer etwas anderes. Ein Geschichtsphilosoph wie Ernst Bloch sah hier schon den ersten Keim der bürgerlichen und später einer sozialistischen Revolution. Aber überfrachtet man die eigensinnigen Zeitgenossen von damals nicht mit solchen weit ausholenden Deutungen, die letztlich zu Argumenten in politischen Diskursen des deutschen 20. Jahrhunderts wurden?

Denn oft ging es ja am Anfang nur um eher banale Aktionen wie ein Fischessen als Protest gegen das Gebaren eines Adligen. Um genauer zu verstehen, wie diese Ereignisse in ihrem kulturellen Kontext zu deuten sind, ist es ratsam, einen Ausschnitt aus dem großen Ganzen genauer zu betrachten. Dies hat der Historiker Paul Burgard in seiner exzellenten Studie »Tagebuch einer Revolte« für Neustadt versucht. Dabei betont er die Verwobenheit von revolutionärer Ausnahme und soziokultureller Praxis. Symbolische Rügeaktionen gegen einen benachbarten Adligen und auch ein karnevalesker Umzug wie der mit den Fischen durch die Stadt waren in der vormodernen Gesellschaftsordnung nicht unüblich. Die Aktion war frech, auch illegal – aber nicht umstürzlerisch. Die Dialektik von einem normenkontrollierten Alltag, in dem sich alle fromm und gesetzestreu verhalten, und einem rauschenden und berauschten Fest, an dem eben gerade keine Regel mehr gilt, war eines der Grundprinzipien des frühneuzeitlichen Lebens. Aber in jenen Tagen mutierten die Ereignisse – ebenso rasch wie gründlich.

Einer der Abfischer wurde, als er allein an den Ort des Verbrechens zurückgekehrt war, verhaftet und in eine Festung verbracht. Am nächsten Tag, dem 27. April, war Wochenmarkt. Bauern strömten in die Stadt, Gerüchte machten die Runde, ein grundlegenderes Gefühl von Gerechtigkeit schien verletzt, eine Fahne wurde gehisst. Der städtische Protest erreichte eine neue Qualität. Um gegen die Inhaftierung zu protestieren, wurden durch den Stadttrommler alle Bürger zusammengerufen. Der einigende Ruf lautete, wer »bei der Wahrheit und dem Evangelium stehen wolle, solle zur Kapelle kommen!«

Der Protest wurde also da schon mit Verweis auf die Heilige Schrift begründet. Die Menge wuchs schnell an, der Magistrat der Stadt wollte sich ihr nicht entgegenstellen: Waffen, die städtischen Geschütze, Pferde und Kriegsknechte wurden den Protestierenden zur Verfügung gestellt. Die Menge und ihre Energie schufen eine eigene Dynamik. Die Nachricht vom Tod des Häftlings verbreitete sich. Man beschloss, zum Landsitz derer von Eichicht zu ziehen, diesmal freilich nicht um nur zu fischen, sondern um Vergeltung zu üben und das Anwesen zu plündern.

Viele Schlösser und Burgen wurden damals verwüstet, angezündet und zerstört. Schon seit dem Sommer 1524 war es immer wieder zu lokalen Aufständen gekommen, zuerst in Süddeutschland, später auch in Österreich und weiter im Norden. Gerade die selbstbewusste ländliche Bauernschaft, aber auch Stadtbürger, wehrten sich gegen die Forderungen der meist adligen oder kirchlichen Grundherren nach immer mehr Anteil an Ernte und Einkommen und gegen die Beschneidung von Rechten, die ihnen traditionell zugestanden hatten.

Im Neustädter Fall ging die Plünderung glimpflich aus, weil die allein anwesende Ehefrau des Adligen mithilfe gemäßigter städtischer Politiker die Rebellen schnell zu Küche und Keller umgeleitet hatte. Die kriegerischen Aktionen der Bauern, bemerkt Burgard, hatten häufig eine »gewichtige kulinarische Seite«.

Doch es endete nicht mit solchen bestrafenden Gelagen. Die aus dem Evangelium bekannten Begriffe wurden nun zu Instrumenten, um die bedrückende politische und rechtliche Realität neu zu strukturieren. Zwar konnte man nun die Heilige Schrift selbst lesen, aber die daraus erfahrene Klarheit des Verhältnisses zwischen Gott und seinen Geschöpfen fand sich in der realen Welt nirgends wieder. Denn die Höhe der profanen Abgaben, der zu leistenden Dienste, die Bußen und Strafen – ja überhaupt nur die rechtlichen und politischen Zuständigkeiten, die waren nicht immer so klar aufgeschrieben.

Es ging nicht um die völlige Beseitigung tradierter Strukturen. Die Protestierenden in ganz Deutschland und darüber hinaus bestanden vielmehr auf der gründlichen Reinigung und Klärung aller Verhältnisse. Proteste und an der Reformation geschulte Rhetorik gingen eine Verbindung ein und entwickelten einen ungeahnten Schwung; die entstehende Bewegung war beinahe zu mächtig und wurde gefährlich. Aufgestachelt wurde sie noch von Theologen wie Thomas Müntzer (siehe »Spitze der Bewegung«, dort: »Der Radikale«). Zeitgenossen nannten diese Monate die »geschwinden leufften« – man kam kaum noch mit.

Die revolutionären Unruhen verbreiteten sich, beschleunigt durch den kulturell-weltanschaulichen Katalysator des ins Deutsche übersetzten Evangeliums, mit ungeheurer Geschwindigkeit und Energie. Zu historisch bedeutsamer

Größenordnung kam die Sache in Oberschwaben und rund um den Bodensee. Dort versammelten sich im Februar und März 1525 an drei Orten große Mengen unzufriedener, rebellierender Bauern, Bürger, auch Geistliche und Adlige waren darunter. In der Nähe von Ulm lagerte der 12 000 Mann fassende Baltringer Haufen, in der Nähe von Lindau der Seehaufen, mit in etwa gleich vielen Menschen, und die dritte Schar sammelte sich bei Sonthofen.

Diese drei Versammlungen waren keineswegs auf die Umsetzung politischer Ziele mit militärischen Mitteln aus, sie suchten vielmehr nach einer angemessenen Berücksichtigung ihrer Interessen im Rahmen der bestehenden Ordnung. Doch schon der Umstand, dass sie sich zusammenschlossen und diese Forderungen vorbrachten, brach mit der Tradition.

Wir wissen von den Überlegungen und Wünschen der Insurgenten insbesondere durch ihren Forderungskatalog, den sie im März in Memmingen verfassten. Hierzu waren 50 Vertreter der Rebellen in die Freie Reichsstadt abgeordnet worden, wo sie das Dokument verfassten, das als die »Zwölf Artikel« in die Geschichte einging.

Darin forderten sie erstens die freie Wahl der Pfarrer durch die Gemeinde. Der Pfarrer sollte das Evangelium »lauter und klar«, ohne menschlichen Zusatz predigen. Zweitens sollte der Kleinzehnt abgeschafft werden, drittens sollte die Leibeigenschaft aufgehoben werden, weil sie unchristlich sei, viertens die Jagd und Fischereifreiheit gewährt werden. Fünftens forderten sie vom Adel die Rückgabe der ehemals in Gemeindebesitz befindlichen Wälder, sechstens eine Reduzierung der Frondienste, siebtens den Verzicht auf willkürliche Erhöhung der Frondienste, achtens faire, unabhängige Bemessung der Pachtbelastung, neuntens ein schriftlich fixiertes Strafsystem, zehntens eine Rückgabe der Allmendewiesen und Äcker, elftens eine Abschaffung der Todesfallsteuer und schließlich eine

© AKG

Titelbild der »Zwölf Artikel«, Druck von 1525

Bekräftigung der Verankerung solcher Forderungen in dem durch die Bibel verkündeten göttlichen Willen.

Die Artikel wurden schnell gedruckt und in alle deutschen Lande getragen, ein bis dahin unerhörtes politisches Vorkommnis. Denn diese Beschwerden waren ja keineswegs lokale Eigenheiten oder den Übergriffen einzelner Persönlichkeiten geschuldet, sie operierten mit einer völlig neuen Begründung, einer Synthese aus herkömmlichem, guten

Brauch, konservativen Gefühlen und einem Rekurs auf die durch reformatorische Strömungen betonte Gleichheit der Gläubigen vor Gott. Blickle bezeichnete den Stellenwert der Artikel mit der Trias: »Beschwerdeschrift, Reformprogramm und politisches Manifest.«

Man kann heute nicht umhin, die »Zwölf Artikel« mit Wehmut zu lesen. Man bedauert die langen Umwege, die die Geschichte nehmen musste, bis der in ihnen formulierte Wunsch nach Freiheit und Rechtsstaatlichkeit anerkannt wurde und die noch längeren, bis er halbwegs erfüllt wurde. Denn die Obrigkeiten schlugen erbarmungslos zurück: Gut ausgebildete Landsknechtheere bedrängten die aufständischen Haufen und bewegten sie zur Aufgabe – oder schlugen sie, oft gegen Überzahl, vernichtend. Und auch die Reformatoren waren keine Hilfe für jene, die sich auf ihre Lehre beriefen: Martin Luther und Philipp Melanchthon kehrten der Sache sehr bald den Rücken, bestärkten die Obrigkeit und betonten ihre Distanz zu den Aufständischen, von denen meist die Bauern benannt wurden, einfach weil sie in der Gesellschaft am wenigsten galten.

Und wie endete es in Neustadt, der thüringischen Stadt an der Orla? Den plündernden Städtern hatten sich noch zahlreiche Landbewohner angeschlossen. Mit allerlei Mitbringseln und Trophäen aus dem adeligen Haushalt machten sie sich auf den Rückweg in die Stadt. Hierin erkannten bedächtige Stadtpolitiker eine echte Gefahr, sie handelten schnell und im Geheimen.

Einer der Anführer erhielt eine Botschaft mit der Bitte, die aufgebrachte Menge und die Beute nicht in die Stadt zu leiten, sondern vor den Toren zu lagern, um der Stadt eventuelle Repressalien zu ersparen. Eine Abordnung fand sich in der Stadt zusammen, um auch hier die Artikel des Protests aufzuschreiben. Ganz oben auf der Liste stand die Forderung, den

Pfarrer wählen zu dürfen und jemanden zu haben, der das Wort Gottes »rein« verkünde, ohne spätere Zusätze.

Doch dann wendeten sich die historischen Gezeiten wieder. Der Landesherr, Herzog Georg von Sachsen, suchte bei der Stadt um militärische Unterstützung nach, und man folgte dem obrigkeitlichen Rufe. Eine Neustädter Abordnung machte sich mit Waffen, Fahnen, Trommlern und Pfeifern auf, dem Herzog in der Schlacht von Frankenhausen beizustehen. Ausgerechnet in jener Schlacht, die als eine der entscheidenden der »Bauernkriege« in die Geschichte eingehen sollte, denn im Mai 1525 metzelten die Fürsten von Sachsen und Hessen und ihr Gefolge nicht nur Tausende Aufständische nieder, auch der radikale Reformator Müntzer wurde gefangen, gefoltert und hingerichtet.

Dass sich die aufständischen Neustädter Bürger so schnell auf die Seite des Landesherrn geschlagen hatten, war nur für spätere Betrachter ein Widerspruch. Der revolutionäre Elan hatte sich vornehmlich gegen intermediäre Gewalten, gegen niedere Landadlige, Klöster und andere Grundherren gerichtet, das Streben galt in der Hauptsache dem unverfälschten Zugang zur göttlichen Wahrheit und zur Güte des väterlichen Landesfürsten. Mit derselben Plötzlichkeit, mit der aus traditionellen Protesten, beflügelt durch reformatorische Begriffe, eine Revolution geworden war, kehrte die alte Ordnung zurück.

Wie an anderen Orten auch, wurden in Neustadt an der Orla Rädelsführer ausgemacht und bestraft. Manch mutiger Bürger und angesehener Jurist verschwand im Gefängnis, musste entehrende Körperstrafen erdulden. Die gesamte Stadt hatte eine heftige Strafsteuer zu entrichten, verlor ihre Rechte und musste ihre Waffen, mit denen sie zum Landsitz gezogen war, komplett abgeben. So ging es an allen Orten, an denen es zu Aufständen gekommen war, und die soziopolitischen Folgen waren beträchtlich, denn solche Ereignisse graben sich in das kollektive Gedächtnis ein: Die politische Rolle des »Gemeinen Mannes« beschränkte sich fortan und für lange Zeit auf lokale Belange, die Reformation war nun endgültig zu einer Sache der Obrigkeiten geworden.

Ein Stück weit bleibt der Ausbruch aber bis heute ein Rätsel. Als Albrecht Dürer 1525 sein Lehrbuch »Underweysung der Messung mit dem Zirckel« veröffentlicht, ist unter den dort aufgeführten Beispielen für den Entwurf einer Siegessäule auch eine für den Bauernkrieg abgebildet. Ein Bauer kauert auf der Spitze, durchbohrt von einem Schwert zwischen seinen Schultern, darunter Fässer und landwirtschaftliches Gerät. Es ist nicht bekannt, dass Dürer eine besondere Sympathie für die Sache der Bauern hegte.

Dennoch ist seine Skizze, wie der Literaturwissenschaftler Stephen Greenblatt schlüssig dargelegt hat, überaus ambivalent. Denn einen echten, einer Säule würdigen Sieg konnte man damals nur über einen ebenbürtigen Gegner erringen. Das Bezwingen schlecht bewaffneter Bauern durch professionelle Soldaten war hingegen ein Massaker, aus dem kein besonderer Ruhm erwachsen konnte.

So changiert diese Skizze: Wollte Dürer eine Art Mitleid mit den wenig heldentauglichen Bauern suggerieren? Wollte er sich über den tölpelhaften Versuch der Aufständischen lustig machen? Oder war die Skizze wie die Sache selbst eine Kippfigur, die mit dem Auge des Betrachters changiert und etwas anderes zeigt? Bald einen rustikalen Aufstand mit Speis und Trank, bald eine Heldentat, die eine Sehnsucht nach Freiheit und Gerechtigkeit bekundete, an die wir noch Jahrhunderte später voller Demut zurückdenken.

## OHRFEIGE FÜR THEOLOGEN

*Frauen, die sich öffentlich zu theologischen Fragen äußerten? Bisher undenkbar. Nun jedoch stritten Argula von Grumbach und andere für ihre Überzeugungen.*

Von CHRISTINA RIETZ

Als der junge Theologe Arsacius Seehofer auf den Scheiterhaufen geworfen werden soll, eilt kein Mann zu seiner Hilfe, nicht einmal die Wittenberger Reformatoren, derentwegen der junge Magister in Lebensgefahr schwebt.

Arsacius Seehofer hat bei Luthers Weggefährten Philipp Melanchthon studiert und war 1522 nach Ingolstadt zurückgekehrt, wo er als lesender Magister an der theologischen Fakultät arbeitete. Die Professoren der einzigen bayerischen Universität sind berühmt, und der berühmteste von ihnen ist Johannes Eck, Luthers Erzfeind, der an der Entstehung der Bannandrohungsbulle gegen den Reformator beteiligt war. Furchtlos und sicherlich auch unbedarft verkündet Magister Seehofer die Thesen der Wittenberger Lehrer in seinen ersten Vorlesungen.

Es dauert nicht lange, da wird der 18-jährige Theologiestudent denunziert, inhaftiert und verhört. Die Universität will ein Exempel statuieren, ihm droht der Feuertod. Unter Tränen widerruft er die reformatorischen Thesen. Luthers Schriften sind in den bayerischen Herzogtümern verboten, über die Reformation auch nur zu diskutieren, kann bestraft werden.

Nicht eine prominente Stimme erhebt sich für den jungen Theologen, der im Kerker der Entscheidung über sein Leben harrt. Aber etwas Unerhörtes geschieht: Eine Frau beschließt, sich des Falles anzunehmen. Im September 1523 schreibt eine gewisse Argula von Grumbach (* 1492 auf Burg Ehrenfels – † 1554 in Zeilitzheim) an Rektor und Rat der Ingolstädter Universität. Sie schreibt in der Volkssprache, sie schreibt als Frau. Sie rechtfertigt sich: »Ich kann kein Latein, aber ihr könnt Deutsch.«

Auf die gelehrten Theologen muss dieser Satz wie eine Ohrfeige wirken. Und was hinzukommt, ist noch beunruhigender: Die Autorin bekennt sich dazu, »von Dr. Martinus alles gelesen zu haben, was in deutscher Zunge ausgegangen«. An Luther geschult, argumentiert sie mit Bibelstellen, um ihr Eingreifen als Frau in eine akademische Debatte zu rechtfertigen. Sie wirft einem Professor vor, immer nur »Ketzer, Ketzer!« zu rufen, anstatt sich inhaltlich mit den neuen Wittenberger Ideen auseinanderzusetzen. Jeder könne eine Disputation mit körperlicher Gewalt gewinnen. Am Ende des Brandbriefes fordert Argula von Grumbach die Theologen auf, mit ihr öffentlich in Ingolstadt und auf Deutsch über den Fall Seehofer zu diskutieren, »so ihr nicht mit Gewalt, Gefängnis oder Feuer drohen wollt«.

Der Brief schlägt ein. Eine Kopie hat von Grumbach an Herzog Wilhelm II. geschickt. Auf unbekannten Pfaden findet das Schreiben seinen Weg in eine Nürnberger Druckerei, die es prompt als Flugschrift aufsetzt und verkauft. Der Titel lautet: »Wie eyn christliche Frau des Adels«. Binnen zwei Monaten bringt der wortgewaltige Brief es auf 15 Auflagen, er wird zu einer der meistgedruckten Schriften seiner Zeit. Argula von Grumbach ist jetzt berühmt.

Begonnen hat alles mit einem Buch. Argulas Vater, Reichsfreiherr Bernhardin von Stauff, hatte seiner Tochter an ihrem zehnten Geburtstag im Jahr 1502 eine Bibel in deutscher Sprache geschenkt. Bildung, auch für Mädchen, galt der fränkischen Adelsfamilie als hohes Gut. Argula studierte die Heilige Schrift eifrig und immer wieder. Bald konnte sie das meiste auswendig hersagen, darunter aufregende Geschichten wie die von der kühnen Judit, die einen assyrischen Feldherrn enthauptet. Bestimmt wäre aus der jungen Argula von Stauff eine begeisterte Studentin geworden, doch höhere Bildung war den Frauen des 16. Jahrhunderts außerhalb von Klostermauern versagt.

Folglich musste sie den klassischen Weg eines hochadeligen bayerischen Mädchens einschlagen: Sie wurde Hofdame in der Residenzstadt München unter Herzogin Kunigunde. 1510 heiratete Argula Friedrich von Grumbach. Vermutlich wohnte sie mit ihm in Lenting bei Ingolstadt, dann in Burggrumbach, später zog sie mit ihm nach Dietfurt an der Altmühl, wo Friedrich eine Stelle als Verwalter übernahm.

Wie genau die reformatorischen Ideen während dieser Zeit zu ihr fanden, ist nicht überliefert. Sicher ist: Flugschriften kamen auch nach Dietfurt. Argulas Bruder Gramaflanz lebte am Hof Friedrichs des Weisen, und es ist möglich, dass er mit seiner Schwester in Kontakt stand. Aus ihren späteren Flugschriften lässt sich herauslesen: Besonders beeindruckend fand sie Luthers Idee des Priestertums aller Gläubigen. Danach brauchen die Getauften keinen Mittler zwischen sich und Gott, jeder kann die Heilige Schrift lesen, verstehen und verkünden.

Als Argula von Grumbach 1523 von der Verhaftung des Arsacius Seehofer im nahen Ingolstadt erfährt, fühlt sie sich dank der Idee des allgemeinen Priestertums dazu befugt, in das Schicksal des Studenten einzugreifen. Zu dieser Zeit hat sie bereits Kontakt zu einigen Reformatoren geknüpft. So ist es der protestantische Theologe Andreas Osiander in Nürnberg, der predigt und sie zum Schreiben ermutigt. Weil von Grumbach so bibelfest ist, weiß sie jedoch um ein großes Hindernis. Das steht im ersten Brief an die Korinther, wo der Apostel Paulus schreibt: »Die Frauen sollen schweigen in der Gemeindeversammlung.« Genau dieses Gebot muss Argula brechen, wenn sie sich in die theologische Auseinandersetzung um Seehofer einmischen will.

Also macht sie sich eines der Grundprinzipien der lutherischen Lehre zunutze: »sola scriptura«. Mit den Worten der Heiligen Schrift argumentiert Argula von Grumbach gegen das Schweigegebot des Paulus. Und sie fordert, genau wie Martin Luther, nur durch die Schrift widerlegt zu werden. Sie führt Beispiele aus dem Alten Testament an, in denen Propheten gewirkt haben, beruft sich auf Maria Magdalena, Jesu Jüngerin, der der auferstandene Christus zuallererst begegnet sein soll. Doch ihr ultimatives Argument ist so simpel wie einleuchtend: Wenn die Männer in diesem Fall schwiegen, dann müsse sie, Argula, als Frau sprechen, sonst mache sie sich schuldig. Außer der Bibel fühlt sie sich nämlich nur noch einer einzigen Instanz unterworfen: ihrem Gewissen.

Aber die Universität Ingolstadt befindet die Verfasserin des Briefes einer Antwort nicht für würdig. Stattdessen dichtet ein Autor unter Pseudonym ein Spottgedicht auf von Grumbach, in dem er ihr in schlechten Knittelversen eine Liaison mit Luther nachsagt. Die Gescholtene antwortet elegant: ebenfalls in einem Gedicht, das den Verleumder auffordert, sich namentlich zu erkennen zu geben.

Für ihre Familie bleibt das Engagement nicht ohne Konsequenzen. Der Herzog enthebt ihren Mann seiner Position als Verwalter. Plötzlich fehlt der Familie ihr wichtigstes Einkommen. Überdies hält Friedrich von Grumbach nicht viel von den publizistischen Aktivitäten seiner Frau. Er ist altgläubig, will mit dem Protestantismus nichts zu tun haben. Die Ehe verschlechtert sich im Lauf des Jahres 1523 schnell. Argula selbst unterzeichnet jeden ihrer Briefe mit ihrem Mädchennamen.

Ein Jahr lang hält sie ihr Engagement durch, schreibt immer wieder Briefe an die Universität, die als Flugschriften unters Volk gelangen. Jedes Exemplar wird zu einer Art Bestseller. Ein Porträt aus jener Zeit zeigt sie als ernste Frau mit lockigen Haaren und festem Blick. Entschlossenheit geht von diesem Bildnis aus. Ihr Engagement nutzt dem jungen Magister Seehofer nur bedingt. Er kommt zwar nicht auf den Scheiterhaufen, aber in Haft ins Kloster Ettal, aus dem er bald entfliehen kann.

Ihre neue Berühmtheit schützt Argula von Grumbach im konservativen Bayern nicht vor sozialer Ächtung. Nach einem Jahr der Agitation schweigt sie plötzlich. Sie äußert sich fortan nicht mehr zu religionspolitischen Vorkommnissen in ihrer Heimat. Wahrscheinlich wurde der Druck ihres Ehemannes Friedrich zu groß. Ihr Biograf Peter Matheson wundert sich darüber, dass sie die Affäre überlebt. Dennoch wirkt sie im Stillen weiter: Sie korrespondiert mit den Wittenbergern, reist zu den Reichstagen nach Nürnberg und Regensburg, auf denen das religiöse Geschehen verhandelt wird. 1530 trifft von Grumbach endlich Martin Luther persönlich, der auf der Veste Coburg Quartier bezogen hat. Luther bezeichnet die Adelsfrau später in einem Brief als »einzigartig Werkzeug Christi«. Das bringt ihn jedoch nicht dazu, sich öffentlich für sie einzusetzen.

Danach verliert sich die Spur der Argula von Grumbach – nur sehr vereinzelt findet man ihren Namen in Briefen jener Zeit. Meist beklagen sich die Katholiken über die widerspenstige Protestantin, die es auch im Alter nicht lassen kann, der Dorfgemeinde aus der Bibel vorzulesen.

Wenige Frauen waren so mutig und angriffslustig wie die »Staufferin« und trauten sich, zu Zeiten des Umbruchs das Wort zu ergreifen. Wer es tat, musste mächtige Schutzherren haben, vielleicht als Ehefrau eines Reformators.

Auf diese Weise schaffte es die Straßburgerin Katharina Zell (* 1497 in Straßburg – † 1562 Straßburg), verheiratet mit dem Prediger Matthäus Zell, zu schriftstellerischer Berühmtheit. Sie verteidigte 1524 öffentlich die Priesterehe, korrespondierte mit den angesehensten Theologen ihrer Zeit, griff den Straßburger Erzbischof persönlich an, mischte sich in den Abendmahlsstreit ein, besuchte Martin Luther und hielt sogar Grabreden.

Das alles ging so lange gut, bis ihr Ehemann im Jahr 1548 starb. Katharina Zells Rolle als Pfarrersfrau hatte sie vor Kritik geschützt, als Witwe jedoch war sie angreifbar: Ihr Erbe wurde ihr streitig gemacht, sie, die früher viele Religionsflüchtlinge bei sich aufgenommen hatte, fand in Straßburg keine offene Tür mehr und wurde in der Folge mittel- und obdachlos. Unterschlupf gab es für sie nur im städtischen »Blatterhaus« – über dessen hygienische Zustände Zell sich immerhin noch wortmächtig beklagte.

Die Zeitgenossen schätzten Katharina Zells und Argula von Grumbachs theologische und soziale Leistungen nicht allzu sehr – den meisten waren die beiden wohl schlicht zu modern, schließlich provozierten sie doppelt: Sie traten für eine umstürzlerische Sache ein, und sie taten es als Frauen. Die Zeitspanne, in der mutige Frauen während der Reformation politisch aktiv sein konnten, war nur kurz. Feinde hatten sie nämlich nicht nur im katholischen Lager.

Als die protestantische Lehre an politischem Einfluss gewann, setzte sich auch Luthers Geschlechterverständnis immer mehr durch: Der Reformator hatte schon 1520 in seiner Schrift »An den christlichen Adel deutscher Nation« dargelegt, warum die

Ehe dem Zölibat als Lebensform überlegen sei. Damit wertete er die Rolle der Frauen zwar einerseits auf – schloss für sie jede Lebensform außer der Ehe allerdings aus. Jenseits einer ehelichen Verbindung konnte es keine soziale Existenz für eine Frau geben. Nicht einmal das Kloster und seine weltabgewandte Bildungslust waren in evangelischen Gebieten noch eine Option.

Stattdessen sahen die Reformatoren den Platz ihrer Frauen im Haushalt, den sie immerhin führen durften. Jedoch befand sich dieser Platz am Herd, nicht am Schreibtisch. Gedanken von Gleichberechtigung oder Emanzipation kannte das reformatorische Eheverständnis nicht. Argula von Grumbach und Katharina Zell verschwanden deshalb für Jahrhunderte fast komplett aus dem protestantischen Gedächtnis – in der katholischen Tradition fand von Grumbach nur als »Ketzerin« Erwähnung.

Eine tragende Rolle hatten die Reformatoren den Frauen in der Kirche nicht zugedacht. Darin unterschieden sie sich nicht von den Anhängern des Papstes. Im Jahr 1523 mutmaßte Argula von Grumbach zwar, dass im Falle ihres gewaltsamen Todes hundert andere Frauen wie sie aufstehen und die Stimme erheben würden. Doch sie hatte sich um Jahrhunderte geirrt: Erst als das Gleichberechtigungsgesetz in Kraft war, sollte in Deutschland eine Frau zur Pfarrerin ernannt werden. Es war das Jahr 1958.

**Katharina Luther**
** 1499 in Lippendorf – † 1552 Torgau*

Die Nonne Katharina von Bora wurde zu Ostern des Jahres 1523 schlagartig berühmt, als sie mit elf Mitschwestern auf einem Planwagen aus dem Zisterzienserinnenkloster bei Grimma floh. Die Fahrt endete in Wittenberg, wo die meisten Flüchtigen bei Freunden der Reformatoren unterkamen. Zu ihrer eigenen Sicherheit wurden sie bald verheiratet, nur Katharina zierte sich: Erst 1525 willigte sie in die Ehe mit Martin Luther ein, der sie fortan »mein Herr Käthe« nannte. Katharina machte aus dem Schwarzen Kloster in Wittenberg eine Herberge für Luthers Besucher, sie kaufte Ländereien, braute Bier, betreute eine Studentenunterkunft, trieb Viehzucht und konsolidierte die Finanzen des Reformators. In die theologischen Debatten mischte sich die ehemalige Nonne kaum ein. Katharinas Lebensstil prägte die Vorstellung davon, wie eine protestantische Pfarrersfrau wirtschaften und arbeiten müsse. Als Martin Luther 1546 starb, war es mit der Anerkennung für seine langjährige Ehefrau jedoch nicht weit her: Katharina musste um ihr Erbe und ihren Witwensitz kämpfen. Von Krieg, Flucht und Krankheit geschwächt, starb sie 1552 an den Folgen eines Beckenbruchs.

**Elisabeth Cruciger**
** um 1500 Meseritz – † 1535 Wittenberg*

Als sie davon träumte, einmal in der Wittenberger Schlosskirche zu predigen, konnte selbst ihr Mann, ein Reformator, nicht mehr folgen. Doch tatsächlich erklangen ihre Worte in vielen Kirchen – als Lied im Gottesdienst. Schon als Mädchen war die pommersche Adlige ins Prämonstratenserinnenkloster nach Treptow an der Rega gekommen. Dort lernte sie als junge Frau den Reformator Johannes Bugenhagen kennen, dem sie bald nach Wittenberg folgte, wo sie den Theologen Caspar Cruciger 1524 heiratete. In enger Freundschaft mit den Luthers lebte Elisabeth Cruciger das neue, typische Leben einer protestantischen Pfarrersfrau: Sie stand dem Haushalt vor, kümmerte sich um das leibliche Wohl ihres Mannes und seiner Gäste, korrespondierte mit anderen Reformatorenfamilien. 1524 schrieb die poetisch Begabte das Lied »Herr Christ, der einig Gotts Sohn«, sie sah sich dank des von Luther verkündeten Priestertums aller Gläubigen dazu berechtigt. Luther selbst nahm ihr Lied noch im selben Jahr in eines der ersten protestantischen Gesangsbücher auf – wo es bis heute zu finden ist.

**Elisabeth von Rochlitz**

** 1502 Marburg – † 1557 Schmalkalden*

Mit 13 Jahren wurde Elisabeth, Tochter des hessischen Landgrafen, nach Sachsen verheiratet. Als blutjunge Ehefrau des Herrschaftsnachfolgers tat sie sich am Dresdner Hof schwer – der Hof jedoch auch mit ihr. Beeinflusst von ihren hessischen Verwandten wandte sie sich 1526 der Reformation zu. Der Dresdner Hofstaat intrigierte daraufhin mehrmals gegen die Fremde; 1533 warf man ihr sogar Ehebruch vor. In der Folge verweigerte Elisabeth von Rochlitz Beichte und Abendmahl nach altem Ritus. Als ihr Ehemann 1537 überraschend noch vor seinem Vater starb, zog sie auf ihren Witwensitz nach Rochlitz. Dort führte sie umgehend das neue Bekenntnis ein und regierte als Fürstin, was gleich zweifach die geltende Norm überschritt: Eine regierende Frau, noch dazu eine Protestantin, war vergleichsweise selten unter Deutschlands Fürsten. Elisabeth unterhielt Beziehungen zu den Reformatoren und versuchte, in religiösen Debatten zu vermitteln. 1538 trat sie als politische Akteurin dem Schmalkaldischen Bund bei, einem Zusammenschluss protestantischer Fürsten gegen den Kaiser. Vor den Kriegswirren floh sie nach Schmalkalden, wo sie ihre letzten Jahre, ebenfalls als regierende Fürstin, im Dienst der Reformation verlebte.

**Caritas Pirckheimer**
** 1467 Eichstätt – † 1532 Nürnberg*

Nicht nur protestantische Frauen erhoben in der Reformationszeit das Wort. 1525 begann für die Äbtissin des Klarissenklosters Nürnberg, Caritas Pirckheimer, der Kampf ihres Lebens: Die Stadt führte die Reformation ein und beabsichtigte, den Konvent zu schließen. Die humanistisch gesinnte Caritas mochte das monastische Leben aber keinesfalls aufgeben, sicherte es doch vielen Mädchen Zugang zu höherer Bildung und Frömmigkeit. Als schließlich aufgeregte Mütter ihre Töchter aus dem Kloster zerrten, griff Caritas ein: Dank ihrer guten Kontakte – sie stammte aus einer Nürnberger Patrizierfamilie – schaffte sie es, dass der Reformator Philipp Melanchthon den Konvent besuchte und das Chaos schließlich beendete. Die Klarissen durften weiterhin altgläubig sein, erhielten jedoch keinen Zugang mehr zu katholischen Sakramenten, auch Novizinnen durften nicht mehr aufgenommen werden. So starb das Kloster zwar langsam aus, doch Pirckheimers Mut und Klugheit lebten fort.

# KÖNIG IM KÄFIG

*Sie führten die Vielehe ein und schafften das Geld ab: In Münster errichteten Wiedertäufer ein bizarres Regime.*

Von UWE KLUSSMANN

Es war eine farbenprächtige Inszenierung, die sich den Bewohnern von Münster am 31. August 1534 bot. Mitten in der Stadt nahm ein 25-jähriger Mann mit einer großen Krone auf einem dreistufigen Thron Platz. Er hielt ein Zepter und nannte sich »Johann von Gottes Gnaden König in dem Neuen Tempel Gottes«. Um den Hals trug er eine Kette mit einer von zwei Schwertern durchbohrten Erdkugel.

Von anderen gekrönten Häuptern unterschied sich der junge Mann durch Herkunft und Vorleben. Jan Beuckelszoon, auch Jan van Leiden genannt, war Sohn eines Dorfschulzen und einer Dienstmagd aus dem südholländischen Leiden. Bevor er zum Monarchen von Münster aufstieg, hatte er sich unter anderem als Gastwirt versucht. Talent, sich in Szene zu setzen, bewies er als Sänger und Schauspieler. Bescheidenheit gehörte nicht zu seinen Schwächen. Er präsentierte sich als Messias und behauptete: »Gottes Macht ist meine Kraft.« Einer seiner Anhänger proklamierte ihn öffentlich zum König des »ganzen Erdkreises«.

Wie es bei religiösen Fanatikern häufig der Fall ist, verfolgten van Leiden und seine Leute große Ziele. Sie zählten zu den Wiedertäufern, die in den Zwanzigerjahren des 16. Jahrhunderts aus radikalisierten Anhängern der Reformation hervorgegangen waren. Wer dazugehören wollte, musste sich der Erwachsenentaufe unterziehen, einem demonstrativen Akt des Bekenntnisses – im deutlichen Unterschied zu anderen Glaubensrichtungen. Sie lehnten die Obrigkeit und den Klerus ab und propagierten mit besonderer Inbrunst das nahende Ende der Welt.

Das machte die Wiedertäufer für die Mächtigen zu einer Bedrohung. Der Kaiser und die Reichsstände betrachteten sie als Häretiker und Gefahr für den Landfrieden. Der Reichstag zu Speyer verbot 1529 die Wiedertäuferbewegung, die damals etwa 12 000 aktive Anhänger im Reich zählte. Katholiken und Lutheraner verfolgten die Sekte gleichermaßen. Bis 1533 wurden fast 700 Täufer hingerichtet. Doch die Verfolgung verschaffte ihnen einen Nimbus. Auf fruchtbaren Boden fielen die Heilsversprechen der Wiedertäufer vor allem dort, wo das Leben zum Jammertal geworden war.

Mitteleuropa war Ende der Zwanzigerjahre des 16. Jahrhunderts von einer Wirtschaftskrise hart betroffen. Schlechte Ernten führten zu steigenden Preisen für Brot und Getreide. Die Krise verschärfte die sozialen Gegensätze, denn von der allseits beklagten »Theuerung« profitierten Großgrundbesitzer, zu denen auch die Kirche gehörte. Die Stadt Münster litt zudem am Niedergang der Hanse, der die Stadt seit 1368 angehörte. Ihre norddeutschen Absatzgebiete für Fette, Felle, Pelze, Tuche und Wachs gingen nun verloren. Arbeitslosigkeit, Hunger und Elend breiteten sich aus. 1530 gab es in Münster Fälle von Pest und »Englischem Schweiß«, einer typhusartigen, oft tödlichen Krankheit.

In der Stadt mit 10 000 Einwohnern gehörten 750 Menschen zur Umgebung des Bischofs, als Domherren, Pfarrer, Kapläne, Nonnen, Mönche, Laienbrüder und Schwestern. Der höhere

Klerus profitierte von Landgütern, die zum Besitz der Domkirche gehörten. Zudem mussten die geistlichen Herren keine Steuern zahlen, sodass sie sich, wie ein Chronist notierte, in »Ausschweifungen« ergehen konnten. In dieser Lage wandte sich das städtische Bürgertum reformatorischen Gedanken zu. Die Handwerkergilden und die Kaufmannschaft sympathisierten mit den Lutheranern.

Zum Wortführer der evangelischen Bewegung in Münster schwang sich der junge Theologe Bernd Rothmann auf, der in Mainz studiert und später Luthers Mitstreiter Philipp Melanchthon und Johannes Bugenhagen kennengelernt hatte. Der Sohn eines armen Schmieds wurde im Februar 1532 mit Unterstützung der Bürgerschaft Prediger in der Lamberti-Kirche, die keinem Domstift unterstand. Damit bewiesen die Münsteraner Bürger Mut, denn Kaiser Karl V. hatte schon im Vorjahr in Briefen an den Bischof und den Stadtrat Schritte der Obrigkeit gegen Rothmann verlangt. Dessen Predigten in der Lamberti-Kirche waren ein Ereignis. Mit klaren Worten wandte sich Rothmann gegen die Praxis, bezahlte Messen abzuhalten, wie es bei Katholiken üblich war. Vor allem geißelte er »Totenmessen«, mit denen Verstorbene aus dem Fegefeuer befreit werden sollten.

Der Aufschwung des Protestantismus spiegelte sich in den Ratswahlen im März 1533 wider, bei denen Lutheraner das Stadtregiment übernahmen. Doch Rothmann und viele seiner Anhänger gingen auf ihrer Suche nach dem wahren Glauben noch weiter. Sie schlossen sich der Täuferbewegung an, die um 1525 in Zürich, Straßburg und Süddeutschland begonnen hatte und rasch Zulauf fand.

Für eine weitere Radikalisierung sorgten Männer, die neu in die Stadt kamen: Jan van Leiden, der spätere »König«, und Jan Matthys, ein ehemaliger Bäcker aus dem holländischen Haarlem. Matthys gehörte zu den führenden Wiedertäufern in

Bildnis des Wiedertäufers Jan van Leiden auf einer Münze

Amsterdam; im Januar 1534 entsandte er den von ihm getauften van Leiden als Apostel nach Münster. Wenige Wochen später folgte er ihm nach und erklärte Münster zum neuen Jerusalem.

Die Botschaft der Wiedertäufer fand in Münster lebhaften Widerhall. Der Grund dafür war die Unzufriedenheit mit den alten Köpfen, die weithin als korrupt galten. Bereits bei der Ankunft van Leidens hatten sich 1400 Münsteraner, ein Viertel der erwachsenen Bevölkerung, zur Wiedertaufe bekannt. Dabei versetzte die neue Glaubensgemeinschaft ihre Zuhörer in Wechselbäder aus Hoffnung und Furcht. Denn neben der Aussicht, Münster werde durch die Wiedertaufe zur »Stadt des Herrn«, erklang in den Predigten die Drohung, dass alle vernichtet würden, die sich nicht taufen ließen. Gegner des fanatischen Treibens, Katholiken wie Lutheraner, verließen in größerer Zahl die Stadt. Bei den turnusmäßigen Ratswahlen am 23. Februar 1534 setzten sich nun die Wiedertäufer durch.

Matthys predigte, von Münster aus müsse die Welt mit dem Schwert erneuert werden. Seine Anhänger ließen dem bald Taten folgen. Am Tag nach den Ratswahlen organisierten sie einen Bildersturm, sie plünderten Kirchen und Klöster und verschleppten alle Wertgegenstände aus dem Dom. Auch Häuser der Domherren raubten die Eiferer aus. Ein entsetzter Zeitzeuge notierte: »Knechte und Mägde schalteten nun, nachdem ihre Herren vertrieben waren, in den Häusern, in denen sie gedient hatten, und genossen die Güter ihrer Herren nach Gutdünken.«

Einen Tag nach dem Bildersturm verkündete Matthys auf dem Fischmarkt der Stadt, Anhänger der Papstkirche, Lutheraner und generell Gegner der Wiedertäufer sollten sterben. Das stieß im Volk auf Widerspruch. Bernd Knipperdolling, Kaufmann aus einer Tuchhändlerfamilie, überzeugte die versammelte Volksmenge, die Verweigerer der Wiedertaufe lediglich zu vertreiben. Dem konnte man durch rasche Bekehrung entgehen. Eine dreitägige Massentaufe begann, weil viele sich dem Druck beugten. Und der kleine Gottesstaat wurde nun zur Festung.

Franz von Waldeck, der Bischof von Münster und Osnabrück, hatte es bereits angekündigt: Auf sein Geheiß belagerten Truppen die rebellische Stadt. Sie waren gut gerüstet und harrten geduldig aus. In Münster war die Aufregung natürlich groß. Der ultraradikale Matthys schien nicht der richtige Mann, das Gemeinwesen zu führen. Zudem stand er dem Machtwillen seines Mitstreiters van Leiden im Weg. Da fand sich eine Lösung, gegen die van Leiden keine Einwände hatte: Zu Ostern verließ Matthys mit einigen Getreuen die Stadt, um die Belagerer zu bekehren. Das Unternehmen fand ein vorhersehbares Ende. Söldner durchbohrten den Fanatiker mit einem

Spieß und schlugen ihm den Kopf ab. Van Leiden erging sich in einer Predigt danach nicht lange in Trauer. Er verkündete, Gott könne »wieder einen Propheten erwecken, durch den er seinen Willen offenbaren wird«.

Van Leiden ließ keinen Zweifel daran, dass er sich selbst als alleinigen Erfüller des göttlichen Willens sah. Er setzte einen »Rat der zwölf Ältesten der Stämme Israels« als oberstes Machtgremium ein. Diesen Rat bildeten Einheimische und Zugewanderte. Damit hatte er die städtische Verfassung außer Kraft gesetzt und seine Alleinherrschaft gesichert.

Zwar propagierten die Münsteraner Wiedertäufer etwa in einem Flugblatt an die Belagerer, »dass alle Güter allen gemeinsam gehören sollen«, doch der Rat der Zwölf war kein Machtorgan von Plebejern. Dort saßen unter anderem ein Patrizier, ein Edelmann und ein Goldschmied, der schon 1532 dem Rat angehört hatte.

Auch im neuen System blieben viele alte Honoratioren an der Macht. Das entsprach der sozialen Zusammensetzung: »Die münsterische Täufergemeinde«, bilanziert der Historiker Karl-Heinz Kirchhoff, sei »keineswegs ein Konglomerat von sozialen Extremfällen« gewesen, »sondern repräsentierte einen Querschnitt durch die Bevölkerung jener Zeit«.

Jan van Leiden, Bernd Rothmann und Bernd Knipperdolling waren jetzt die Anführer. Während Rothmann als »Worthalter« vor allem für Appelle ans einfache Volk zuständig war, vertrat Knipperdolling als »Statthalter« diejenigen im Bürgertum, die loyal zum Regime van Leidens standen. Um zu verhindern, dass der Alteingesessene ihm, dem Zuwanderer, gefährlich werden konnte, tat »König« van Leiden einen geschickten Zug: Er ernannte Knipperdolling auf einer Volksversammlung zum Scharfrichter. Damit wurde der Kaufmann in den Augen der Stadtbewohner zum Gesicht des Schreckens und war als Konkurrent diskreditiert.

Sein Terrorregime rechtfertigte der »König« mit dem hehren Schwur, er schwinge das »Banner der Gerechtigkeit«. Dass die Todesstrafe schon für Kritik am »König« galt, proklamierte van Leiden in einem öffentlichen Brief im Januar 1535: »Wer sich unterstünde, Meuterei anzurichten, soll des Todes sterben.«

Trotz ihrer totalitären Züge bemühte sich die münstersche Kommune, das Besitzbürgertum nicht gegen sich aufzubringen. So wurde die Forderung nach Gemeineigentum moderat umgesetzt. Zwar überführten die neuen Herren bewegliches Gut der Vertriebenen; sie schafften das Geld ab und gingen zum Tauschhandel über. Hausbesitz aber blieb erhalten. Die Bürger mussten Gold, Silber und Geschmeide abliefern. Daraus ließ van Leiden einen Schatz anlegen, den er für öffentliche Zwecke verwendete. Das hieß auch: für Propaganda und Pomp. Den einfachen Täufern hingegen schrieb er schlichte, unauffällige Kleidung vor. Doch wusste er auch, wie man das Volk bei Laune hielt. Beliebt bei vielen Münsteranern waren die im Freien abgehaltenen Liebesmahle.

Bei denen reichte van Leiden gemeinsam mit der »Königin« Diwara, einer Schönheit aus dem holländischen Haarlem, dem Volk kuchenähnliche Oblaten und Bier. Es war eine Anlehnung an die in der Bibel beschriebene Hochzeit zu Kanaan. Das alles, während draußen vor den Stadttoren der Belagerungsring stand und Nahrungsmittel drinnen langsam knapp wurden.

Frauen wies der »König« insgesamt eine andere Rolle zu als bislang üblich. So ließ er den Prediger Rothmann am 23. Juli 1534 die Vielehe verkünden. Keine Frau sollte unverheiratet bleiben, jeder Mann durfte mehrere Frauen gleichzeitig ehelichen. Hintergrund dieser Verkündung war ein massiver Frauenüberschuss. Es gab in Münster auch wegen Flucht und Vertreibung dreimal so viele Frauen wie Männer. Doch die

Einführung der Polygamie stieß auf Widerstand. Ein Schmied führte noch im Juli 1534 etwa 200 Aufständische. Die setzten van Leiden und Knipperdolling zeitweilig fest. Die Wiedertäufer aber schlugen die Rebellion nieder, 47 Regimegegner wurden hingerichtet.

Das Recht auf Vielehe galt nur für Männer. Frauen, die es ebenfalls in Anspruch nehmen wollten, wurden mit dem Tode bestraft. So wurde im September 1534 die Münsteranerin Katharina Kokenbeckers hingerichtet, die mit zwei Männern Hochzeit gehalten hatte. Eine andere Frau musste sterben, weil sie mehrmals ihrem Mann die »ehelichen Pflichten« verweigert hatte. Der »König« hingegen verstand es, die angenehmen Seiten der Polygamie für sich zu nutzen. Er brachte es auf 16 Frauen, während er gleichzeitig gegen die »hurerische, ehebrecherische Unzucht« wetterte. Bordelle und »Badehäuser« waren bei den Wiedertäufern streng verboten. Die Polygamie dagegen sah van Leiden als göttlichen Willen und als Durchsetzung der biblischen Forderung 1. Mose 9:7 – »Ihr aber seid fruchtbar und mehret euch«.

Die Münsteraner Wiedertäufer propagierten »die Absterbung des alten Adam«. Dass der neue Mensch jedoch auf sich warten ließ, zeigte sich schon bald. Da machte unter Münsteraner Männern der Anmachspruch die Runde: »Mein Geist gelüstet wider dein Fleisch.« Dabei nutzten manche Männer die Polygamie auch zum Kindesmissbrauch. In einer Reihe von Fällen wurden 11-, 12- und 13-jährige Mädchen zwangsweise verheiratet. Laut Chronisten brauchten etwa 15 dieser Mädchen die Hilfe einer Ärztin, einige sollen an den Folgen des Missbrauchs gestorben sein.

Trotz solcher Exzesse, die das »König«-Reich diskreditierten, waren viele Münsteraner bereit, ihren Stadtstaat gegen die alten Mächte der Fürsten und des Klerus zu verteidigen. Grund war der totale Ansehensverlust der fürstlichen und klerikalen Macht. Chronisten berichten, dass die Bewohner der eingeschlossenen Stadt, Männer wie Frauen, begeistert Verteidigungswälle aufschichteten.

Doch wegen Hunger und Abwanderung waren im Juni 1535 nur noch schätzungsweise 800 Verteidiger im Einsatz. Da drangen in der Nacht vom 24. zum 25. Juni die bewaffneten Feinde mit etwa 3000 Mann in die Stadt ein. Verräter hatten ihnen den Weg gewiesen. Die letzten Verteidiger hielten sich noch einige Tage auf einer Wagenburg auf dem Markt. Die Landsknechte richteten ein Blutbad an. Dem Massaker fiel auch Prediger Rothmann zum Opfer. Knipperdolling und van Leiden gerieten in Gefangenschaft. Dort wurden sie gemeinsam mit einem weiteren Täufer-Anführer gefoltert und am 22. Januar 1536 auf einem Schaugerüst am Prinzipalmarkt mit glühenden Eisenwerkzeugen stundenlang zu Tode gequält.

Söldner steckten ihre Leichen in drei Eisenkörbe und hängten sie an der Südseite des Turms der Lamberti-Kirche an Haken. Warum der tote »König« im Käfig zur Schau gestellt wurde, begründete der hessische Prediger Anton Corvinus im Januar 1536 in einem Brief an den Theologen Georg Spalatin: Die Überreste der Aufrührer, so Corvinus, hingen dort an der Kirche, damit sie »allen unruhigen Geistern zur Warnung und Schrecken dienten, dass sie nicht etwas Ähnliches in Zukunft versuchten und wagten«.

# TEIL III:

# DAS UNEINIGE REICH

# SOLDAT DES PAPSTES

*Die Gegenreformation bekämpfte den Protestantismus mit Worten und Waffen. Ihr führender Kopf in Deutschland war der Jesuit Petrus Canisius.*

Von FELIX BOHR

Der Kampf für den deutschen Katholizismus begann in einem Kölner Mietshaus. Im Mai 1544 gründeten acht Mitglieder der »Gesellschaft Jesu« eine Wohngemeinschaft an der Burgmauer. Sie waren die ersten Jesuiten auf deutschem Boden, und sie führten ein bescheidenes Leben. Sie widmeten sich ihren Bibelstudien, hielten Vorträge oder arbeiteten in der Seelsorge. Die Männer zeigten sich demütig, doch sie verfolgten ein klares Ziel: den Kampf gegen die protestantische Bewegung.

Damit zogen sie den Hass ihres Umfelds auf sich. Der Kölner Erzbischof Hermann von Wied, seit fast 30 Jahren im Amt, neigte zum Protestantismus. Für ihn waren die Jesuiten eine »teuflische Sekte« und gefährdeten seine Reformbestrebungen. Auch der städtische Magistrat beäugte die Ordensgründung zunächst misstrauisch. In Köln zirkulierten bald Spottgedichte, in denen man den Jesuiten vorwarf, sie verführten die Jugend und täuschten »die alten Frauen, auf deren Geld sie es abgesehen haben«.

Die Jesuiten blieben hartnäckig. Ihr Wortführer Petrus Canisius predigte unverdrossen gegen alle reformatorischen Bestrebungen. Dreimal wandte er sich mit beschwörenden Botschaften an Karl V., den katholischen Kaiser des Heiligen Römischen Reiches. Mit Erfolg: Der altgediente Erzbischof wurde vom Papst exkommuniziert und 1547 aus der Stadt vertrieben. Fortan waren die Jesuiten Hauptakteure jener katholischen Bewegung, die als Gegenreformation in die Geschichte einging, aber heute meist katholische Reform genannt wird. Sie begann als Reaktion auf Luthers Thesen 1517 und hatte die Bekämpfung des Protestantismus mit Worten und Waffen zum Ziel. Zugleich jedoch bewirkte sie eine innerkirchliche Erneuerung, die den Katholizismus nachhaltig prägte.

Zur zentralen Figur der katholischen Reformbewegung in Deutschland wurde Petrus Canisius, geboren am 8. Mai 1521 in Nimwegen – an jenem historischen Tag also, an dem Karl V. erste politische und rechtliche Maßnahmen gegen die reformatorische Bewegung ergriffen und im »Wormser Edikt« die Reichsacht über Luther verhängt hatte. Auf Canisius' späteren Lebensweg sollte dieses Ereignis entscheidenden Einfluss haben. Das harte Urteil von Kaiser und Papst verhinderte nicht, dass sich die öffentliche Meinung Deutschlands mehrheitlich Luther zuwandte.

Eine umfassende Selbsterneuerung des Katholizismus schien unabwendbar. Auf dem Nürnberger Reichstag 1522/23 forderten denn auch alle hohen Würdenträger ein »freies christliches Konzil in deutschen Landen«, um Reformen einzuleiten. Doch Konzil, das war für die stolzen Renaissancepäpste ein Schreckenswort; sie fürchteten Einbußen ihrer mühsam erworbenen Macht.

Das Auseinanderbrechen der Kirche wäre wohl nur zu verhindern gewesen, wenn der Papst in die Offensive gegangen wäre und sich zum Mittelpunkt der Reform gemacht hätte.

Aber Clemens VII. aus dem Hause Medici, der Ende 1523 ins Amt kam, verkannte die Zeichen der Zeit. Auf dem Reichstag in Augsburg 1530 standen sich Protestanten und Katholiken schließlich unversöhnlich gegenüber. Selbst Karl V. forderte nun vehement die Einberufung eines Konzils – vergebens.

Auch weil offizielle Schritte ausblieben, wurden neue Ordensgemeinschaften zu Trägern der innerkirchlichen Erneuerung. Am 15. August 1534 gründete Ignatius von Loyola, ein Adeliger aus dem Baskenland, die »Gesellschaft Jesu« in Paris. Die Jesuiten beschuldigten Luther, die Kirche zerstört zu haben – und sahen sich zur Verteidigung des katholischen Glaubens berufen. Voraussetzung für die Aufnahme in den Orden war der Gehorsam gegenüber dem Papst. Die Mitglieder gelobten ein Leben in Armut und Keuschheit, widmeten sich der Missionierung breiter Volksschichten und kümmerten sich um die Ausbildung der Jugend.

Der deutsche Katholizismus war zu dieser Zeit in einer verzweifelten Lage. Die reformatorische Bewegung hatte sich in weiten Teilen des Reiches gefestigt, und die innerkirchliche Auflösung schritt voran. In manchen katholischen Gotteshäusern, etwa in Worms, wurde offen die lutherische Lehre gepredigt, ohne dass die Bischöfe etwas unternahmen.

Ignatius von Loyola erreichten immer mehr Hilferufe aus Deutschland. Der Ordensgründer, den man in jesuitischen Kreisen gern zum Gegenspieler Luthers stilisierte, machte das Reich nördlich der Alpen daraufhin zu einem wichtigen Operationsgebiet der Jesuiten. Dazu brauchte er einen Mann, der den Kampf gegen die »Irrgläubigen« koordinierte. Seine Wahl fiel auf Petrus Canisius, der 1543 als erster Katholik deutscher Sprache der Gesellschaft Jesu beitrat.

Canisius hatte in Köln Philosophie und Theologie studiert und war tiefreligiös. Gegen den Willen seines Vaters wollte er unbedingt Priester werden. Sein Wahlspruch lautete »Persevera«

(Halte durch!). Vom Jesuitenorden, der neuen Elitetruppe des Papstes, war der scharfsinnige Theologe fasziniert. Auch er wollte mit seinen Predigten das einfache Volk erreichen und im Namen Roms missionieren. Von nun an widmete sich Canisius dem »Kriegsdienst des Kreuzes«, wie er schrieb – »in diesem verwilderten Jahrhundert, das alle Frömmigkeit verachtet«. Er finanzierte die Ordensniederlassung in Köln aus dem Erbe seines Vaters und wurde 1546 zum Priester geweiht. Nach seinem Triumph über den Kölner Erzbischof sandte ihn Ignatius nach Ingolstadt, wo er als Rektor der Universität tätig wurde.

In jenen Jahren befanden sich katholische Bildungseinrichtungen reichsweit in einem desolaten Zustand. Die pädagogischen Methoden waren veraltet, geeignete Lehrmaterialien fehlten. In Ingolstadt mangelte es jedoch nicht nur an wissenschaftlichen Standards, sondern auch an gesitteten Umgangsformen und an Religiosität. Alltäglich prügelten sich die Studenten oder veranstalteten Trinkgelage. Zur Morgenandacht erschienen sie nur vereinzelt.

Als Rektor setzte Canisius zahlreiche Reformen durch. Doch damit nicht genug: Er forderte den Papst auf, nur noch gute Prediger, bedeutende Theologieprofessoren, begabte Schriftsteller und beim Volk beliebte Priester nach Deutschland zu schicken: »Damit gewinnen wir das Vertrauen des einfachen Volkes und zugleich das Wohlwollen und die Zuneigung der maßgebenden Männer«, schrieb er.

Der führende Jesuit in Deutschland war davon überzeugt, dass nur eine gute Ausbildung die Katholiken befähigen würde, im Wettstreit mit den Protestanten bestehen zu können. Was folgte, war eine regelrechte Gründungswelle jesuitischer Bildungseinrichtungen. Canisius ließ innerhalb weniger Jahre zehn Kollegien bauen, meist in Städten, die unter der Protektion des Kaisers und katholischer Dynastien standen: etwa in Wien, Prag, München und Köln.

Der Besuch der neuen Kollegien kostete kein Geld, sie waren auch den Armen zugänglich. Canisius stellte geeignetes Lehrpersonal ein und verfasste Schulregeln. Das pädagogische Konzept der Jesuiten richtete sich erstmals auch an Laienschüler und vereinte umfassende Bildung mit religiöser Unterweisung. Es fußte auf Lernzielen wie »Wertschätzung des Einzelnen« oder »Verpflichtung zur Gerechtigkeit«.

Bildungsinhalte wurden in zeitgemäßer und attraktiver Form vermittelt. Beim »Jesuitentheater« beispielsweise führte man in den Schulen Dramen nach weltlichem Vorbild auf. Die Stücke sollten den Glauben der Zuschauer stärken und gleichzeitig Werbung für den Katholizismus machen. Zahlreiche Schauspieler, aufwendige Bühnenbilder und Musik schufen emotionale Spektakel mit glücklichem Ausgang: In der Fiktion triumphierte die katholische Kirche über die Protestanten.

In der Realität war die reformatorische Bewegung weiter auf dem Vormarsch. Canisius versuchte, sie mit ihrer Hauptwaffe zu schlagen: der Öffentlichkeitsarbeit. Dazu bediente er sich wie Luther des modernsten Massenmediums seiner Zeit, des Buches. »Fromme Bücher zu schreiben«, notierte er, sei das Beste, »was der Mensch mit seinen Händen tun kann«. Die Jesuiten gründeten Druckereien, um der protestantischen Kampfliteratur in großem Stil entgegenzuwirken.

Doch gegenreformatorische Maßnahmen gingen für Canisius stets einher mit innerkirchlicher Erneuerung. So forderte er einerseits, Häretiker »wie Unkraut« auszujäten, und kritisierte andererseits den unangemessenen Lebenswandel des Klerus. Canisius war bestürzt über die »Unmäßigkeit im Essen und Trinken«, die »Unbeholfenheit im Denken« und die »mangelnde Bildung« katholischer Geistlicher, wie er schrieb.

Unterdessen hatte sich auch in der römischen Kurie die Auffassung durchgesetzt, dass Erneuerungen unumgänglich waren. Papst Paul III., dessen Pontifikat 1534 begonnen hatte, berief innovative Denker in sein Kardinalskollegium und setzte eine Reformkommission ein. Damit einher ging die innerkirchliche Disziplinierung. Zur Bekämpfung religiöser Abweichler zentralisierte Paul III. die päpstliche Inquisition mit einer ständigen Behörde im Vatikan. Unliebsame Schriften landeten alsbald auf dem »Index verbotener Bücher«.

Als auf dem Regensburger Reichstag 1541 erneut ein Religionsgespräch zwischen katholischen und protestantischen Gelehrten scheiterte, in dem es auch um Fragen der kirchlichen Struktur gegangen war, berief der Papst das lang ersehnte Konzil ein. Von den Teilnehmern forderte er die Überwindung der religiösen Spaltung und eine Kirchenreform. Am 13. Dezember 1545 wurde das Konzil von Trient eröffnet, das mit Unterbrechungen 18 Jahre dauerte. Allen Beteiligten wurde allerdings bald klar, dass es auf der Versammlung nicht zur Überwindung der Kirchenspaltung kommen würde. Nur wenige Protestanten besuchten anfänglich das Konzil, später blieben die Anhänger Luthers den Treffen ganz fern.

Es entstanden schließlich dogmatische Texte in strenger Abgrenzung zum Protestantismus. Die Macht des Papstes wurde bestätigt, Luthers Sakramentenlehre verworfen und die kirchliche Lehrmeinung als gleichberechtigt neben die Heilige Schrift gestellt. Zugleich beschlossen die Konzilsväter wegweisende Reformen, die auch in Canisius' Sinne waren: Sie verbesserten die Ausbildung kirchlicher Amtsträger durch die Gründung neuer Priesterseminare; sie verboten Ämterhäufung und stellten Missbrauch im Ablasshandel unter Strafe. Die Konzilsdekrete verpflichteten die Bischöfe außerdem zur Residenz in ihren Diözesen und zielten auf eine Verbesserung des kirchlichen Lebens und der Seelsorge.

1562 nahm auch Canisius am Konzil teil. Als wichtigster Berater Kaiser Ferdinands I. votierte er für eine Abmilderung der Bücherverbote. Seinem Handlungsgeschick war es auch zu verdanken, dass es nicht zu einem vorzeitigen Abbruch des Konzils kam. Als der Kaiser und ein päpstlicher Konzilsgesandter in Fragen der Priesterehe, des Laienkelches und der Stellung der Bischöfe in einen Streit gerieten, wirkte Canisius erfolgreich als Vermittler.

Das Reformwerk von Trient, das die 220 Konzilsväter schließlich verabschiedeten, war ein Meilenstein der katholischen Erneuerung. Doch das Konzil zementierte auch die Kirchenspaltung. Anstatt auf Luthers Fragen einzugehen, stellte Rom »das Steuer auf pure Abwehr«, wie der Historiker Heinrich Lutz schreibt.

Canisius überbrachte den deutschen Bischöfen die Reformdekrete und pochte auf deren Umsetzung. Zur Verbreitung des gegenreformatorischen Geistes trug er auch selbst bei. Die von ihm verfassten Glaubensunterweisungen, die sogenannten Katechismen, sollten den Lehren Luthers entgegenwirken. Sie enthielten eine präzise Zusammenfassung des katholischen Glaubens samt Belegstellen aus der Bibel – und erreichten ein Millionenpublikum.

Ebenso erlebten die katholischen Frömmigkeitsformen reichsweit ein Revival. Wallfahrten, Reliquienkulte und Prozessionen gerieten zu Demonstrationen gegen den Protestantismus. Bischöfe förderten die von Luther verpönte Heiligenverehrung, das Beichtwesen und spektakuläre Exorzismen. Auch Canisius war berühmt als Teufelsaustreiber und focht gegen Hexen, die er als »Feindinnen des christlichen Namens« bezeichnete.

Während die Jesuiten die Reformation mit Rhetorik bekämpften, schlossen katholische Würdenträger Kriegspakte mit der weltlichen Obrigkeit. Schon zu Zeiten des Konzils war Kaiser Karl V. 1546 gewaltsam gegen die protestantischen Fürsten seines Reiches vorgegangen. Ende des 16. Jahrhunderts rekatholisierten die Wittelsbacher dann zahlreiche protestantische Territorien, etwa im Südwesten des Reiches.

Canisius ermahnte die katholischen Herrschenden zwar stets, sie sollten ihr Strafrecht anwenden, um die »Irrlehren« abzuwehren. Er selbst setzte jedoch auf sachliche Argumentation und Ausgleich statt auf Konfrontation. In katholischen Kreisen beschimpfte man Luther schon mal als den »schlechtesten Menschen, der je geboren wurde«, oder »verhurten Stier«. Canisius vermied solche scharfen persönlichen Angriffe auf Protestanten. Doch letztlich musste auch er einsehen, dass die konfessionelle Spaltung unumkehrbar war. Die Reformation habe Zwietracht und Unsicherheiten hervorgebracht, schrieb er. Nur der Glaube, den die katholische Kirche verkünde, sei der wahre.

Canisius starb am 21. Dezember 1597 in der Schweiz. Als Soldat des Papstes hatte er in ganz Europa gewirkt. Er war vom Teutoburger Wald bis nach Sizilien gereist, von Belgien bis nach Polen. Etwa 58 000 Kilometer legte er zu Lebzeiten zurück. Kurz vor seinem Tod schwelgte der Jesuit aber am liebsten in »angenehmen Jugenderinnerungen«, wie er notierte: Er dachte zurück an seine Zeit in Köln, wo sein religiöser Kampf einst in einem Mietshaus begonnen hatte.

# »ALLES DREHT SICH UM DIE MACHT«

*Wie reagierte der Papst auf Luthers rebellische Thesen? Antworten des Vatikan-Kenners Michael Matheus*

Das Gespräch führte DIETMAR PIEPER.

**SPIEGEL:** In den entscheidenden Anfangsjahren der Reformation lenkt Leo X., ein Papst aus dem Hause Medici, die Geschicke der römischen Kirche. Wie sehr interessiert er sich für den aufsässigen Mönch aus Wittenberg?
**Matheus:** Die meiste Zeit so gut wie gar nicht. Das sieht man zum Beispiel am Briefwechsel seines Cousins, Giulio de' Medici, der als päpstlicher Vizekanzler größten politischen Einfluss hat und auch den Schriftverkehr mit dem Heiligen Römischen Reich führt. Da kommt Luther nur ein einziges Mal vor, als es 1518 um sein Verhör durch Kardinal Cajetan in Augsburg geht.

**SPIEGEL:** Was liegt diesem Papst am Herzen?
**Matheus:** Bei ihm dreht sich alles darum, die Macht der Medici zu sichern, die jahrelang aus Florenz verbannt waren und erst 1512 zurückkehren konnten. Im engen Schulterschluss mit dem französischen König festigt Leo X. nun seine Herrschaft über den toskanischen Stadtstaat und hat auch ein Auge auf die Geschäfte der Medici-Banken, die teilweise unter Tarnna-

men von Frankreich aus operieren. Außerdem führt er einen Krieg um das Herzogtum Urbino, den er schließlich mit einiger Mühe für sich entscheidet.

**SPIEGEL:** Als Oberhaupt der lateinischen Christenheit muss er doch immer auch Europa im Blick haben.
**Matheus:** Das schon, aber Leo X. verfolgt dabei stets seine familiären Interessen. Er hält sich eng an Frankreich, weil er die Umklammerung durch die Habsburger fürchtet. Die herrschen im Reich und in Spanien und machen auch in Italien starke Ansprüche geltend.

**SPIEGEL:** Als 1519 der habsburgische Kaiser Maximilian I. stirbt, beginnt ein riesiges Geschiebe und Geschacher.
**Matheus:** Das ging schon vorher los. Denn Maximilian hatte ein Problem: Er war kein richtiger Kaiser, sondern nur römischer König, der sich »erwählter Kaiser« nennen durfte. In seinem letzten Lebensjahr wollte er noch vom Papst zum Kaiser gekrönt werden und seinen Enkel Karl als König im Reich einsetzen. Dagegen hat Leo X. sich erfolgreich gesperrt. Gleich nach Maximilians Tod sieht man im Vatikan die Gelegenheit, den jungen Karl endgültig zu verhindern und den sächsischen Kurfürsten auf den Thron zu heben: Ausgerechnet Friedrich der Weise wird zum Favoriten des Papstes! Es ist natürlich reizvoll, sich einmal vorzustellen, was geschehen wäre, wenn Luthers Landesherr römischer König und Herrscher des Reiches geworden wäre …

**SPIEGEL:** Die Reformation wäre erstickt worden, noch ehe sie richtig begonnen hatte?
**Matheus:** Möglich, aber das ist völlig spekulativ. Wenn wir uns an die Tatsachen halten, fällt etwas ganz anderes auf: Dass der sächsische Kurfürst seinen Theologieprofessor Luther

schützt und nichts gegen die beginnende Glaubensspaltung unternimmt, weiß man im Vatikan natürlich. Aber anscheinend erkennt Leo X. nicht, wie viel theologischer Sprengstoff sich da in den deutschen Landen angesammelt hat. Der von Deutschland aus gegen Luther angestrengte Ketzerprozess schleppt sich dahin, weil er politisch gerade nicht ins Konzept passt. Und Luther gelingt es in diesen Jahren 1518/19, eine ungeheure Wirkung zu entfalten, indem er eine reformatorische Schrift nach der anderen publiziert, mit riesigem Echo im Reich. Den Spielraum, den der Papst ihm lässt, nutzt er hervorragend für sich aus.

**SPIEGEL:** Leos Plan bei der Königswahl geht nicht auf, am Ende kommt Karl doch auf den Thron.
**Matheus:** Und danach dauert es nicht lange, bis der Luther-Prozess wieder anrollt. Es ist sehr interessant, sich die treibenden Kräfte in Rom genauer anzuschauen. Ganz wichtig ist ein Netzwerk, das in Köln, an der Universität Löwen in den Niederlanden und in Augsburg verankert ist. Ihm gehören wichtige Professoren, führende Dominikaner und Bankiers an. Diese Zentren im Reich unterhalten enge Verbindungen zu Vertrauten in der Kurie, also dem Verwaltungsapparat des Papstes. Ihre Anlaufstellen in Rom sind vor allem Personen im Umfeld der »deutschen Nationalkirche« Santa Maria dell'Anima.

**SPIEGEL:** Wer waren diese Leute?
**Matheus:** Als führende Köpfe in Rom treten auf: Wilhelm von Enckenvoirt, Johann Ingenwinkel und Johannes Zink, vielleicht der Wichtigste der drei. Zink residiert ab 1501 als »Faktor« der Fugger, also Vertreter des Bankhauses, in Rom, wo er die Geschäfte ordentlich in Schwung bringt. Ab 1515 befindet er sich als Kanzleischreiber der Kurie in einer überaus günsti-

gen Position. Er versteht es hervorragend, sich am römischen Pfründenmarkt zu bedienen. Eine Pfründe ist das Einkommen aus einem kirchlichen Amt, das aber die Empfänger der Pfründe oft gar nicht selbst ausüben, sondern durch Vertreter erledigen lassen. Auch der aus Xanten stammende Ingenwinkel, einer der wichtigsten päpstlichen Beamten, ist ein Meister darin, Pfründen anzuhäufen. Enckenvoirt schließlich entstammt einem alten brabantischen Adelsgeschlecht und macht in Rom eine stürmische Karriere. Nach 1500 profitiert er auch von den Geschäften des Bankhauses Fugger.

**SPIEGEL:** Männer wie diese drei haben bestimmt nicht nur Freunde.

**Matheus:** Gewiss nicht. Ulrich von Hutten, der bedeutende Humanist und Reichsritter, schreibt nach seinen Aufenthalten in Rom: »Ich habe den alten Zink mit großem Eifer am Werke gesehen. Die Fugger kaufen vom Papste, was sie später höher verkaufen; man findet bei ihnen Bullen, und Dispense gehen durch ihre Bank. Sie sind die Einzigen, durch die man in Rom alles erreichen kann.« Zink hat auch die Konditionen für das berühmte Ablassgeschäft ausgehandelt, das der Mainzer Kurfürst Albrecht von Brandenburg mit Leo X. eingeht. Der Fugger-Faktor sorgt dafür, dass der Papst eine besonders großzügige Gewinnbeteiligung erhält.

**SPIEGEL:** In Luther und seinen Thesen müssen Leute wie Zink, Enckenvoirt und Ingenwinkel eine Bedrohung ihrer Einkünfte und ihrer Position sehen.

**Matheus:** Ja, sie sind Luther-Gegner der ersten Stunde. Und genau da, wo ihr Netzwerk tief verwurzelt ist, in Köln und Löwen, finden 1519 die ersten Verbrennungen von Luthers Schriften statt. Wie diese konservativen Kreise zusammenhalten, sieht man übrigens sehr gut im Fall Reuchlin, dem großen

Streitthema vor Luthers Thesen. Die Häresieprozesse gegen Reuchlin und Luther sind teilweise eng miteinander verknüpft.

**SPIEGEL:** Der Humanist Johannes Reuchlin hat sich Anfang des 16. Jahrhunderts in einem von Köln ausgehenden theologischen Streit dafür ausgesprochen, jüdische Schriften als Teil des christlichen Erbes zu betrachten und vor Verbrennungen zu beschützen. Er wird angeklagt, und 1513 beginnt der Inquisitionsprozess.

**Matheus:** Der Fall ist ziemlich verwickelt. Reuchlin wird zunächst nicht verurteilt, Papst Leo X. verpflichtet alle Beteiligten zu Stillschweigen. Aber die Reuchlin-Gegner geben keine Ruhe. Auf der anderen Seite bestehen Verbindungen ins Luther-Lager: Reuchlin erhält 1518 einen Ruf auf eine Professorenstelle in Wittenberg, den er aber ablehnt. Auf seine Empfehlung tritt Philipp Melanchthon die Stelle an, der sein Großneffe ist.

**SPIEGEL:** In dieser Zeit, 1518/19, verliert das von den Fuggern unterstützte Klerikernetzwerk anscheinend an Einfluss. Der Papst entscheidet jedenfalls nichts in ihrem Sinne.

**Matheus:** Das liegt vor allem an der schon beschriebenen Königswahl: Jetzt ist die Reichspolitik Chefsache im Vatikan, und Auseinandersetzungen, die für Leo X. nur theologisches Geplänkel sind, müssen warten. Danach setzen sich die konservativen Kräfte aber weitgehend durch. Am 15. Juni 1520 erlässt der Papst die Bulle »Exsurge Domine« gegen Luther, eine Woche später fällt das Urteil gegen Reuchlin, allerdings in relativ milder Form. Der »Augenspiegel«, seine wichtigste Schrift zur Verteidigung der jüdischen Bücher, darf künftig weder verkauft noch gelesen werden.

**SPIEGEL:** Wie detailliert lässt sich der Einfluss einzelner Luther- und Reuchlin-Gegner in Rom nachweisen?
**Matheus:** Wir haben da noch Forschungsdefizite. Es gibt das große Unternehmen des Deutschen Historischen Instituts in Rom, das jetzt auch online zugängliche »Repertorium Germanicum«. In ihm werden die vatikanischen Register- und Kameralakten von 1378 bis zur Reformationszeit erschlossen. Das sind vor allem Eingaben und Briefe, Personal- und Finanzsachen, die aus dem deutschen Reichsgebiet an den Heiligen Stuhl geschickt wurden. Gut hundert Jahre sind geschafft, aber weiter sind wir aufgrund knapper Ressourcen noch nicht gekommen. Ich wage einmal die These: Wenn wir dieses gigantische Material vollständig erschlossen haben, dann kann man einige Fragen von großer historischer Bedeutung noch besser beantworten, eben auch die Frage, wie der Fall Luther in Rom betrieben wurde.

**Michael Matheus,** geboren 1953, lehrt Vergleichende Landesgeschichte an der Universität in Mainz. Von 2002 bis 2012 war er Direktor des Deutschen Historischen Instituts in Rom. Er ist einer der beiden wissenschaftlichen Koordinatoren einer Ausstellung über »Die Päpste und die Einheit der lateinischen Welt«, die 2017 in Mannheim und anschließend im Vatikan gezeigt werden soll.

# DAS SCHWERT DER OBRIGKEIT

*Aus politischem Kalkül setzten sich die deutschen Reichsfürsten an die Spitze der Reformation. Und wurden so zu mächtigen Gegenspielern des katholischen Kaisers Karl V.*

Von ANDREAS WASSERMANN

Der Anfang war wild, ungestüm und radikal. »Ein Christenmensch ist ein freier Herr über alle Dinge und niemandem untertan«, schrieb Martin Luther, der gerade dabei war, mal eben die Weltordnung gehörig durchzuschütteln. Und von dem wackeren Kirchenmann fühlten sich viele ermutigt, auch ein bisschen am Weltgefüge zu rütteln, vor allem diejenigen, die nichts außer ihren Ketten zu verlieren hatten. Landauf, landab gründeten Theologen, die Protz, Prunk und Bigotterie des Kirchenestablishments gründlich satt hatten, revolutionäre Zellen. Und in Süd- und Mitteldeutschland erhoben sich die Bauern.

Doch als die Fürsten die Bauernaufstände niederschlugen und radikale Theologen folterten und hinrichteten, hatte die lutherische Reformation ihre zarten revolutionären Wurzeln bereits gekappt. Nicht im Bündnis mit den Beherrschten breitete sich die Reformation aus, sondern in einer Allianz mit den Herrschern. Die Kritik an Papst und römischer Kurie wurde ein wichtiges Instrument realpolitischer Machtspiele deutscher

Fürsten. Und sie sollte das Heilige Römische Reich Deutscher Nation gründlich verändern.

Adlige wie der Kurfürst von Sachsen und der Landgraf von Hessen verstanden es trefflich, die Religion für ihre politischen Ambitionen nutzbar zu machen. Und mitunter hatte die Hinwendung deutscher Fürsten zur lutherischen Reformation schlicht finanzielle Gründe. Die Teilnahme an Kriegen, die der Kaiser führte, riss Löcher in die Kassen der Fürstentümer, auch ein standesgemäßes Leben bei Hofe kostete den einen oder anderen Taler. Erst als Lutheraner konnten die Fürsten ungeniert Bistümer und Klöster enteignen und das Kircheneigentum an sich bringen.

Für das Bündnis mit den Fürsten häutete sich die reformatorische Bewegung, schwenkte nach den stürmischen Anfängen gewissermaßen vom Fundi- auf den Realo-Modus um. Diejenigen, die partout auf einer radikalen Auslegung des Evangeliums bestanden, wurden marginalisiert und als Teufelskerle ausgegrenzt. Ein Mann hatte entscheidenden Anteil an dieser Entwicklung: der blitzgescheite, fürstentreue Humanist Philipp Melanchthon. »Denn die Obrigkeit trägt das Schwert nicht umsonst, sondern sie ist Dienerin Gottes, um an dem Rache und Strafe zu vollziehen, der Böses tut. Doch ist es für die Untertanen auch tröstlich zu wissen, dass Gott Gefallen am Gehorsam gegenüber der Obrigkeit hat, und dass sie, was sie der Obrigkeit Gutes tun, Gott erweisen«, schrieb Melanchthon. Eine reformierte Christenlehre, die den Feudalismus quasi zum Gottesgebot erklärt, ließen sich deutsche Herrscher gern gefallen.

Auf der Wartburg bei Eisenach, jenem Ort, wo der sächsische Kurfürst Luther vor den Häschern des Papstes versteckt hatte, war lange ein Historiengemälde aus dem 19. Jahrhundert ausgestellt. Es zeigt eine Szene im Atelier des Malers Lucas Cranach. Der Künstler porträtiert den Reformator, seinen Freund

Martin Luther. Hinter Cranach steht Melanchthon, in der linken Hand ein aufgeschlagenes Buch. Offenbar liest er etwas vor, während Cranach malt.

Auf dem Gemälde wirkt Melanchthon wie der Ideengeber, der im Hintergrund die Strippen zieht. Er war ein Wunderknabe seiner Zeit. Der Sohn eines kurfürstlichen pfälzischen Rüstmeisters lernte als Kind bereits Griechisch und Hebräisch, beschäftigte sich früh mit Mathematik und Astronomie, der Antike und dem Humanismus. Als Zwölfjähriger begann er sein Studium in Heidelberg, im Alter von 15 Jahren wechselte er nach Tübingen, wo er auch schon eigene kleine Vorlesungen hielt.

Sein großes Vorbild war der Humanist Erasmus von Rotterdam. Als Melanchthon 1516, immerhin nun schon 19 Jahre alt, sein erstes wissenschaftliches Großwerk über römisch-antike Poesie veröffentlichte, kannte das Lob von Erasmus für den jungen Forscher keine Grenze: »Welche Schärfe der Erfindung! Welche Reinheit und Zierlichkeit der Rede! Welche vielseitige Belesenheit! Welche gedämpfte Feierlichkeit einer wahrhaft königlichen Begabung!«

Zwei Jahre später ging Melanchthon ins damals kursächsische Wittenberg, übernahm einen Lehrstuhl für griechische Sprache und traf auf Martin Luther, der sich der Verbesserung des Schulwesens verschrieben hatte und ihm die Theologie und die Reformation nahebrachte. Sie waren ein bemerkenswertes Paar: Luther derb und direkt, Melanchthon ein leicht anämischer Schlacks, sensibel und konfliktscheu. Aber sie ergänzten sich prächtig: »Philippus sticht auch, aber nur mit Pfriemen und Nadeln«, beschrieb Luther ihr unterschiedliches Temperament, »ich aber steche mit Schweinespießen.«

Zusammen fuhren sie nach Leipzig, wo Luther 1519 auf der Pleißenburg seine Thesen im Disput mit dem papsttreuen Theologieprofessor Johannes Eck verteidigen musste.

200 Studenten begleiteten die beiden als eine Art Leibgarde, sie waren bewaffnet mit Spießen und Handäxten. Eck gelang es mit seiner geschickten Rhetorik, Luther in die Enge zu treiben; fortan betrieb er dessen Verurteilung als Ketzer. Zwei Jahre später war Luther exkommuniziert, geächtet und musste sich verstecken. Nun sprang Melanchthon ein, er übernahm die Verhandlungen mit Kaiser und Kurie. 1529 wurde der Luther-Vertraute der wichtigste Berater für die Protestanten auf dem Reichstag von Speyer.

Die Reichstage im 16. Jahrhundert waren eine Art Plenum des Adels, des Klerus und der freien Reichsstädte, das unregelmäßig auf Einladung des Kaisers in verschiedenen Städten wie Speyer, Worms und Augsburg stattfand. Die Tagungen dauerten Wochen, manchmal sogar Monate. Denn Beschlüsse konnten nur nach langwierigen und komplizierten Abstimmungsprozessen innerhalb der ständischen Gruppen gefasst werden.

Als Melanchthon Mitte April 1529 im Ratshof von Speyer eintraf, war die Lage im Reich wieder mal ziemlich verworren. Einerseits gewann die Reformation weiter an Zulauf. Basel hatte dem Papst die Gefolgschaft gekündigt, nachdem Protestanten das Baseler Münster gestürmt und Heiligenbilder zerstört hatten. Wenige Tage später schaffte der Rat der freien Reichsstadt Straßburg die Heilige Messe ab.

Andererseits war Kaiser Karl V. nun entschlossen, die reformatorischen Umtriebe endgültig zu stoppen. Er hatte seinem Bruder Erzherzog Ferdinand, der den Reichstag leiten sollte, die Anweisung gegeben, mit aller Härte gegen die Vertreter der Reformation vorzugehen. Fürsten, die sich weigerten, drohte er mit der Reichsacht, der Einziehung des Vermögens und des Verlusts aller Adelsprivilegien.

Zwar folgte die papsttreue Mehrheit im Reichstag dem kaiserlichen Antrag, die evangelische Minderheit hingegen, die ja von der Reichsacht betroffen gewesen wäre, protestierte entschieden. Die Evangelischen forderten die freie Wahl der Religion gemäß ihres Gewissens: »Zu Ehre Gottes muss ein jeglicher für sich selbst vor Gott stehen und Rechenschaft geben. Mit Gottes Hilfe bleiben wir dabei, dass allein Gottes Wort und das heilige Evangelium rein gepredigt werden und nichts, das da wider ist«, heißt es in der gemeinsam von fünf Landesfürsten und 14 Städten unterzeichneten Protestnote. Nach diesem Vorfall hatten die Abweichler ihren Namen weg; er hält sich bis heute: Man nannte sie fortan Protestanten.

Allerdings: Mehr als Protest blieb den Protestanten auf dem Reichstag auch nicht. Jetzt mussten sie jederzeit damit rechnen, dass kaiserliche Truppen den Beschluss der katholischen Mehrheit mit Waffengewalt durchsetzten. Während Melanchthon noch glaubte, sich irgendwie mit Kaiser und Kurie arrangieren zu können, bereitete sich Landgraf Philipp von Hessen, der »Großmütige«, schon auf den Religionskrieg vor. In Geheimverhandlungen versuchte er, ein machtvolles antikatholisches Bündnis zu schmieden aus den gemäßigten Lutheranern und radikaleren Kreisen rund um den Schweizer Reformator Huldrych Zwingli.

Voraussetzung dafür war, dass die beiden Reformatoren ihren theologischen Streit begruben. Für Fürsten wie Philipp waren es Spitzfindigkeiten, ob nun Christus beim Abendmahl in der Gemeinde persönlich anwesend ist, wie Luther glaubte, oder das Abendmahl eine rein symbolische Bekenntnishandlung ist, wie Zwingli dachte. Doch an jenen Glaubensfragen scheiterte schließlich Philipps Plan einer Anti-Papst-Allianz von den Schweizer Alpen quer durch Deutschland bis zur Ostsee. Bei einem viertägigen Religionsgespräch im Oktober 1529 in Marburg beharrten sowohl Luther als auch Zwingli auf ihren Positionen, die Reformation war nun gespalten.

Melanchthon, der Luther nach Marburg begleitet hatte, war die Geheimbündelei gegen den Kaiser ohnehin äußerst zuwider. Als Mann, der an die gerechte Obrigkeit glaubte, witterte er unbotmäßige Rebellion. Auf die Frage des Kurfürsten von Sachsen, ob es denn einem Christen überhaupt erlaubt sei, gegen den Kaiser zu opponieren, antwortete Melanchthon: »Widerstand ist gegen das Gebot Gottes. Der Christ soll sich nicht auflehnen, sondern gehorchen und dulden. Selbst wenn der Kaiser seine Zusagen nicht hält, haben die Untertanen kein Recht, ihm entgegenzutreten. Wer trotzdem auf Widerstand dringt, nimmt das Evangelium nicht ernst.«

Doch vorerst verzichtete auch Kaiser Karl V. auf militärische Strafaktionen gegen die evangelischen Fürsten. Nicht etwa aus Nachsicht, sondern wohl aus reinem Machtkalkül. Denn Unruhe in deutschen Landen, angestachelt durch theologisches Gezänk, konnte er gar nicht gebrauchen. Es gab schließlich Wichtigeres zu tun: Das Abendland musste gegen die vor Wien stehenden Osmanen verteidigt werden. Und außerdem war da auch noch Franz I., der König von Frankreich, der ihm immer wieder die Vormachtstellung in Europa streitig machen wollte.

So bot der Kaiser den Anhängern der Reformation an, ihre Lehren auf dem kommenden Reichstag in Augsburg zu präsentieren. Der Ton klang plötzlich milde und versöhnlich. Man wolle darüber beraten, »wie der Irrungen und dem Zwiespalt in dem heiligen Glauben und der christlichen Religion« zu begegnen sei, versprach Karl: Er werde »eines jeden Gutdünken, Opinion und Meinung in Liebe und Güte zu hören, zu verstehen und zu erwägen Gelegenheit geben«.

Melanchthon machte sich umgehend ans Werk und verfasste die »Confessio Augustana«. In dieser Bekenntnisschrift hielt er die Grundlagen evangelischen Glaubens fest. Gleichzeitig versuchte er aber, den Kaiser und die altgläubige Fürstenmehrheit davon zu überzeugen, dass die Reformatoren weder die Kirchenspaltung wollten noch die Stellung des Kaisers von Gottes Gnaden anzweifelten.

»Ich habe Magister Philipps ›Confessio‹ durchgelesen, sie gefällt mir recht gut. Ich weiß nichts, was daran geändert werden sollte. Das würde sich auch nicht schicken, denn ich kann nicht so sanft und leise treten«, schrieb Luther nach der Lektüre recht schnippisch an seinen Landesherrn Johann von Sachsen, der seit 1525 regierte.

Am Nachmittag des 25. Juni 1530 verlas der sächsische Vizekanzler Christian Beyer in der Kapitelstube der fürstbischöflichen Residenz in Augsburg Melanchthons »Confessio Augustana«. Beyer sprach zwei Stunden lang, laut und in deutscher Sprache. Sodass selbst die im Hof versammelten Zuhörer, es sollen mehrere Tausend gewesen sein, alles verstanden.

Weniger interessiert schien der Kaiser gewesen zu sein, der nach fast zehn Jahren zum ersten Mal wieder einen Reichstag besuchte. Er wirkte während der Lesung gelangweilt und soll zwischendurch schon mal eingeschlafen sein. Vielleicht hatte er wegen seiner dürftigen Deutschkenntnisse auch nicht alles verstanden.

Die theologischen Details stießen bei dem Habsburger ohnehin nicht auf großes Interesse. Um Ruhe in seinem Reich zu schaffen, sollten die abtrünnigen Protestanten gefälligst in den Schoß der heiligen Mutter Kirche zurückkehren. Er hatte allen versöhnlichen Ankündigungen zum Trotz deshalb schon im Voraus von römischen Theologen eine Entgegnung auf Melanchthon, die »Confutatio«, ausarbeiten lassen.

Für Karl V. war die Sache klar. Auch weitreichende Zugeständnisse, die Melanchthon machte (»Wir anerkennen in tiefer Ehrfurcht die Autorität des römischen Papstes«), änderten seine Haltung nicht. Der Kaiser forderte die evangelischen Fürsten und Reichsstadt-Bürgermeister ultimativ auf, die kirchlichen Reformen bis Mitte April 1531 rückgängig zu machen. Wer sich der Anordnung widersetze, werde wegen Landfriedensbruchs bestraft.

Doch wie schon in Speyer ein Jahr zuvor blieb es anfänglich bei der kaiserlichen Drohung: Das Augsburger Verdikt wurde außer Kraft gesetzt, denn Karl brauchte die Unterstützung der evangelischen Fürsten im Kampf gegen die Türken und für die Wahl seines Bruders Ferdinand zum römisch-deutschen König.

Aus leidvoller Erfahrung in der Vergangenheit glaubten die adligen Protestanten jetzt jedoch nur noch an einen Burgfrieden und rüsteten sich für die bewaffnete Abwehr kaiserlicher Übergriffe. Ein Anführer war wieder Philipp von Hessen. Und anders als beim ersten Versuch sollte es dem Landgrafen diesmal gelingen, eine Fronde gegen den katholischen Kaiser zu formieren.

Am 27. Februar 1531 schlossen sich unter der Führung des Hessen und des Kurfürsten Johann von Sachsen sechs protestantische Fürstentümer und elf Reichs- und Hansestädte zu einem Militärbündnis zusammen. Dieser »Schmalkaldische Bund« verpflichtete die Mitglieder zur gegenseitigen Unterstützung »in Sachen der Religion«, wie es recht allgemein im Bundesvertrag stand. Im Klartext bedeutete dies: Würde ein Mitgliedsland vom katholischen Kaiser als Landfriedensbrecher bestraft und angegriffen, müssten die anderen Schmalkaldener zu den Waffen greifen.

In den kommenden zehn Jahren traten dem antikatholischen Verteidigungsbündnis immer mehr deutsche Fürstentümer und Städte bei. Der Schmalkaldische Bund wurde zu einem wichtigen Machtfaktor im Heiligen Römischen Reich, den weder Kaiser noch Papst ignorieren konnten. Besonders bitter war für Karl V., dass sein größter europäischer Widersacher – eben der französische König Franz I. – versuchte, mit den Schmalkaldenern ein anti-habsburgisches Bündnis zu schmieden.

Dazu kam es zwar nicht, aber die Schmalkaldener piesackten den Kaiser recht kräftig, während dessen ganze Aufmerksamkeit gerade wieder diversen Kriegen in Italien galt. So putschte sich Herzog Ulrich von Württemberg 1534 in seinem Land zurück an die Macht – mit militärischer Unterstützung aus Hessen. Ulrich war 1519 von kaisertreuen Truppen vertrieben worden, nachdem er die Reichsstadt Reutlingen überfallen hatte.

Mit seiner Rückkehr war ein Fürstentum mehr zur Anti-Kaiser-Allianz gestoßen. Die potenten protestantischen Herrscher nutzten nun zunehmend die weitere Verbreitung der Reformation, um die kaiserlich-katholische Zentralgewalt zu schwächen und ihre eigene Macht im Reich auszubauen. Ausgerechnet Melanchthon – mit feinem Gespür für die Erosion des politischen Gefüges – lieferte die passende ideologische Begründung für den Widerstand gegen die kaiserliche Politik. Mit derselben Inbrunst, mit der er mehr als ein Jahrzehnt lang die Insubordination als gottlos gebrandmarkt hatte, erklärte Luthers wichtigster Kommunikator diese nun zur vornehmsten Aufgabe eines evangelischen Christen.

Der argumentative Trick, zu dem Melanchthon dabei griff, war recht simpel. Der Kaiser selbst wurde nun zum gottlosen Gesellen erklärt, der die Ausbreitung der wahren Lehre verhindern wollte. Damit konnte er nicht mehr von Gott gesandt sein, ergo musste er in Wahrheit ein unchristlicher Tyrann sein, gegen den Widerstand schon aus religiösen Gründen geboten war – geradezu ein natürliches Recht.

Die Fürsten nahmen Melanchthons Volte erfreut zur Kenntnis. Nun waren sie schließlich ganz offiziell im Namen des Herrn unterwegs, und so schreckten sie auch nicht mehr vor einem Angriffskrieg auf katholische Fürstentümer zurück. 1542 besetzte Johann Friedrich von Sachsen die Bastion der Katholiken in Norddeutschland, das Herzogtum Braunschweig-Wolfenbüttel. Herzog Heinrich II., ein treuer Vasall des Kaisers, wurde vertrieben.

Fünf Jahre später aber holte Karl V. mit dem Segen des Papstes zum Gegenschlag aus. Am 24. April 1547 schlugen die kaiserlichen Truppen bei Mühlberg im Südwesten Brandenburgs den Schmalkaldischen Bund vernichtend. Johann Friedrich von Sachsen und Philipp von Hessen wurden festgenommen und verbrachten fünf Jahre im Kerker, fernab ihrer Heimat.

Der Schmalkaldische Bund war damit Geschichte. Doch auch mit der Verbannung und Internierung der Bundesführer konnte der katholische Kaiser die Reformation nicht mehr aufhalten. Die protestantischen Fürsten hatten ihre Stärke gezeigt; sie hatten deutlich gemacht, dass sie sich dem Kaiser nicht unterwerfen würden und dass das Reich ohne sie nicht regierbar war. Auch deshalb lief alles auf ein Nebeneinander der Konfessionen hinaus.

1552 begannen die ersten Friedensgespräche in Passau, und drei Jahre später wurde auf dem Reichstag in Augsburg der Religionsfrieden besiegelt. Das Heilige Römische Reich Deutscher Nation blieb zwar formal katholisch, wurde aber de facto geteilt: in altgläubig-katholische Regionen und jene Gebiete, die der »Confessio Augustana« anhingen, jenem Papier, das Melanchthon 25 Jahre zuvor verfasst hatte.

Ein Jahr später dankte Karl V. ab. Die protestantischen Fürsten feierten den Religionsfrieden als Erfolg. Schließlich war nun im Reich neben der römisch-katholischen Konfession auch die lutherische offiziell anerkannt. Melanchthon jedoch blieb skeptisch: »Alles freut sich, aber wie lange wir uns wirklich freuen werden, weiß niemand.«

# UNTER TODESSTRAFE

*Der Hessische Landgraf Philipp I. wollte von Luther eine Erlaubnis zur Zweitehe – und bekam sie auch.*

Von MATTHIAS BARTSCH

Charmant war es nicht, was der 35-jährige Landesfürst nach gut 16 Ehejahren und sieben gemeinsamen Kindern über seine Gattin Christina verbreitete: »Hässlich« sei sie, »unfreundlich« und übel riechend dazu. Auch unter erotischen Aspekten empfand Philipp von Hessen seine Gemahlin offenbar als Zumutung, denn, so klagte er, seit der Hochzeit habe er »nie Lust oder Begierde zu ihr« verspürt. Und deshalb, so ließ der Landgraf die Reformatoren um Martin Luther in Wittenberg wissen, brauche er jetzt unbedingt noch eine zweite Ehefrau.

Ein festes außereheliches Verhältnis mit einer Konkubine wäre ein akzeptables Anliegen gewesen für einen Landesherrn im Jahr 1539. Doch den Hessen plagte offensichtlich das Gewissen. Bei früheren Amouren hatte sich Philipp wohl eine Geschlechtskrankheit eingefangen, wahrscheinlich Syphilis, meinen die Historiker. Philipp interpretierte das als Zeichen, dass der liebe Gott außereheliche Beziehungen nicht so gern sehe. Zudem drängte die Familie seiner Auserwählten, der 17-jährigen Margarethe von der Saale, auf kirchlichen Segen. Anderenfalls werde gar nichts laufen mit ihrer Tochter, beschied Margarethes Mutter dem Landgrafen.

Machtpolitisch gesehen war Philipp durchaus eine Größe in den Jahren der Reformation. Schon als 16-jähriger Jungherrscher war er auf dem Reichstag in Worms mit Luther zusammengetroffen, später führte er lange Briefwechsel mit Philipp Melanchthon. Als die protestantischen Landesherren sich im Schmalkaldischen Bund gegen Kaiser und Papst verbündeten, wurde Philipp von Hessen einer ihrer beiden Hauptleute. Er verfügte über militärisches Drohpotenzial und beste Beziehungen.

Letztere gedachte der Landgraf auch zur Lösung seines Zweiteheproblems einzusetzen. Über einen Mittelsmann ließ er Ende 1539 bei Luther in Wittenberg anfragen, ob dieser nicht eine offizielle Zustimmung zur Doppelehe geben könne. Eine denkbare theologische Begründung lieferte Philipp gleich mit: Schließlich habe Gott auch so manchem Patriarchen aus dem Alten Testament mehr als eine Ehefrau gegönnt.

Aus Luthers Sicht war das keine gute Idee. Die Reformatoren konnten schlecht mit hohem moralischen Anspruch die Verkommenheit der katholischen Altkirche anprangern und gleichzeitig selbst die Eheprinzipien des Neuen Testaments über Bord werfen. Doch Philipp hatte ein starkes politisches Druckmittel. Seinem Emissär hatte er die Warnung mitgegeben, dass er mit seinen Truppen notfalls auch das Lager wechseln und bei Papst und Kaiser anfragen könne, falls die Protestanten in der Ehefrage unbeweglich blieben.

Nach einer langen Debatte mit seinen Getreuen unterschrieb Luther ein verschwurbeltes, als Beichtrat getarntes Gutachten, das von Melanchthon verfasst worden war. Grundsätzlich sei die Ehe mit mehreren Frauen einem Christen nicht erlaubt, hieß es da. Aber wenn im konkreten Fall das Seelenheil eines Betroffenen auf dem Spiel stehe, und sofern alles mit äußerster Diskretion abgewickelt werde, dann könne schon mal eine Ausnahme möglich sein.

Die Sache müsse aber unbedingt geheim bleiben, beschwor Luther den Hessen noch einmal in einem Brief, nachdem die Hochzeit mit Margarethe im März 1540 in der Schlosskirche von Rotenburg an der Fulda bereits stattgefunden hatte. Denn sonst, so warnte Luther, könne ja »jedermann« und »auch zuletzt die groben Bauern« auf die Idee kommen, sich solche Ausnahmegenehmigungen zu besorgen.

Natürlich blieb nichts geheim. Die Gerüchte und Berichte über einen von Luther gebilligten Fall von Bigamie verbreiteten sich rasant. Philipps Schwester plauderte über die Hochzeit, und auch Philipp selbst bestätigte bald seine Zweitehe. Die Konsequenzen waren für die Reformatoren unangenehm, für den Landgrafen sogar richtig gefährlich. Denn er hatte anscheinend vergessen oder verdrängt, dass er selbst wenige Jahre vor der Hochzeit das Strafrecht des Kaisers, die »Constitutio Criminalis Carolina«, in Hessen eingeführt hatte. Dieses Gesetzeswerk stellte Bigamie unter Todesstrafe.

Um die Sache in Ordnung zu bringen, musste Philipp kleinlaut bei Kaiser Karl V. darum bitten, von einer Exekution der Strafe abzusehen. Doch das kostete ihn einige politische Zusagen, etwa eine Loyalitätserklärung gegenüber dem Herrscher, womit er den Schmalkaldischen Bund der Reformatoren schwächte.

Martin Luther stand nach der peinlichen Geschichte vor einem Glaubwürdigkeitsproblem, das ihm und anderen Reformatoren noch lange vorgehalten wurde. Genüsslich wiesen seine Gegner darauf hin, dass der große Reformator auch noch mit einer weltlichen Gabe vom hessischen Landgrafen belohnt worden war: Philipp hatte Luther als Dank ein großes Fass Rheinwein geschickt.

## SPITZE DER BEWEGUNG

*Die Reformation war Teamarbeit, nicht das Werk eines Einzelnen. Viele Theologen unterstützten Luther, manche hatten ihren eigenen Kopf.*

Die Reformation ist ohne Martin Luther nicht denkbar. Aber sie wäre sicherlich weniger erfolgreich gewesen, hätte der Wittenberger Professor nicht unzählige Mitstreiter, Mitdenker und Helfer gehabt. Sie kämpften für seine Sache, sie setzten seine theologischen Ideen in vielen Orten des Reichs praktisch um oder waren wie Philipp Melanchthon auf den Reichstagen in diplomatischen Diensten unterwegs. Doch es gab auch Reformatoren, die eigene Wege einschlugen, unabhängig von Luther, oder die sich nach anfänglicher Gefolgschaft von ihm emanzipierten. Auch sie trugen allerdings bei zum Erfolg der Reformation, denn der ungeheure Schwung, den die Bewegung an vielen Orten im Reich und bald auch in Europa entfaltete, wäre ohne die Vielschichtigkeit der Bewegung nicht denkbar gewesen. Nach und nach konsolidierte sich die Reformation theologisch, wurde das Luthertum zu einer »Konfession«, deren Grundsätze klar waren und aus der Abweichler ausgeschlossen wurden. Zu den bedeutenden Köpfen der Reformation, die wir auf den folgenden Seiten vorstellen, gehörten auch Calvin und Zwingli, die zu Begründern einer eigenen, der »reformierten« Glaubensrichtung wurden.

# Der Hardliner

*Von Genf aus wurde Johannes Calvin zu einem der einflussreichsten Reformatoren Westeuropas – er predigte den Fleiß.*

*Von* MARC VON LÜPKE

Für Pierre Ameaux sollte es ein Tag der Schmach werden. Unbekleidet bis auf ein Büßerhemd, eine Kerze in der Hand, musste der Genfer Bürger Anfang des Jahres 1546 durch die Straßen der Stadt gehen. Die größte Demütigung wartete allerdings noch: Auf Knien hatte er den Mann um Verzeihung zu bitten, den er zuvor angegriffen hatte: Johannes Calvin.

Für Ameaux als ehemaligen Hersteller von Spielkarten waren schwere Zeiten angebrochen. Sünde und Luxus wurden im Genf des Reformators Calvin nicht geduldet. Bitter hatte sich Ameaux darüber beklagt. Befriedigt nahm Calvin daher seine Disziplinierung zur Kenntnis. »Ich wäre sehr feige, wenn ich sehe, dass Gottes Wahrheit angegriffen wird und dann stumm bliebe und keinen Laut gäbe«, schrieb er.

Überzeugt, die wahre Botschaft Gottes zu verkünden, kämpfte der gebürtige Franzose für seine Auslegung der Heiligen Schrift. Mit Konsequenz und Unerbittlichkeit sollte er zu einem der einflussreichsten und umstrittensten Reformatoren werden. »Nie hat Genf so viele Bluturteile, Strafen, Foltern und Exile gekannt«, schrieb Stefan Zweig 1936 in seinem Werk »Castellio gegen Calvin oder Ein Gewissen gegen die Gewalt«.

Am 10. Juli 1509 wurde der Fundamentalist als Jean Cauvin in Noyon als Sohn eines bischöflichen Sekretärs geboren. Bestimmt, eine kirchliche Karriere einzuschlagen, ging er um das Jahr 1523 zum Studium nach Paris. Später entschied sich der Vater um. Fortan studierte der gehorsame Sohn Jura. Als der Vater jedoch 1531 starb, tat er, was ihm beliebte. Und studierte in Paris alte Sprachen.

Bald wandte er sich allerdings einer neuen Mission zu. Die Idee von der Rückbesinnung auf die Bibel beschäftigte ihn immer mehr. »Sobald ich einen gewissen Geschmack an der wahren evangelischen Frömmigkeit gewonnen hatte, entflammte mich ein solcher Eifer, darin vorwärtszukommen«, fasste Calvin rückblickend seine Hinwendung zur Reformation zusammen.

Allerdings ließ die französische Krone Anhänger dieser Erneuerungsbewegung immer wieder verfolgen. Seit 1541 lebte Calvin deshalb im reformierten Genf. Zu diesem Zeitpunkt war er längst einer der bekanntesten Reformatoren. 1535 hatte er als 26-Jähriger mit seiner »Institutio Christianae Religionis«, zu Deutsch »Unterricht in der christlichen Religion«, eines der meistverkauften Werke der Reformation geschrieben. Als einen »Schlüssel und eine Tür zu einem guten und rechten Verständnis der Heiligen Schrift« sah Calvin sein Werk, das er in den kommenden Jahren immer weiter ausbauen sollte.

Von den sieben Sakramenten der römisch-katholischen Kirche ließ der Exilant im Prinzip nur die Taufe und das Abendmahl bestehen, anders als Luther, der auch die Buße anerkannte. Doch vor allem am Abendmahl schieden sich die Geister: Während Huldrych Zwingli beim Abendmahl Christus nur symbolisch anwesend sah, beharrte Martin Luther bei Wein und Brot auf der Überlieferung: »Das ist mein Leib.« Calvin pflichtete Zwingli bei. »Ihn in diesen ganz und gar irdischen Elementen zu suchen, ist verkehrt und umsonst.« Nur um an anderer Stelle zu betonen, dass »Christus, durch den unsere Seelen innerlich als mit der ihnen zukommenden Nahrung gespeist werden«, doch anwesend sei. Damit befand sich

Calvin irgendwo in der Mitte. 1549 legten Zwinglianer und Calvinisten ihre Glaubensdifferenzen jedoch im sogenannten Consensus Tigurinus bei, wodurch ein einheitliches Reformiertentum entstand – in Abgrenzung zum Luthertum.

Überzeugt, dass an der zentralen Handlung des Abendmahls nur würdige Menschen teilhaben sollten, hatte sich Calvin in Verhandlungen mit dem Rat der Stadt Genf die Einführung einer »Kirchenzucht« vorbehalten. Ausgewählte, gottgefällige »Älteste« hatten nun »auf die Lebensführung jedes Einzelnen zu achten«. Der Reformator erwartete Bescheidenheit, Fleiß und Frömmigkeit.

Dabei war in Calvins Theologie das Schicksal eines jeden ohnehin entschieden. Gott habe vorherbestimmt, wer das ewige Heil erlangen und wer der ewigen Verdammnis anheimfallen werde, behauptet seine »Lehre von der doppelten Prädestination«. Auch in diesem Punkt unterscheidet sich Calvin, wie ebenfalls im von ihm verhängten Bilderverbot, maßgeblich von Luther, der keine derartige Form der Erwählung kannte.

Bald breiteten sich Calvins Lehren in Schottland, den Niederlanden und insbesondere in England in Form des Puritanismus aus. Von dort gelangten seine Ideen unter anderem 1620 an Bord der »Mayflower« bis nach Nordamerika. Der Reformator war da schon lange tot. Er starb am 27. Mai 1564. Sein Kritiker Pierre Ameaux hatte nie wieder das Wort gegen ihn erhoben.

## Der Kämpfer

*Zur selben Zeit wie Luther startete auch der Schweizer Huldrych Zwingli eine Reformation. Zwischen den beiden Kirchenerneuerern kam es zu einem erbitterten Streit.*

*Von SAMIHA SHAFY*

Christusfresser! So unflätig beschimpfte der Schweizer Reformator Huldrych Zwingli sein deutsches Pendant, den Wittenberger Theologen Martin Luther – und dieser war, verständlicherweise, nicht amüsiert. Überworfen hatten sich die beiden Erneuerer der christlichen Kirche im Jahre 1525, ohne sich persönlich zu kennen.

Der Auslöser ihres erbitterten, schriftlich geführten Streits war die Frage, ob Jesus Christus beim Abendmahl tatsächlich gegenwärtig sei, sein Leib im Brot, sein Blut im Wein, wie Luther verkündete – oder ob Wein und Brot nur symbolisch daran erinnern sollten, dass der Heiland einst Leib und Leben für die Menschheit geopfert hatte. Diese Variante predigte Zwingli in Zürich, den Deutschen verspottend: »Du guter Gott! Niemand lebt, wenn er dich nicht mit den Zähnen verspeist und mit durstiger Kehle getrunken hat.«

Dabei hatten Zwingli und Luther, von theologischen Finessen abgesehen, im Grunde das gleiche Ziel: die katholische Kirche zu reformieren. Doch es sollte noch einige Jahre dauern, bis sich die beiden Reformatoren zu einer Aussprache trafen, ein einziges Mal nur.

Huldrych Zwingli hieß eigentlich Ulrich und kam am 1. Januar 1484 in Wildhaus im Kanton St. Gallen zur Welt, eines von neun Kindern einer wohlhabenden Bauernfamilie. Seine Eltern riefen ihn Ueli oder Uoli, er selbst nannte sich, nachdem er Latein gelernt hatte, Udalricus, und später Huldrych oder Huldrychus – wohl deshalb, so mutmaßt die reformierte Kirche des Kantons Zürich auf ihrer Website, weil er als »huldrycher«, also huldreicher Mann in die Geschichte eingehen wollte.

Im zarten Alter von 14 Jahren wäre Zwingli gern in ein Dominikanerkloster eingetreten, doch seine Eltern drängten ihn zu einem Studium. Nach dem Magister, kaum zum Priester geweiht, trat er in Glarus seine erste Pfarrstelle an. Als Feldprediger erlebte er 1515 die Schlacht von Marignano, bei der die Eidgenossen von Frankreich vernichtend geschlagen wurden – der Legende nach der Ursprung der schweizerischen Neutralität. Huldrych Zwingli zumindest neigte nach dieser Erfahrung für eine Weile zum Pazifismus.

1519 wurde er als Leutpriester, also ortsansässiger Pfarrer, nach Zürich berufen und begann sein Lebenswerk: die Reformation. Wohl unabhängig von Luther verfolgte er ganz ähnliche Ziele wie der Wittenberger: Er bekämpfte nicht nur die Verehrung von Reliquien und Heiligen, die Beichte und die Eucharistie, sondern auch den Zölibat. Zweifellos aus theologischer Überzeugung, aber auch aus Eigeninteresse: Mehrere Jahre lang war Zwingli heimlich mit Anna Reinhart verbandelt, einer Witwe und dreifachen Mutter. Er machte sich als Lateinlehrer ihres ältesten Sohnes nützlich. Als er, an der Pest erkrankt, zwischen Leben und Tod schwebte, pflegte sie ihn. Und Zwingli war verzaubert: »Nüt ist kostlicher dann d'Lieby.«

1522 heirateten sie erst heimlich, 1524 dann ganz öffentlich, im Zürcher Großmünster. Da erwartete Anna schon das erste von vier gemeinsamen Kindern. Die Hochzeit des Priesters war auch ein politischer Akt: Das Zivil- und Eherecht in Zürich musste danach neu geregelt werden. Während seine Gattin sich daheim um Kinder und Haushalt kümmerte, revolutionierte Zwingli das kirchliche Leben in Zürich und stritt sich nebenbei mit Martin Luther. 1529 schließlich führte der Landgraf Philipp von Hessen ein Treffen zwischen den beiden Theologen herbei. Auf seinem Schloss in Marburg setzten sich Luther und Zwingli an einen Tisch und diskutierten über das Abendmahl. Viele Stunden lang, ohne Erfolg. Am Ende verständigten sie sich auf wohlwollende Toleranz: »Zwar konnten wir uns darüber, ob der wahre Leib und das wahre Blut Christi in Brot und Wein gegenwärtig sind, zu dieser Zeit nicht einigen. Aber dennoch soll jede Partei gegenüber der anderen, soweit es immer das Gewissen zulässt, christliche Liebe erzeigen.«

Das Abendmahl blieb die eine, unüberbrückbare Differenz zwischen den beiden Reformatoren. Doch Zwingli hatte in jener Zeit noch ganz andere Sorgen: Seine Kirchenreform führte zu einem Bürgerkrieg zwischen jenen Schweizer Kantonen, die seiner Lehre folgten, und anderen, die am katholischen Glauben festhielten.

Huldrych Zwingli, der einst als Feldprediger zum Kriegsgegner geworden war, marschierte nun, im Jahre 1531, mit den reformierten Truppen dem Feind entgegen. Beim Kloster Kappel prallten sie aufeinander. Die Katholiken waren stärker. Der Reformator fiel auf dem Schlachtfeld und wurde von den Siegern posthum zum Ketzer erklärt. Sie hackten seinen Leichnam in vier Stücke und verbrannten ihn auf einem Scheiterhaufen. Zwinglis Vermächtnis aber, den Geist der Reformation, konnten sie nicht zerstören.

## Der Radikale

*Als revolutionärer Theologe brach Thomas Müntzer mit Luther. In der* DDR *wurde er als Volksheld gerühmt.*

*Von UWE KLUSSMANN*

Die Predigten des Pfarrers in der Marienkirche im thüringischen Mühlhausen waren schärfer als die anderer Reformatoren. Verächtlich sprach Thomas Müntzer von »unseren Herren und Fürsten« als einer »Grundsuppe des Wuchers, der Dieberei und der Räuberei«. Der Mann mit dem breiten, knochigen Gesicht und dem feurigen Blick trat als Volkstribun auf. Für ihn war die gegenwärtige Ordnung in Kirche und Gesellschaft nicht vereinbar mit der Ordnung Gottes – sie sollte radikal verändert werden. »Die Gewalt soll gegeben werden dem gemeinen Mann«, predigte Müntzer.

Seine Forderungen gingen deutlich weiter als die Thesen Martin Luthers. Der Wittenberger schmähte Müntzer deshalb als »mörderischen Propheten«. Der wiederum nannte seinen einstigen Lehrmeister einen »Doktor Lügner« und verhöhnte ihn als »das geistlose, sanftlebende Fleisch zu Wittenberg«. Dort hatte er Luther um 1517 kennengelernt. Zuvor war Müntzer, Sohn einer Kleinbürgerfamilie aus Stolberg im Südharz, nach einem Studium in Leipzig und Frankfurt (Oder) 1514 in Halberstadt zum Priester geweiht worden.

Radikalisiert hatte sich Müntzer danach als Prediger in Zwickau. Soziale Gegensätze und theologische Scharmützel in der Stadt weckten in ihm die Überzeugung, dass die Mächtigen zu stürzen seien, weil sie dem wahren Glauben im Wege stünden. Vollbringen sollten dies die einfachen Menschen, die Bauern und Tagelöhner: »Am Volk aber zweifle ich nicht.«

Von Luther unterschied den asketischen Müntzer seine mystisch-spirituelle Theologie: Nicht nur die Bibel, sondern auch Träume, Visionen und Prophetien offenbarten ihm zufolge das Wort Gottes. Sein Christusbild war von Bitterkeit und Leiden bestimmt. Dazu passte auch seine stark ausgeprägte Apokalyptik. Er sah seine Gegenwart als den Anbruch des göttlichen Gerichts. Um das Reich Gottes schon auf Erden zu verwirklichen, bekannte er sich zu Gewalt: »Denn die Gottlosen haben kein Recht zu leben.«

Auf einer Reise nach Basel traf Müntzer 1524 in Süddeutschland aufständische Bauern, die ihn faszinierten. Nach seiner Rückkehr versuchte er, deren Beispiel in Thüringen nachzuahmen. Im April 1525 rief er unter der Regenbogenfahne, die ein Zeichen der Hoffnung sein sollte, bewaffnete Männer im Eichsfeld zusammen: »Lasset euer Schwert nit kalt werden von Blut.«

Im Mai 1525 kam es zur entscheidenden Schlacht seines Bauernheeres bei Frankenhausen am Fuß des Kyffhäuser Berges. Dort verschanzten sich etwa 6000 Müntzer-Anhänger gegen anstürmende Fürstensöldner. Die meisten Rebellen wurden massakriert und Müntzer nach Folterungen hingerichtet. Luther verhöhnte den Getöteten gnadenlos als »beschissenen Propheten«.

Mehr Achtung brachte ihm später Friedrich Engels entgegen. Der Mitbegründer des Marxismus würdigte Müntzer in seinem Werk »Der deutsche Bauernkrieg« als Vertreter einer »plebejischen Fraktion der Geistlichkeit«. Müntzers »politisches Programm«, so Engels, »streifte an den Kommunismus«.

Auch in der DDR galt Müntzer als »frühester Repräsentant echten revolutionären Denkens«, als dessen Höhepunkt sich die DDR präsentierte. Heute dagegen sehen Historiker Müntzer als Teil des radikalen Flügels der Reformation, zu dem auch die Täufer gezählt werden. Als Sozialrevolutionär allein wird er nicht mehr betrachtet – man deutet ihn eher als schwärmerischen Mystiker, der für einen Gottesstaat kämpfte.

## Der Konkurrent

*Andreas von Bodenstein, genannt Karlstadt, wollte eine Kirche ohne jeden Prunk.*

*Von* TILL HEIN

Was Luther gefordert hatte, setzte Andreas von Bodenstein konsequent um: Im Winter 1521 schaffte er in Wittenberg die Beichte und die lateinische Messe ab. 1522 ließ er Heiligenbilder und -statuen aus den Kirchen entfernen. Doch statt Ruhm und Ehre erntete er Missgunst.

Im fränkischen Karlstadt geboren, hatte er 1510 in Wittenberg als Theologe promoviert und 1516 in Rom als Rechtswissenschaftler. Ab 1517 war Bodenstein, der meist – nach seinem Geburtsort – »Karlstadt« genannt wird, einer der ersten Unterstützer Luthers. Als dieser von Mai 1521 bis Februar 1522 auf der Wartburg an seiner Bibelübersetzung arbeitete, stieg Karlstadt in Wittenberg kurzfristig zum führenden Kopf der Reformation auf.

Im Frühling 1522 aber fiel ihm Luther plötzlich in den Rücken und schaffte die meisten Neuerungen wieder ab. Karlstadt sei zu rabiat vorgegangen, sagte er. In Wirklichkeit wollte Luther nur die Nummer eins bleiben. Er verbot seinem Konkurrenten gar, weiter zu predigen. Karlstadt war tief getroffen. Er legte seine akademischen Titel ab, zog aufs Land und erwirtschaftete seinen Lebensunterhalt als Bauer. In Orlamünde an der Saale nahm er eine Stelle als Gemeindepastor an. Hier in der Provinz setzte er seine Vorstellungen einer prunklosen Kirche ohne Kindertaufe, Heiligenbilder und Orgelmusik um. Als umliegende Gemeinden Interesse an seinen Ideen zeigten, ließ Luther ihn 1524 ausweisen. Karlstadt zog nach Franken, wo die Bauern mit Berufung auf die Reformation gegen die Obrigkeit rebellierten. Er versuchte, sie zum Verzicht auf Gewalt zu bewegen. Erfolglos.

Da versprach Karlstadt Luther, nie wieder zu predigen oder in theologische Debatten einzugreifen und durfte im August 1525 wieder ins ruhigere Sachsen zurückkehren. Doch als seine Korrespondenz mit anderen Reformatoren aufflog, wollte ihn Luther 1529 verhaften lassen. Karlstadt floh in die Schweiz, wo ihn Zwingli unterstützte. 1534 berief ihn die Universität Basel als Theologieprofessor. Am 24. Dezember 1541 starb er an der Pest.

## Das Nordlicht

*Der Stadtpfarrer Johannes Bugenhagen verfasste Kirchenordnungen für Hamburg, Lübeck und Dänemark.*

*Von TILL HEIN*

Als ihm in Pommern 1520 Luthers Streitschrift »Von der babylonischen Gefangenschaft der Kirche« in die Hände geriet, war Johannes Bugenhagen schockiert. Wie konnte es dieser entlaufene Augustinermönch wagen, die heilige römische Kirche so in den Dreck zu ziehen? Ein Ketzer! Doch trotz aller Aversion faszinierten ihn die Thesen Luthers immer mehr. Schließlich ließ er sich überzeugen. »Die ganze Welt liegt in Blindheit«, sagte er vor lokalen Kirchenfürsten. »Aber dieser Mann alleine sieht die Wahrheit.«

Bugenhagens organisatorisches Talent wurde früh erkannt: 1504 hatte er, mit gerade mal 19 Jahren, die Stelle als Rektor einer Ratsschule in Pommern angetreten. Nebenbei studierte er die Bibel und begann im nahe gelegenen Kloster zu unterrichten. Seine Vorlesungen waren so lebendig, dass bald Gasthörer aus Westfalen und dem Baltikum anreisten.

1521 zog er nach Wittenberg, in die Stadt Luthers. Noch vor seinem Vorbild brach er mit dem Zölibat und heiratete. Er lehrte an der Universität und wurde 1523 Stadtpfarrer. Ab 1528 verfasste er neue Kirchenordnungen für Braunschweig, Lübeck, Hamburg, Hildesheim, Pommern und Dänemark.

Bald galt Bugenhagen als der Reformator des Nordens. Der Hamburger Senat war so begeistert von seinen pragmatischen Vorschlägen, dass er ihm 150 Liter Wein, 200 Liter Bier und einen Mastochsen schenkte. Seine Kirchenordnungen enthielten auch wichtige Vorschriften für das Bildungs- und Sozialwesen: Studenten aus armen Familien bewilligte er Stipendien. Als einer der Ersten ermöglichte er Mädchen höhere Bildung. Und er legte fest, dass in jeder Pfarrkirche ein Opferkasten für sozial Schwache stehen sollte.

Bugenhagens Bibelübersetzung ins Niederdeutsche erschien 1534 – noch vor der Luther-Bibel. Im Februar 1546 hielt er bei der Beerdigung seines großen Vorbilds die Grabrede. Als Kaiser Karl V. nach Luthers Tod die katholische Lehre mit militärischer Gewalt wieder verbreiten wollte und viele Reformatoren flohen, hielt Bugenhagen die Stellung. Am 20. April 1558 starb er in Wittenberg.

## Der Spiritualist

*Caspar Schwenckfeld war überzeugt, durch Glauben könnte man zum »Neuen Menschen« werden.*

*Von TILL HEIN*

Caspar Schwenckfeld attackierte die anderen Reformatoren. Sie hätten die römische Kirche nur verlassen, schrieb er, um eine neue zu gründen, die ebenfalls in Äußerlichkeiten erstarre: ein »todt werck«, das »Got dem herrn ain abschew vnd grewel ist«. Wahren Glauben könne nur der Einzelne erfahren. Wer sein Leben Christus anvertraue, werde zu einem »Neuen Menschen«. Sakramente wie die Taufe oder das Abendmahl seien dabei überflüssig. Spätestens ab den 1540er-Jahren vertrat er diese spiritualistische Theologie.

Einst hatte der aus einer schlesischen Adelsfamilie stammende Kammerherr an Luthers Seite gestritten. Ab 1518 setzte er sich dafür ein, dass dessen Ideen auch in Schlesien umgesetzt wurden. Bald kritisierte er jedoch, dass die Reformatoren ihr Leben nicht nach den Grundsätzen der Bibel gestalteten. 1525 bezeichnete Luther ihn als Sektierer und ließ ihn aus der Heimat vertreiben.

Schwenckfeld suchte in Straßburg Zuflucht. Er freundete sich mit Martin Bucer an, geriet aber auch mit diesem bald in Streit. Die enge Verbindung von Kirche und weltlicher Macht, um die sich Bucer bemühte, lehnte er ab. Und während Bucer die Täufer, die eine persönliche Bekehrung des Einzelnen ins Zentrum ihrer Theologie stellen, verurteilte, ergriff Schwenckfeld für sie Partei. 1535 musste er Straßburg verlassen. Er fand in Ulm eine neue Wirkungsstätte, aber auch dort eckte er an. 1539 drohten die Theologen der Stadt, ihr Amt niederzulegen, wenn er sich nicht zurückzöge. Die Lutheraner wiederum betrachteten ihn ab 1540 als Täufer – und damit als Feind. »Die Wiedertäufer: nur geköpft!«, hetzte Luther.

Zwei Jahrzehnte lebte Schwenckfeld im Untergrund. Er verbarg sich in einem Kloster, später auf Landgütern seiner Anhänger. Er veröffentlichte mehr als 50 Bücher und begeisterte immer mehr Menschen für seine »Himmlische Philosophie«.

Auch nach seinem Tod, 1561 in Ulm, hielten seine Anhänger zusammen. Ab 1730 verschlug es etwa 200 Schwenckfeldianer in die USA. Ihre Nachkommen gründeten in Pennsylvania 1909 die »Schwenckfelder Church«.

# Der Diplomat

*Martin Bucer suchte den Ausgleich zwischen den verschiedenen Glaubensrichtungen.*

*Von TILL HEIN*

Als in den 1520er-Jahren der Abendmahlstreit unter den Reformatoren eskalierte, fand Martin Bucer versöhnliche Worte: Man habe sich die Gegenwart Christi während des Sakraments nicht »wie Wein in einer Kanne oder Fleisch in einer Pastete« vorzustellen, schlug er vor. Und dennoch sei der Heiland – irgendwie – unter den Gläubigen präsent.

Nach der Priesterweihe hatte der Dominikanermönch aus dem Elsass ab 1517 an der Universität Heidelberg studiert. Er begeisterte sich für die Schriften des Erasmus von Rotterdam. Später wurde Luther zu seinem Vorbild. 1521 trat Bucer aus dem Orden aus und ließ sich dann bald in der Reichsstadt Straßburg nieder, die für religiöse Toleranz bekannt war. Dort wurde er zum Pfarrer ordiniert – und rasch immer einflussreicher. Mitte der 1520er-Jahre verbannte er Kerzen und Weihwasser aus den Kirchen Straßburgs, 1529 schaffte er die traditionelle Messe ab.

Ihm schwebte die Einheit aller Evangelischen vor, der Ausgleich zwischen Lutheranern und anderen Zweigen der Reformation. Im Dienste dieser Vision legte er von 1534 bis 1539 in Sachsen, Hessen, Süddeutschland und der Schweiz 12 000 Kilometer zu Pferde zurück. Mit Melanchthon und den oberdeutschen Reformatoren erreichte er Konsens. Nur die Anhänger Zwinglis lehnten seinen Kompromissvorschlag in der Abendmahl-Frage ab.

Sogar mit den Katholiken wollte Bucer das evangelische Lager schließlich versöhnen. Kirchenhistoriker feiern ihn deshalb heute als frühen Pionier der Ökumene. Viele Zeitgenossen kritisierten ihn dagegen als Opportunisten. Ein »großes Gewäsch, so dass ich das Klappermaul, den Bucer, hier wohl spüre«, spottete Luther über eine seiner Schriften.

Bucer verfasste die Kirchenordnungen für Städte in Hessen und Oberdeutschland und korrespondierte mit Theologen in Italien, Dänemark und Schlesien. Bei allem Hang zum Ausgleich plädierte er für eine Kirche mit strengen moralischen Gesetzen – wie sie sein Schützling Calvin, der 1538 Jahre in Straßburg Zuflucht fand, später in Genf umsetzte.

1549 vertrieben ihn die Papsttreuen aus Straßburg; er emigrierte nach England. Als Universitätsprofessor versuchte er in Cambridge erneut, theologischen Zwist zu schlichten. Am 28. Februar 1551 starb Bucer. Doch selbst im Tod fand er keine Ruhe. Im Februar 1556 ließ die katholische Königin Maria Tudor seine Gebeine ausgraben und mitsamt seinen Schriften auf dem Marktplatz von Cambridge verbrennen.

## »SIE SIND UNSERE FEINDE«

*Ein düsteres Kapitel sind Luthers Hetzschriften gegen die Juden. Der Historiker Thomas Kaufmann erläutert den letzten dieser Texte und erklärt, woher der Hass des Reformators rührte.*

Das Interview führte EVA-MARIA SCHNURR.

Luther richtete diese Worte am 15. Februar 1546 nach einer Predigt an den Grafen Albrecht VII. von Mansfeld, in dessen Landen er zu Gast war. In Eisleben gab es einige Juden – und Luther wollte den Grafen dazu bewegen, sie auszuweisen. Es war Luthers letzte öffentliche Äußerung. Drei Tage später starb er. Die Predigt erschien wenig später im Druck.

**EJne vermanung wider die Juden.**
NAch dem ich nu ein zeitlang alhie gewesen und euch gepredigt habe, ... So wil ich euch hiemit gesegnen und gebeten haben, das jr vleissig bey dem Wort bleibet, das euch ewre Prediger und Pfarherr von der gnaden Gottes getrewlich leren ...
UBer andere habt jr auch noch die Jüden im Lande, die da grossen schaden thun. Nu wollen wir Christlich mit jnen handeln und bieten jnen erstlich den Christlichen glauben

an, das sie den Messiam wollen annemen, der doch jr Vetter ist und von jrem fleisch und blut geboren und rechter Abrahams same, des sie sich rhümen … Wo nicht, so wollen wir sie nicht leiden, Denn Christus gebeut [gebietet] uns, das wir uns sollen teuffen lassen und an jn gleuben …
Nu ists mit den Jüden also gethan, das sie unsern HErrn Jhesum Christum nur teglich lestern und schenden, Die weil sie das thun, und wir wissens, so sollen wir es nicht leiden, Denn sol ich den bey mir leiden, der meinen HErrn Christum schendet, lestert und verflucht, so mache ich mich frembder Sünden teilhafftig. So ich doch an meinen eigenen Sünden gnug habe, Darumb solt jr Herrn sie nicht leiden, sondern sie weg treiben. Wo sie sich aber bekeren, jren Wucher lassen und Christum annemen, so wollen wir sie gerne, als unser Brüder halten.
ANDers wird nicht draus, denn sie machens zu gros, Sie sind unsere öffentliche Feinde, hören nicht auff unsern HErrn Christum zu lestern, Heissen die Jungfraw Maria eine Hure, Christum ein Hurenkind, Uns heissen sie Wechselbelge oder mahlkelber, und wenn sie uns kondten alle tödten, so theten sie es gerne, Und thuns auch offt, sonderlich, die sich vor ertzte [als Ärzte] ausgeben, ob sie gleich je zu zeiten helffen, Denn der Teufel hilffts doch zu letzt versiegeln, So können sie die Ertzney [Arznei] auch … da man einem eine gifft bey bringet, davon er in einer stund, in einem Monat, in einem Jar, ja in zehen oder zwentzig jaren sterben mus, Die Kunst können sie.
DArumb seid unverworren mit jnen als mit denen, die da nichts anders bey euch thuen, denn das sie unsern lieben HErrn Jhesum Christum grewlich lestern, stehen uns nach leib, leben, ehre und gut. Noch wollen wir die Christliche

liebe an jnen uben und vor sie bitten, das sie sich bekeren, den HErrn annemen, den sie vor uns billich ehren solten, Welcher solchs nicht thun wil, da setze es in keinen zweivel, das der ein verböster Jüde ist, der nicht ablassen wird Christum zu lestern, dich aus zu saugen und (wo er kan) zu tödten.
Darumb bitte ich, wollet euch frembder sünde nicht teilhafftig machen, Jr habt gnugsam Gott zu bitten, das er euch gnedig sey und ewer Regiment erhalte ... Darumb kan ich mit den verstockten Lestern und Schendern dieses lieben Heilands keine gemeinschafft noch gedult haben ... Wollen sich die Jüden zu uns bekeren und von jrer lesterung, und was sie uns sonst gethan haben, auffhören, so wollen wir es jnen gerne vergeben, Wo aber nicht, so sollen wir sie auch bey uns nicht dulden noch leiden.
Quelle: Martin Luthers Werke, Weimar 1914

**SPIEGEL:** In seiner »Vermahnung« von 1546 unterstellt Luther den Juden, sie wollten nichts lieber als Christen töten. Schon drei Jahre zuvor hatte er sie als Diebe und Räuber, als blutdürstig und rachgierig beschimpft. War Luther Antisemit?
**Kaufmann:** Luther hatte keine biologische Rassentheorie, darin unterscheidet er sich vom modernen Antisemitismus. Doch er propagierte die Vorstellung einer jüdischen Wesensnatur. Von daher halte ich es für richtig, bei Luther von »vormodernem Antisemitismus« zu sprechen. Mit seiner Haltung bot er Anknüpfungspunkte für den rassistischen Antisemitismus des 19. und 20. Jahrhunderts. Selbst die Nationalsozialisten beriefen sich auf Luther.

**SPIEGEL:** Mit der »Vermahnung« wollte er den Grafen von Mansfeld dazu bewegen, die jüdischen Einwohner zu vertreiben. Warum war ihm das wichtig?
**Kaufmann:** Luthers Ziel war es spätestens seit 1543, jüdische Existenz in evangelischen Territorien zu verhindern. Er konzipierte einen christlichen Konfessionsstaat, man könnte auch sagen, eine religiös homogenisierte Einheitswelt. Alle Abweichler sollten vertrieben werden, Täufer ebenso wie Juden, die sich nicht bekehrten.

**SPIEGEL:** Juden machten damals geschätzt 0,2 Prozent der Bevölkerung aus. Warum beschäftigten sie Luther so sehr?
**Kaufmann:** Irrationale Angst vor Juden war damals tief verwurzelt. Man beargwöhnte jüdische Rituale als magische Praktiken und glaubte, sie seien mit dem Teufel im Bunde. Bei Luther heißt es, sie seien »diaboli incarnati«, also ins Fleisch gekommene Teufel. Nach dieser Denkart können auch ein paar Menschen viel Unheil anrichten.

**SPIEGEL:** Hätte sich Luther angesichts der verbreiteten Vorurteile überhaupt anders positionieren können?
**Kaufmann:** Auch im 16. Jahrhundert traten Menschen dafür ein, dass Christen und Juden nachbarschaftlich beieinander wohnten. Krisen in der Beziehungsgeschichte zwischen Christen und Juden, die von Pogromen begleitet wurden, waren die Kreuzzüge oder die Pestepidemien seit dem 14. Jahrhundert; allerdings lebten Christen und Juden das gesamte Mittelalter hindurch zusammen. Auch das Neue Testament setzt selbstverständlich voraus, dass bis zum Ende der Zeiten Juden und Christen miteinander leben. Im Spätmittelalter mehrten sich dann die Vertreibungen – etwa in England, Frankreich oder Spanien.

**SPIEGEL:** Auch Luther konnte sich zeitweilig ein Zusammenleben vorstellen. 1523 veröffentlichte er die Schrift »Dass Jesus Christus ein geborener Jude sei«. Sie gilt als sehr judenfreundlich – zu Recht?
**Kaufmann:** Durchaus. Die Rechtspraxis war ja, dass Juden von den weltlichen Obrigkeiten gegen Schutzzahlungen befristet geduldet wurden. Luther dagegen setzte sich in seiner Schrift von 1523 für ein Zusammenleben ohne solche Beschränkungen ein und auch dafür, dass den Juden alle Berufe offenstehen sollten und nicht, wie bisher, fast ausschließlich der Zinshandel. Das war revolutionär. Allerdings stellte er das alles unter den Vorbehalt, »bis ich sehe, was ich gewirkt habe«. All das gilt also nur, wenn sich genug Juden bekehren. Zu erklären ist das mit Luthers euphorischer Erwartung, dass sich nun, kurz vor Ende der Zeiten, auch die Juden zu Christus hinwenden werden, wie es im Römerbrief vorhergesagt wird.

**SPIEGEL:** In den Dreißigerjahren wurden seine Schriften über die Juden immer harscher. Der Tiefpunkt war dann 1543 mit »Von den Juden und ihren Lügen« erreicht. In dieser Schrift forderte er die Ausweisung der Juden; wenn das nicht möglich sei, solle man Synagogen und Wohnungen zerstören und sie wie Zwangsarbeiter leben lassen. Wie kam es zu diesem Hass?
**Kaufmann:** Luther konnte jetzt nicht mehr die Anhänger des Papstes dafür verantwortlich machen, dass die Juden sich nicht massenhaft bekehrten – sie konnten ja nun das Evangelium in der richtigen Form lesen. Außerdem sahen ihn viele Juden seit seiner Schrift von 1523 als Hoffnungsträger, davon wollte er sich abgrenzen. Er wollte nicht dafür verantwortlich sein, dass sie Christus weiterhin schmähten, wovon er überzeugt war. Deshalb die Feindseligkeit in seiner Schrift »Wider die Sabbather« von 1538. Die nochmalige Verschärfung seines Tons 1543 ist sicher auch einer extremen psychischen Belas-

tungssituation geschuldet: Seine Tochter war gestorben, seine Frustration arbeitete er ab, indem er auf den klassischen Sündenbock der europäischen Tradition einschlug, die Juden.

Seine letzte Äußerung, die »Vermahnung wider die Juden«, ist wieder in einer etwas milderen Tonlage verfasst, er sieht wieder stärker die Möglichkeit, dass die Juden sich zu Christus hinwenden. Von daher versöhnt diese letzte Schrift seine Positionen in gewisser Weise.

**SPIEGEL:** Wie sollte man mit dem Thema Juden in Luthers Biografie umgehen? Zum Vorbild taugt er damit ja nicht.
**Kaufmann:** Ein unfehlbarer Luther ist eine historisch falsche und als Dialogpartner unserer Zeit völlig unbrauchbare Figur. Die Judenschriften zeigen, wie widersprüchlich, wie getrieben von Obsessionen der Mann war. Dieser irrende, überforderte Luther, wie er einem dann als historische Figur vor Augen steht, kann zwar keine unmittelbaren Weisungen für die Gegenwart vermitteln. Aber ich halte ihn für hilfreicher als den Heroen, den frühere Generationen aus ihm gemacht haben.

**Thomas Kaufmann** ist Professor für Kirchengeschichte an der Universität Göttingen. 2014 erschien sein Buch »Luthers Juden«.

# VERTRAG DER FUNDAMENTALISTEN

*Der Augsburger Religionsfrieden von 1555 war kein theologischer Kompromiss, sondern ein politischer Handel. Er wurde zu einem Wendepunkt der deutschen Geschichte.*

Von JOACHIM MOHR

Ferdinand I. war zuversichtlich. Er, römisch-deutscher König seit 1531, hatte von seinem Bruder Karl, dem Kaiser des Heiligen Römischen Reiches, die Vollmacht erhalten, den Augsburger Reichstag zu leiten. Nun sah er die Chance gekommen, endlich Frieden zu stiften zwischen den zerstrittenen Konfessionen, den Katholiken und Lutheranern. Anfang 1555 war Ferdinand überzeugt, die »leuth« im Reich seien des Religionsstreits müde und wünschten sich »verglaichung«.

Zwei Generationen lang waren alle Versuche gescheitert, einen Ausgleich zwischen den Bekenntnissen zu schaffen. Weder strenge Direktiven und Drohungen des romtreuen Kaisers Karl V. noch Religionsgespräche hatten ein friedliches Miteinander herbeigeführt. Auch befristete und begrenzte Duldungen der evangelischen Konfession durch den Herrscher sorgten nicht für Ruhe. Vielmehr musste das Reich im Jahrzehnt vor 1555 zwei konfessionell aufgeladene Waffengänge verkraften: Der Schmalkaldische Krieg 1546/47 war mit einem Sieg des Kaisers über ein Bündnis protestantischer

Landesfürsten und Städte zu Ende gegangen; im sogenannten Fürstenkrieg 1552 hingegen hatte eine Allianz lutherischer Fürsten den Kaiser arg in Bedrängnis gebracht.

Vor dem Augsburger Reichstag setzte sich im Reich die Erkenntnis durch, dass eine Friedensregelung keine Wiedervereinigung der Konfessionen bedeuten konnte. Es schien nur möglich, eine politische Lösung des Konflikts jenseits aller theologischen Differenzen zu finden.

Am 5. Februar eröffnete Ferdinand den Reichstag, und von Anfang an war eine der strittigsten Fragen: Soll jeder Mensch frei sein religiöses Bekenntnis wählen dürfen, oder kommt dieses Recht ausschließlich der Obrigkeit zu? Die Lösung des Konflikts war ein für das 16. Jahrhundert durchaus fortschrittlicher Kompromiss:

Der Landesherr allein erhielt das Recht, die Reformation einzuführen (»ius reformandi«). Die jeweilige Obrigkeit konnte sich also frei für eine der beiden Konfessionen entscheiden – bestimmte damit aber auch, welcher Glaubensrichtung ihre Untertanen anzugehören hatten. Die mussten brav folgen.

Die Untertanen bekamen allerdings das Recht zugebilligt, auswandern zu dürfen (»ius emigrandi«). Andersgläubige mussten somit keine Zwangsbekehrung mehr fürchten oder gar Folter und Tod wegen Ketzerei. Jeder, der nicht die Konfession seines Landesherren teilen wollte, konnte mit seiner Familie woanders hinziehen – oder musste es. Denn wer die religiöse Überzeugung seiner Obrigkeit nicht teilte, der wurde meist nicht geduldet, der hatte seine Habseligkeiten zu packen und sein Seelenheil anderswo zu suchen.

Rechtlich wurden die Anhänger der »Confessio Augustana«, das war die grundlegende Bekenntnisschrift der lutherischen Reichsstände aus dem Jahr 1530, den Katholiken gleichgestellt. Das Reich verlor die Religionshoheit an die Territorialstaaten, was der lutherische Kirchenrechtler und Greifswalder Professor Joachim Stephani nachträglich 1612 in der Formel »cuius regio, eius religio« zusammenfasste: Lateinisch für »wessen Gebiet, dessen Religion«, im damaligen Sprachgebrauch oft »wes der Fürst, des der Glaub«.

Kaum jemand betrachtete den ausgehandelten Religionsfrieden allerdings als Verpflichtung zu gelebtem Pluralismus. »Der Anspruch jeder Konfession war, die absolute Wahrheit zu kennen und sie auch durchsetzen zu wollen«, urteilt die Historikerin Luise Schorn-Schütte.

Der Staats- und Kirchenrechtler Martin Heckel fasst zusammen: »Der Religionsfriede von 1555 hat eben keineswegs den religiösen Frieden, sondern nur den politischen Frieden gebracht.« Bereits Anfang des 17. Jahrhunderts hatte ein anonymer Autor weise notiert, der Frieden »ist nicht für ein Geistlich, sondern für ein pur lauter politisch Werck zu achten«. Ausgehandelt haben ihn ja auch nicht Theologen, sondern die Reichsstände.

Das Dokument enthielt zahlreiche Unklarheiten, Widersprüche, Streitpunkte – hervorgegangen aus dem Zwang, die oft unvereinbaren Positionen von Rom-Gläubigen und Luther-Anhängern aufzunehmen. So sorgte das Dokument von Anfang an für weitere Konflikte. In den folgenden Jahrzehnten grenzten sich die Glaubensrichtungen immer stärker voneinander ab, die verschiedenen Auffassungen mündeten in einen Fundamentalismus der Konfessionen.

Die moderne Idee religiöser Vielfalt in einem Staat war sowohl den meisten Herrschern wie auch ihren Untertanen fremd: Es galt die Maxime »religio vinculum societatis« (»eine einheitliche Religion ist das unverzichtbare Band jeder Gesellschaft«). In den Territorien des deutschen Reichs entwickelten sich nach dem Augsburger Reichstag die zwei Konfessionen rechtlich, organisatorisch und dogmatisch immer weiter auseinander.

1608 schlossen sich die protestantischen Reichsstände in der »Union« zusammen, die katholischen 1609 in der »Liga«. Die beiden Parteien standen sich dann von 1618 bis 1648 im Dreißigjährigen Krieg gegenüber. Und zumindest zu Beginn war dieser verheerende Krieg auch ein Glaubenskonflikt.

Bei allen Mängeln werten viele Historiker und Theologen den Augsburger Religionsfrieden als Wendepunkt in der deutschen Geschichte. Er gilt als entscheidender Schritt auf dem jahrhundertelangen Weg, die politische Ordnung zu säkularisieren und den Staat zur religiösen Neutralität zu verpflichten. Wobei sich der Frieden 1555 noch ausschließlich auf zwei Konfessionen bezog, Katholiken und Lutheraner. So waren die Anhänger des Zürcher Reformators Huldrych Zwingli ebenso ausgeschlossen wie die des Franzosen Johannes Calvin. Der Religionsfrieden beförderte auch die föderale Ordnung in den deutschen Landen. Noch heute kann jeder sehen, der aufmerksam durch Deutschland reist, wie regionale und konfessionelle Grenzen sich bedingen und die Kultur vor Ort katholisch oder protestantisch geprägt ist.

Am 25. September 1555 beendete Ferdinand I. den Reichstag und verabschiedete damit auch den Religionsfrieden. Noch zuletzt hatte sein Bruder Karl versucht, den Kompromiss zu verhindern. Ein kaiserlicher Bote war zwei Stunden vor der Veröffentlichung des sogenannten Reichsabschieds, darunter verstand man alle auf einem Reichstag erlassenen Bestimmungen, in Augsburg eingetroffen und hatte einen Aufschub verlangt. Kaiser Karl drohte mit Rücktritt.

Ferdinand zeigte sich jedoch unbeeindruckt: Er verschwieg gegenüber den Reichsständen die Rücktrittsdrohung seines Bruders und lehnte es ab, den Abschluss des Reichstags zu verzögern – Frieden im Reich war ihm wichtiger. Und tatsächlich sollte er jahrzehntelang halten. Karl V. übergab die Kaiserkrone schon ein Jahr später seinem jüngeren Bruder.

# NACH DEM BLUTBAD

*Als erstes Königreich wandte sich Schweden dem Luthertum zu. Der religiöse Wandel dauerte viele Jahrzehnte.*

Von DIETMAR PIEPER

Am Anfang waren Politik und Grausamkeit. Der dänische König wollte den Schweden ein für alle Mal zeigen, wer in ihrem Land die Macht hat. Erreicht hat er das Gegenteil, er verlor die Macht, und mit dem neuen schwedischen Herrscher begann das Zeitalter der Reformation in Skandinavien.

Zur Vorgeschichte dieses Umbruchs gehört, dass Dänemark seit Ende des 14. Jahrhunderts das dominante Land im europäischen Norden war. Die dänischen Könige regierten in Norwegen und beanspruchten auch die Herrschaft über Schweden. Einige setzten sich damit durch, andere nicht; der schwedische Adel war meistens gespalten.

Als Christian II. im Jahr 1513 zum König von Dänemark und Norwegen erhoben wurde, hatten sich viele Schweden dem dänischen Machtanspruch schon seit einiger Zeit erbittert widersetzt. Aber der neue Monarch war nicht der Mann, sich so etwas lange bieten zu lassen. Bei seinem Griff nach dem schwedischen Thron konnte er sich nicht nur auf gültige Verträge berufen, sondern auch auf die Unterstützung durch Kaiser und Papst. Das Kirchenoberhaupt belegte die führenden Gegner Christians mit dem Bann, sie galten nun als Ketzer ohne Rechte.

1520 hatte der Däne es geschafft. Der schwedische Reichsrat sicherte ihm zu, dass er nicht nur rechtmäßig gewählter König des Landes sei, sondern auch Begründer einer schwedischen Erbmonarchie. Mehr ging nicht. Am 4. November wurde Christian II. in der Stockholmer Storkyrka gekrönt, und im Schloss der Hauptstadt begann eine pompöse, mehrtägige Feier, zu der sich Adlige, Bischöfe und hochgestellte Bürger aus ganz Schweden versammelten. Seinen bisherigen Gegnern hatte der neue König eine Amnestie versprochen.

Aber dann, am 7. November um die Mittagszeit, ließ er die Pforten des Schlosses verriegeln. Die Festgesellschaft war gefangen, und es begann, was als »Stockholmer Blutbad« in die Geschichte eingehen sollte. Die Amnestie wurde für wirkungslos erklärt, weil der König als weltlicher Herrscher nicht kirchliches Recht sprechen könne. Als Ankläger trat der Erzbischof von Uppsala auf, der höchstrangige Kleriker des Landes, der auf der dänischen Seite gestanden hatte. Und mit Ketzern konnte man kurzen Prozess machen.

Schon einen Tag später begannen auf dem Stockholmer Marktplatz die Hinrichtungen. Zwei Bischöfe wurden als Erste geköpft. Am Ende waren mehr als 80 Menschen tot, ihre Leichen wurden verbrannt. Obwohl nicht wenige schwedische Kleriker und Adlige sich an der grausamen Säuberungsaktion beteiligt hatten, zeigte sich bald, dass Christian II. zu weit gegangen war. Anführer des neu aufflammenden Widerstands gegen den Dänen war der junge Gustav Eriksson, besser bekannt unter dem Namen seiner Familiendynastie: Gustav Wasa. Sein Vater und mehrere Verwandte hatten bei dem Blutbad ihr Leben verloren.

In der tief verschneiten schwedischen Provinz Dalarna gelang es Gustav Wasa schon Anfang 1521, ein Volksheer hinter sich zu versammeln. Auf eine Episode, in der zwei mutige Boten auf Skiern dem Anführer nacheilten, geht der bis heute populäre Wasalauf zurück, der über eine Strecke von 90 Kilometern führt.

An ihrer Seite hatten die Aufständischen einen starken Helfer aus dem Süden: die reiche Hansestadt Lübeck, die daran interessiert war, ihre dänischen Nachbarn zu schwächen. Als Gustav Wasa schließlich am 6. Juni 1523 in der Bischofsstadt Strängnäs zum schwedischen König ausgerufen wurde, war Stockholm zwar noch in dänischer Hand. Aber kurz danach drang die Lübecker Flotte in die Hauptstadt vor, und Schweden war nun frei und unabhängig.

Zu einer Schlüsselfigur der nationalen Erneuerung wurde der Theologe Laurentius Andreae, der sich schon früh den Lehren Luthers zugewandt hatte. Als Kanzler an der Seite Gustav Wasas verkündete er das reformatorische Gedankengut und zeigte seinem König, welche Vorteile die neue Glaubensrichtung bot: »Die Kirche ist nicht der Klerus, sondern das christliche Volk.« Mit diesem Lehrsatz ließ sich praktischerweise begründen, warum der Kirchenbesitz den Interessen des Volkes zu dienen hätte, vertreten durch die Krone. Ein Fünftel der Landgüter befand sich in kirchlichen Händen, da war viel zu holen für einen König, der seine frisch erworbene Herrschaft sichern musste und beträchtliche Schulden bei den Kaufleuten von Lübeck hatte.

Besonders religiös war Gustav Wasa nicht, theologische und kirchenrechtliche Fragen sah er vor allem mit den Augen des Machtmenschen. Als er auf den Thron kam, waren fünf von sieben Bischofsstühlen vakant, eine gute Gelegenheit, Männer seiner Wahl zu berufen. Und so schickte er dem Papst einen Brief, verfasst von seinem Berater Andreae, der ein glatter Affront war: Sollte Rom etwas gegen seine Personalentscheidungen einwenden, dann werde er sie eben »von dem einzigen und höchsten Bischof Christus« bestätigen lassen. Damit erklärte er sich de facto zum Oberhaupt der schwedischen Kirche.

Andererseits ging die Reformation in Schweden nur langsam voran. Die Messen wurden noch jahrelang meistens auf Latein gehalten, und das Volk hielt zäh an den überlieferten Glaubensformen fest. Das Neue Testament erschien erstmals 1526 auf Schwedisch, übersetzt nach Luthers Vorbild von Kanzler Andreae und dem umtriebigen Reformator Olaus Petri, der 1516 bis 1518 in Wittenberg Theologie studiert hatte.

Zum klaren Bruch mit Rom kam es 1531. Der König ernannte Laurentius Petri, den jüngeren Bruder von Olaus, zum ersten protestantischen Erzbischof von Uppsala. Die Schweden legten allerdings Wert darauf, dass die sogenannte apostolische Sukzession erhalten geblieben sei, also die ununterbrochene, über viele Personen vermittelte Nachfolge der Apostel. Denn ins Amt eingeführt wurde Petri durch den Bischof von Västerås, der noch in Rom geweiht worden war.

Auch in Dänemark hatte sich inzwischen einiges getan. Der tyrannische König Christian II. hatte 1523 allen politischen Rückhalt verloren und musste ins Exil gehen. Dass er sehr von Luther fasziniert war, zeitweilig in Wittenberg wohnte und lauthals für die Reformation warb, blieb allerdings eine historische Randnotiz. Seine Nachfolger auf dem dänischen Thron waren der neuen Glaubensrichtung ebenfalls sehr gewogen, und 1536 wurde das Luthertum zur Staatsreligion, gestützt auf eine von Johannes Bugenhagen verfasste Kirchenordnung.

Die Schweden hingegen verhielten sich in Glaubensfragen noch jahrzehntelang wankelmütig. Unter dem Eindruck der dänischen Entschlossenheit zeigte Gustav Wasa zunächst Flagge, er schloss die Klöster der Bettelorden und schaffte den ohnehin häufig gebrochenen Zölibat ab. Aber weil die Bischöfe ihm zu mächtig wurden, geriet er um 1540 in gewaltigen Streit mit den Köpfen der schwedischen Reformation. Sein langjähriger Berater Andreae und Olaus Petri wurden zum Tode verurteilt, allerdings bald begnadigt. 1541 erschien die erste vollständige Bibelübersetzung, die für die schwedische Schriftsprache wegweisend wurde. Andreae und die Petri-Brüder waren die Übersetzer des heute als »Gustav-Wasa-Bibel« bekannten Werks.

Nach dem Tod des ersten Wasa-Königs 1560 ging der religionspolitische Schlingerkurs weiter. Der neue Herrscher holte zahlreiche Calvinisten ins Land, was zu erheblichen Konflikten führte. Dessen seit 1568 regierender Nachfolger wiederum war mit einer katholischen Prinzessin aus Polen verheiratet und liebäugelte mit dem jesuitischen Katholizismus. Er starb 1592.

Erst jetzt wurde im nordischen Königreich Klarheit geschaffen – durch eine »christliche, freie Synode«, die 1593 in Uppsala zusammentrat. Man distanzierte sich von »allen Irrtümern der Sakramentierer, Zwinglianer, Calvinisten« und verpflichtete sich auf die Augsburger Konfession von 1530. Schweden war nun eine Bastion des Luthertums.

# »BÖS TEUTSCH, BÖS EVANGELISCH«

*Nach 1555 forderten fast alle Landesherren eine einheitliche Konfession ihrer Untertanen. Ganz im Westen des Reiches jedoch wagten mutige Herzöge ihren eigenen Weg.*

Von GEORG BÖNISCH

Sein Volk verehrte ihn, weil er ein »furtrefentlicher furst« war, »stark van lieb und gemut«, und dieser vortreffliche Fürst Wilhelm V., Herzog von Jülich-Kleve-Berg, hasste »trunckenheit« und führte ein »züchtig, mesig leben«. Der Gebieter über ein mächtiges Ländergebilde am Niederrhein gehörte zur Avantgarde seiner Zeit: als Mann des Ausgleichs, des Kompromisses in einer Ära des erbitterten Streits zwischen den Konfessionen. Als Verfechter der Liberalität. Mitten im dramatischen Konflikt um den wahren Glauben.

»Der Evangelischen lehr ist er nit zuwider, und lasset auch der Catholischen Religion beleiben«, hielt ein Chronist fest. Was der nicht wusste oder vergaß: Wilhelm akzeptierte auch eine drittes Glaubensbekenntnis: das calvinistisch-reformierte. Immer in der Hoffnung, »mit der zeit« lasse sich »durch fromme weise« wieder eines erzielen: die »einigkeit des christenlichen glaubens«. Glaubte zumindest der Historiograf.

Viel wahrscheinlicher ist, dass Wilhelm, angeregt durch die Vorarbeiten seines Vaters Johann und seines Großvaters

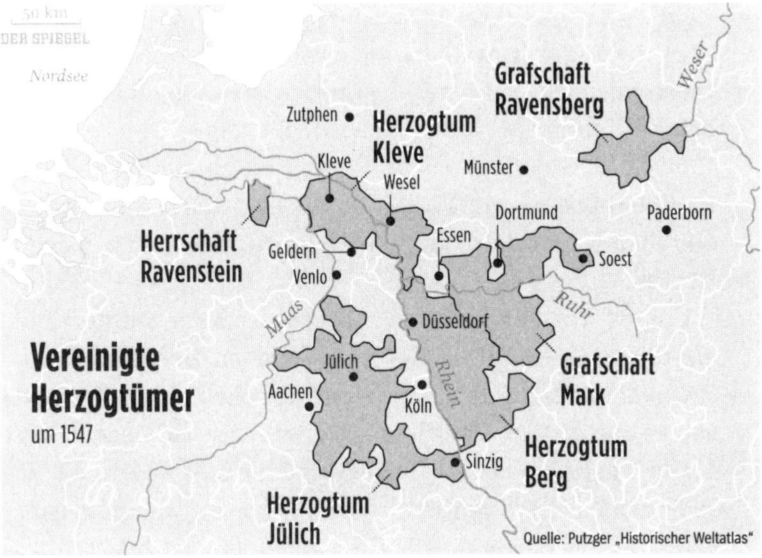


Wilhelm, ein Erneuerer mit eigener Agenda war. Das, was er dann vorantrieb, müsse als »eigenständiges, in sich konsistentes kirchliches Reformprogramm« begriffen werden, argumentiert der Kirchenhistoriker Eckehart Stöve.

So bot sich am Niederrhein der historische Sonderfall, dass sich religiöse Ideen über fast ein halbes Jahrhundert hinweg recht frei entwickeln konnten. Ein Konzept, das stark durch die Visionen des niederländischen Humanisten Erasmus von Rotterdam geprägt und von dessen deutschem Schüler Konrad Heresbach realisiert worden war – und das einen treffenden lateinischen Namen trägt: via media. Ein hochinteressantes Politikstück in hochsensiblem Umfeld.

Ein Mittelweg also, zwischen dem alten Glauben und einem lutherischen Protestantismus, der gleichzeitig quasi eine ordnungspolitische Funktion erfüllte – nämlich mithilfe dieser De-facto-Religionsfreiheit den sozialen Frieden zu wahren innerhalb der heterogen gewordenen Gemeinwesen.

Jülich, Kleve, Berg, dazu die Grafschaften Mark und Ravensberg sowie die Herrschaft Ravenstein – dieses Konglomerat unterschiedlich geprägter Territorien war seit 1521 ein Verbund (»Vereinigte Herzogtümer«), ein weites Land mit etwa 400 000 Einwohnern, das im Westen bis an die Maas reichte, im Osten fast bis zur Weser. Im Süden begann es bei Sinzig, der alten Kaiserpfalz der Staufer, im Norden endete es nahe Utrecht.

Und es war kein armes Land. An der Ruhr wurde Kohle aus der Erde geholt, in der Mark und im Bergischen Land Eisenerz gefördert, der Handel mit Textilien blühte, Getreide gab es zumeist im Überfluss – sodass selbst ein bedeutender Markt wie Köln, damals eine der größten Städte Europas, ausreichend beliefert werden konnte. Auch als Bündnispartner waren die niederrheinischen Regenten äußerst begehrt, was international zu Rang und Ansehen führte.

Solcherlei Bedeutung stärkte das Selbstbewusstsein, und selbstbewusst agierten die Herzöge auch im Umgang mit der Kirche. Bereits im Jahr 1444 hatte Papst Eugen IV. die Klever vom Treueeid auf den Kölner Erzbischof Dietrich von Moers entbunden, zu dessen Erzdiözese sie gehörten, denn Dietrich sympathisierte mit dem Gegenpapst. Die Folge: Der Klever Länderchef konnte eine doppelte Hoheit beanspruchen – die in geistlichen und die in weltlichen Fragen.

»Dux Cliviae est papa in territorio suo«, lautete dementsprechend ein zeitgenössischer Spruch. Dies hieß, frei übersetzt: Daheim ist der Herzog von Kleve sein eigener Papst, und dies bedeutete, frei walten zu können. Historiker haben dieser Art Verfassungsform einen sperrigen Namen gegeben: landesherrliches Kirchenregiment.

Auch des Herzogs Untertanen hatten zur Kirche, recht früh schon, ein anderes Verhältnis entwickelt als die meisten Menschen im Reich. Aus den benachbarten Niederlanden strahlte im späten Mittelalter eine neue, für viele attraktive Alltagsphilosophie ab – genannt devotio moderna. Frömmigkeit sollte nicht allein definiert sein durch öffentliche Demonstration wie die Teilnahme an einer Prozession oder das Abschreiten eines Kreuzweges. Nun ging es um mehr: Verinnerlichung, Besinnung auf die wahren Glaubensgehalte, helfende Liebe, das Evangelium als »Wurzel alles Studiums und der Spiegel des Lebens«; deshalb bestand eine der Hauptforderungen darin, die Heilige Schrift in die Landessprache zu übersetzen – lange, bevor sich Luther ans Werk machte.

Auch der Gottesdienst sollte liberaler gestaltet werden, dies war ausdrücklicher Wunsch der devotio-moderna-Vertreter. Etwa durch die Austeilung der Kommunion unter beiderlei Gestalt, also Brot und Wein für alle – eine Forderung, die den Konzilsbeschlüssen von Konstanz eindeutig zuwiderlief. Danach hatte nur der Geistliche das Recht, am Kelch zu nippen.

Die von der devotio moderna ausgehende »Frömmigkeitsströmung« habe »zweifellos den Blick für Missstände« geschärft, die vielerorts herrschten, urteilt der rheinische Geschichtsforscher Wilhelm Janssen. Den Blick auf Priester, die lediglich aufs eigene Wohl bedacht waren, auf Pfründe und Geld. »Ausbildung und Bildung des einfachen Seelsorgeklerus« seien »primitiv« gewesen, »Predigten teilweise entsetzlich ... Die häufige Missachtung des Zölibatsgebots« habe, interessanterweise, »noch die geringste Rolle« gespielt. Eines nur konnte helfen – eine Reform an Haupt und Gliedern. Sie sollte drei Generationen von Herzögen beschäftigen.

Als Wilhelm IV. von Jülich-Berg-Ravensberg 1475 sein Amt als Regierungschef antrat, da ließ er, gegen »festen Widerstand«, die Klöster auf Vordermann bringen, das Kloster der Benediktiner in Mönchengladbach galt als besonders verlottert. Er legte großen Wert auf Disziplin und »strikte Beachtung der Kirchengebote«. Solch konsequentes Handeln war neu. Dahinter steckte nicht nur der Wunsch nach Ordnung. Auch sei neben »religiöser Ergriffenheit« die »Entschlossenheit sichtbar« geworden, den »von der versagenden kirchlichen Obrigkeit geduldeten Schlendrian guten Gewissens nicht mehr hinzunehmen« (Janssen). Der Herzog agierte ohne Ansehen der Person und ihrer vermeintlichen Verdienste. So wurden Geistliche, die sich »nit priesterlich« verhielten, kurzerhand abserviert. Denn Wilhelm trieb ein besonderes Verantwortungsgefühl den Bürgern und ihrer Religiosität gegenüber.

Dieses Verantwortungsgefühl gab er weiter an seinen Nachfolger und Schwiegersohn Johann. Der kam 1511, sechs Jahre vor den Wittenberger Ereignissen, an die Macht. Luthers »lere« hielt er zwar für »valsch« und ketzerisch – und ordnete deshalb im März 1525 an, alle Dechanten hätten in ihren Distrikten gegen lutherisches Gedankengut und dessen Anhänger vorzugehen. Den Amtsleuten wurde befohlen, Luther-Gefolgsleute »an Leib und Gut zu strafen«.

Gleichwohl, das Wormser Edikt von 1521, das die Ächtung Luthers und das Verbot seiner Schriften festschrieb, hatte Johann erstaunlicherweise nicht veröffentlichen lassen, und auch sein Ukas von 1525 wurde in Wahrheit kaum umgesetzt. Denn Johann ging es vor allem um eines: Stabilität im Inneren. Für ihn trugen Luthers Darlegungen revolutionäre Züge, und Umbrüche könnten zu »ufroeren« führen, zum Aufruhr. Die Sorge davor trieb ihn um, doch sie war weitgehend unbegründet. Glaubensangelegenheiten hätten für ihn »erst eine aktuelle Bedeutung erlangt«, so die Folgerung des Geschichtsforschers Christian Schulte, »wenn Ruhe und öffentliche Sicherheit bedroht« gewesen wären – solange sie es nicht waren, gewährte er seinen Untertanen relative Freiheit.

So ließ er, ein Beispiel nur, bei einem Besuch seines zukünftigen Schwiegersohns Johann Friedrich von Sachsen 1527 zu, dass der ihn begleitende – lutherische – Hofkaplan Friedrich Myconius in Köln, Jülich, Kleve, Essen, Soest und Paderborn öffentlich die neue Lehre erläutern und auch kräftig für sie werben durfte, durchaus ein Hinweis auf Johanns geistige Offenheit. Und tatsächlich war es Myconius gelungen, so notierte ein Beobachter, »verschiedene Untertanen des Herzogs von Cleve in und bey Westphalen zu der neuen Lehre anzuleiten«.

Wie ernst dieser Johann es mit einer reformorientierten Kirchenpolitik nahm, beweist eine wichtige Personalie. Als sein Sohn Wilhelm sieben Jahre alt wurde, engagierte er für ihn einen ausgewählten Erzieher – Konrad Heresbach, einen humanistischen Gelehrten und Allrounder, der überaus firm war in Sachen Juristerei, Philosophie, Philologie, Theologie. Und Heresbach vermittelte dem Klever Hof einen Kontakt zu Erasmus von Rotterdam, seinem Mentor. Auf diese Weise gelangten auch humanistische Ideen an den Niederrhein.

Anfangs beäugten Johanns wichtigste Mitarbeiter diese neumodischen Konzepte eher skeptisch; als es freilich darum ging, eine jülich-klevisch-bergische Kirchenordnung zu entwerfen, da schlugen diese Ideen dann doch durch: Bildung der Geistlichkeit, Abstellung grober Missbräuche – vor allem: keine Dogmen.

Alles Trennende sollte aufgegeben werden zugunsten einer religiösen Einheit, die konfessionellen Gegensätze sollten harmonisiert werden. Richtschnur allen Handelns war die Bibel. Und das beständige Umhertragen von Heiligenbildern sollte gestoppt werden – der Glaube dürfe nicht zum Aberglauben verkommen. Hier griffen altkirchliche Reformen so manch evangelisches Anliegen auf, ohne »jegliche konfessionelle Polemik« (Janssen).

Von Luther war in der Kirchenordnung keine Rede mehr, weder im Guten noch im Bösen. Dennoch hatte der Reformator keine gute Meinung von der neuen Ordnung am Niederrhein. »Bös Teutsch, bös Evangelisch«, resümierte er. »Alles, was von Erasmo kömmt, ist so voll Theologia als mein Femoral voll Pfeffers.« Femoral, das ist eine Abfallgrube, Pfeffer wohl das Synonym für Abfall. »Bös Teutsch«, dies war Kritik an schlechter deutscher Sprache, weil hier diverse Dialekte, westfälisch, holländisch, kölnisch etwa, vermengt wurden. »Bös evangelisch«, dies war inhaltliche Kritik.

Derlei Anwürfe ließen die Berater des Herzogs – der Reformator und Luther-Vertraute Philipp Melanchthon nannte sie »klugling«, gemeint war wohl: Klugscheißer – glatt an sich abperlen. Ihr erklärtes Ziel, Polarisierungen zu vermeiden und eine klare Frontstellung zu verhindern, verloren sie nie aus den Augen. Auch Herzog Wilhelm V., der 1539 die Regierungsgeschäfte übernahm, bestärkte die Politik seines Vorgängers. Weil er, so der Heresbach-Biograf Martin Szameitat, dieser Kirchenpolitik seiner Berater »noch offener gegenüber« gestanden habe »als sein Vater Johann«.

Zeitweise allerdings sah es so aus, als könne Wilhelm sein reformerisches Programm nicht weiterverfolgen. Im Sommer 1543 griff Kaiser Karl V. die vereinigten Herzogtümer mit einem Riesenheer an, es ging um das Herzogtum Geldern und Zutphen, eine alte Erbsache. Wilhelm verlor, und Karl V. war überzeugt davon, dieser Sieg könne rasch beitragen zur Lösung der Glaubensfrage in seinem Sinne: einer erneuerten katholischen Einheit.

Im Venloer Vertrag vom 7. September 1543 musste sich Wilhelm verpflichten, alle Neuerungen in der Religion abzuschaffen und treu zur alten Kirche zu stehen. Für den Kaiser bedeutete dies: Verzicht auf die Reformation. Wilhelm aber war nie geneigt, Protestant zu werden. Und er war nie geneigt, fundamentalistisch beim katholischem Glauben zu bleiben. Er war für eines aufgeschlossen: für jedwede Art von Reform, für Menschlichkeit.

So gesehen war der Vertrag mit dem Kaiser für ihn nur ein Stück Papier, Makulatur. Er blieb bei seinem kirchenpolitischen Mittelweg, der via media. Und nicht nur seinen eigenen Untertanen gewährte er Freiheiten: Auch Protestanten und Calvinisten, die aus religiösen Gründen aus den Niederlanden flüchten mussten, aus Wallonien oder aus England, denen boten Wilhelms Lande ein Refugium, selbst Täufer fanden Unterschlupf.

Jene »Flüchtlingsgemeinden« hätten am Niederrhein »als Vorbild und Wurzelboden für die Entstehung selbstständiger, obrigkeitsfreier reformierter deutscher Gemeinden« gesorgt, urteilt der Kölner Reformationsforscher Harm Klueting – ein Prozess »von unten«, eingeleitet von oben. Von Herrschern, die eine einzigartige Konfessionslandschaft ermöglicht hatten, eine pluralistische, eine sympathische.

Via media, dieser Mittelweg, der vielleicht ein Königsweg war, endete im Jahre 1566 – als Wilhelm nach einem schweren Schlaganfall nicht mehr in der Lage war, ordentlich die Regierungsgeschäfte zu führen. Ein Jahr später begann in direkter Nachbarschaft die Terrorherrschaft des spanischen Haudegens Fernando Álvarez de Toledo, Herzog von Alba. Als Generalkapitän ließ er den Aufstand der Protestanten in den Niederlanden niederwalzen – mit schrecklicher Bilanz: 18 000 Tote.

Am Niederrhein, so scheint es aus heutiger Sicht, waren die Herzöge ihrer Zeit voraus. Mit ihrer Kirchenpolitik nahmen sie ein Stück Toleranz vorweg. Einer Toleranz, der irgendwann die Zukunft gehören sollte.

## KRIEG UM DIE WAHRHEIT

*Dass es plötzlich zwei christliche Lehren gab, hatte überraschende politische Konsequenzen, sagt die Historikerin Luise Schorn-Schütte – etwa die Idee, Untertanen dürften tyrannische Herrscher absetzen.*

Das Gespräch führte EVA-MARIA SCHNURR.

**SPIEGEL:** Frau Schorn-Schütte, war die Reformation das wichtigste Ereignis der europäischen Geschichte der Neuzeit?
**Schorn-Schütte:** Ich würde sagen, ein wichtiges Ereignis, aber nicht das wichtigste, denn das kann man gar nicht festlegen. Mit der Reformation ging die Einheit der westlichen Christenheit zu Ende, die Folgen der konfessionellen Spaltung waren noch bis lange nach dem Zweiten Weltkrieg spürbar. Das war durchaus ein Bruch für die europäische Geschichte.

**SPIEGEL:** Begann mit der Reformation die Moderne?
**Schorn-Schütte:** Es gab zunächst einmal viele Kontinuitäten zur Zeit vorher. Luthers reformatorischer Ansatz war sehr stark im Mittelalter verhaftet, deutlich zu sehen an bestimmten sakramentalen Auffassungen: Seine Vorstellung, dass Leib und Blut Christi im Abendmahl wirklich präsent sind, zum Beispiel – da blieb er ganz im alten Denken. Gleichzeitig wirkten seine Ideen unter den veränderten Rahmenbedingungen des 16. Jahrhunderts, und dadurch entfaltete sich etwas Neues.

**SPIEGEL:** Was sind denn die modernisierenden Folgen der Reformation?
**Schorn-Schütte:** In den Siebzigerjahren kam die These auf, dass mit der Reformation ein neues Staatsverständnis begonnen habe, dass also der Staat durch konfessionelle Kontrolle versucht habe, seine Untertanen zu disziplinieren und zentralistisch zu herrschen. Ich halte das aber nicht für angemessen, wenn man sich in die Wahrnehmung der damaligen Zeitgenossen hineinversetzt. Für Menschen im 16. Jahrhundert existierte kein abstrakter, Regionen übergreifender Staat. Nach meiner Überzeugung spielte sich eine andere Entwicklung ab, die aber ebenso politisch war.

**SPIEGEL:** Nämlich?
**Schorn-Schütte:** Das städtische Bürgertum strebte im 16. Jahrhundert danach, entsprechend seiner Wirtschaftskraft auch mehr politische Teilhabe zu erhalten. Diese Forderungen, die sich im Spätmittelalter andeuteten, wurden durch die reformatorische Theologie unterstützt: Luther sagte, in der Gemeinde ist jeder teilhabeberechtigt, die Gemeinde wählt ihren Pfarrer selbst, das ist das urchristliche Modell der Gemeinschaft.

**SPIEGEL:** Nun wollten die Bürger ihre Pfarrer selbst wählen.
**Schorn-Schütte:** Und das wurde rasch zu einer politischen Forderung: Während die Stadtherren – meist die jeweiligen Landesherren – versuchten, die Sonderrechte der Städte zurückzuschneiden, bestanden die Bürger darauf, ihre Religion selbst festzulegen. Die Debatte über diese Rechte und damit auch die Teilhabe an Herrschaft wurde ab den 1550er-Jahren etwa ein Jahrhundert lang in ganz Europa intensiv geführt, Politik und Religion verzahnten sich dabei.

**SPIEGEL:** Kann man sich das als frühdemokratisches Gedankengut vorstellen?
**Schorn-Schütte:** Mit Demokratie, wie wir sie heute verstehen, hat das nur wenig zu tun. Es ging um die Teilhabe der politisch legitimierten Gruppen, der Amtsträger. Auf Reichsebene waren das die Reichsstände, also der hohe Adel, die geistlichen Fürsten und die Reichsstädte. In den Territorien waren es die Landstände, und in den Städten waren es die legitimierten Vertreter der Kaufleute und der Handwerker, die Zunftmeister zum Beispiel. Aber auf keinen Fall der »gemeine Mann«. Darin waren sich fast alle einig, deshalb standen die rebellischen Bauern auf verlorenem Posten.

**SPIEGEL:** Welche Konsequenzen hatte der Wunsch nach politischer Teilhabe?
**Schorn-Schütte:** In Deutschland wurde das zunächst auf Reichsebene diskutiert. Hier argumentierten nach der konfessionellen Spaltung der Landgraf von Hessen und der sächsische Kurfürst, dass sie sich in Glaubens- und Gewissensfragen nicht überstimmen lassen wollten. Fordere der Kaiser das von ihnen, dann fülle er sein Amt als christliche Obrigkeit, die den Glauben schützen sollte, nicht mehr aus, sei also ein Tyrann. Und ein Tyrann dürfe in letzter Konsequenz auch abgesetzt werden. Die Forderung nach Teilhabe bedeutete also auch eine Kontrolle der Herrschenden daraufhin, ob sie ihren Amtspflichten richtig nachkommen. Diese Debatte um das Notwehrrecht, wie es in der Frühen Neuzeit hieß, zog sich dann durch ganz Europa: England, Frankreich, Polen zum Beispiel.

**SPIEGEL:** Die Diskussion um das Widerstandsrecht kennt man aus calvinistischen Gebieten. War das tatsächlich auch schon Thema der Lutheraner?
**Schorn-Schütte:** Ja. Luther selbst hat es zwar immer abgelehnt,

der war ein völlig unpolitischer Mensch. Aber Melanchthon, Bugenhagen und andere Theologen waren juristisch gebildet und haben schon in den frühen 1530er-Jahren so argumentiert – da hatte sich der Calvinismus noch gar nicht herausgebildet.

**SPIEGEL:** Und gab es solche Argumente auch aufseiten der Katholiken?
**Schorn-Schütte:** Weniger auf Gemeindeebene, dort war die hierarchische Struktur vom Kaplan bis hinauf zum Papst festgeschrieben. Aber wenn ein Landesherr Protestant war und der Großteil der Bevölkerung katholisch – das gab es durchaus –, dann hieß es vor allem vonseiten der Jesuiten: Sollte der Landesherr die Gemeinde hindern, ihren Glauben zu leben, dann ist er ein Tyrann und kann abgesetzt werden.

**SPIEGEL:** Wurde dadurch nun erstmals Kritik an den Herrschenden möglich?
**Schorn-Schütte:** Herrscherkritik war schon im Mittelalter legitim. Aber wenn der Herrscher von der Amtsnorm abwich, konnte er nicht deshalb zum Tyrannen erklärt werden, weil er das Gewissen unterdrücke – schließlich gab es eine einheitliche christliche Glaubenswahrheit. Dass man die antike Diskussion über die Tyrannenherrschaft wiederbelebte und politisch-juristische Konsequenzen mit der Herrscherkritik verband, ist erst durch das Ende der Einheit der Christenheit in der reformatorischen Bewegung möglich geworden.

**SPIEGEL:** Als eine Folge der Reformation gilt, dass die Territorien konfessionell weitgehend homogen wurden. Nun erzählen Sie von Katholiken, die unter einem protestantischen Landesherrn lebten. Gab es diese konfessionelle Einheit gar nicht?
**Schorn-Schütte:** In kleineren Territorien kam es durch Erbfolge immer mal wieder zu solchen Fällen: Da war ein Gebiet

im Augsburger Religionsfrieden als katholisch bestimmt worden, und wenn der Herrschaftserbe Protestant war, blieben die Untertanen katholisch. Gleiches gilt für die geistlichen Territorien, in denen Protestanten lebten. Es gab einen sehr differenzierten Umgang mit den unterschiedlichen konfessionellen Zugehörigkeiten, eine große Vielfalt. Mischehen wurden geschlossen, Glaubensflüchtlinge ließen sich nieder, und es gab Menschen, die an ihrem Glauben festhielten, obwohl die Obrigkeit etwas anderes verlangte.

**SPIEGEL:** Wurden die dann verfolgt?
**Schorn-Schütte:** Einen Bekenntniszwang gab es, aber dieser wurde keineswegs überall durchgesetzt. Die frühneuzeitliche Herrschaftsordnung war kein Polizeistaat, es gab nicht überall Soldaten oder Polizisten, die die Einhaltung der Normen konsequent hätten erzwingen können. Die Menschen, auch die einfachen, hatten Spielräume, und die Macht der Obrigkeiten reichte nicht bis in den letzten Winkel. Zivilen Ungehorsam oder Opposition durch Eigensinn kann man an vielen Orten beobachten. Insofern mussten die Herrschenden mit denjenigen, die Entscheidungen auf den unteren Ebenen trafen – den Ständen oder den Städten oder auch den wirtschaftlich wohlhabenden Bauerngemeinden –, aushandeln, was durchsetzbar war und was nicht.

**SPIEGEL:** Hat die Tatsache, dass es nun zwei Konfessionen gab, den Blick für Alternativen – auch in der Herrschaft – überhaupt erst möglich gemacht?
**Schorn-Schütte:** Die Überlieferung aus dem Mittelalter ist nicht immer so gut, wir können also nicht behaupten, Alternativen habe es nicht gegeben. Aber die Tatsache, dass nun zwei theologische Wahrheiten gegeneinanderstanden, hatte natürlich Konsequenzen. Die Menschen kamen zu dem Schluss: Wenn

die Obrigkeit nicht unsere Glaubenswahrheit schützt, dann beschwert sie unser Gewissen; und dann haben wir das Recht, die Ordnung notfalls durch die Absetzung der Obrigkeit wiederherzustellen. Das Denken in politischen Alternativen hatte jetzt nicht zuletzt eine neue theologische Legitimation.

**SPIEGEL:** Kam es durch die Unterschiede zwischen den Konfessionen auch zu einer Pluralisierung der Lebensformen?
**Schorn-Schütte:** Die Vielzahl von theologischen und damit auch kulturellen Entwicklungen ist sicher eine nicht intendierte Folge der Reformation. Solche Strömungen gab es zwar auch schon im Mittelalter, aber jetzt werden sie erheblich stärker. Das hat dazu beigetragen, dass wir in Deutschland eine lange Zeit bis zu einer kulturellen Einheit gebraucht haben – ganz anders als konfessionell homogene Länder wie Frankreich oder England.

**SPIEGEL:** Fast kurios mutet es ja aus heutiger Sicht an, dass die jeweiligen Konfessionen in der Reformation für sich Gewissensfreiheit in Anspruch nahmen – diese Freiheit der anderen Seite aber nicht zugestanden. Wie ist das zu erklären?
**Schorn-Schütte:** Die Gewissensfreiheit war ein Anliegen Luthers, eine wirklich neue Kraft: Die Vorstellung, dass die Gnade Gottes keinen Priester, keinen Papst braucht, sondern dass sie eine Sache des einzelnen Gläubigen ist, die er direkt mit Gott ausmacht. Aber Vorsicht: Diese Idee der Gewissensfreiheit darf man nicht mit Toleranz im Sinne des 18. Jahrhunderts gleichsetzen. Der Anspruch jeder Konfession war, die absolute Wahrheit zu kennen und sie auch durchsetzen zu wollen. Man hat den Konflikt dann zwar im Augsburger Religionsfrieden stillgestellt, indem man gesagt hat, wir lassen es einfach offen, wer recht hat. Aber für die durchschnittlichen Menschen ging es natürlich immer um genau diese Frage.

**SPIEGEL:** War das auch einer der Gründe, warum es schließlich zum Dreißigjährigen Krieg kam?
**Schorn-Schütte:** Es wurde lange bestritten, dass das überhaupt ein Konfessionskrieg war – die Historiker konzentrierten sich ganz auf Machtfragen und wirtschaftliche Interessen. Aber zumindest am Anfang war der Dreißigjährige Krieg tatsächlich ein Glaubenskonflikt. Konfessionell motivierte militärische Auseinandersetzungen im Reich, aber auch Bündnisse innerhalb Europas hatten die Regelungen des Augsburger Religionsfriedens ausgehöhlt.

**SPIEGEL:** Zwei Religionen nebeneinander mit jeweils absolutem Wahrheitsanspruch – das konnte nicht dauerhaft funktionieren, solange Politik und Religion so eng verbunden waren?
**Schorn-Schütte:** Erst nach der Tragödie des Dreißigjährigen Krieges hat man entschieden, Politik und Religion zu trennen. Die Herrscher hatten ihren Herrschaftsraum, und der religiöse Raum war davon klar getrennt. Die enge Verzahnung zwischen Politik und Religion, die für die Reformationszeit so prägend war, löste sich damit auf. Damit war aber auch die Diskussion um Teilhabe an Herrschaft erst einmal beendet. Das Zeitalter der absoluten Monarchen zog herauf.

**SPIEGEL:** Frau Schorn-Schütte, wir danken Ihnen für dieses Gespräch.

**Luise Schorn-Schütte** ist emeritierte Professorin für die Geschichte der Frühen Neuzeit an der Universität Frankfurt. 2015 erschien ihr Buch: »Gottes Wort und Menschenherrschaft. Politisch-Theologische Sprachen im Europa der Frühen Neuzeit«.

# ANHANG

## CHRONIK

### Die neue Heilsbotschaft

**31. Oktober 1517** Martin Luther schickt seine 95 Thesen gegen den Ablass an den Erzbischof von Mainz, Albrecht von Brandenburg.

**Dezember 1517** Albrecht von Brandenburg, Erzbischof von Mainz, zeigt Luther in Rom als möglichen Ketzer an.

**März 1518** Luther veröffentlicht seine Schrift »Sermon von Ablass und Gnade«. Darin erläutert er in deutscher Sprache seine Kritik am Ablass.

**Juni 1518** Nach einer erneuten Anzeige, diesmal des Dominikaners Johannes Tetzel, wird in Rom ein Ketzerprozess gegen Luther eröffnet.

**Sommer 1518** In der Schweiz predigt Huldrych Zwingli, ein Schüler des Erasmus von Rotterdam, erstmals gegen Wallfahrten und andere »Missbräuche«.

**Oktober 1518** Der päpstliche Gesandte Kardinal Thomas Cajetan verhört Luther am Rande des Reichstags in Augsburg. Luther will nicht widerrufen.

**Juni / Juli 1519** In einer Disputation mit Johannes Eck in Leipzig bestreitet Luther, dass Konzilien nicht irren können. Es ist seine erste offene Kritik am Vatikan.

**15. Juni 1520** In der Bulle »Exsurge Domine« droht Papst Leo X. Luther den Bann an und fordert Unterwerfung unter die päpstliche Lehrmeinung.

**August 1520** Von jetzt bis November erscheinen Luthers

drei wichtigste programmatische Schriften: »An den christlichen Adel deutscher Nation«, »Von der babylonischen Gefangenschaft der Kirche« und »Von der Freiheit eines Christenmenschen«. Damit überzeugt er große Teile der Bevölkerung.

**10. Dezember 1520** Luther verbrennt vor dem Elstertor in Wittenberg demonstrativ die päpstliche Bannandrohungsbulle.

**3. Januar 1521** Leo X. exkommuniziert Luther mit der Bannbulle »Decet Romanum Pontificem«.

**18. April 1521** Auf dem Wormser Reichstag verweigert Luther den Widerruf seiner Thesen.

**26. Mai 1521** Kaiser Karl V. verhängt im Wormser Edikt auf den 8. Mai rückdatiert die Reichsacht über Luther und untersagt die Verbreitung seiner Schriften.

**Die reformatorische Bewegung**

**Bis Sommer 1522** Luther übersetzt auf der Wartburg das Neue Testament ins Deutsche.

**Januar 1523** Huldrych Zwingli beginnt mit einer ersten Disputation, Zürich zu reformieren.

**1523** Der Ritter Franz von Sickingen versucht, das Kurfürstentum Trier im Sinne der Reformation zu säkularisieren, wird aber besiegt.

**1524** An verschiedenen Orten im Reich revoltieren bis 1526 Bauern und andere und fordern bessere Lebensverhältnisse. Sie berufen sich auf die Reformation, aber Luther distanziert sich.

**1524** Um Theologen wie Thomas Müntzer oder Karlstadt bildet sich ein radikaler Flügel der Reformation. In der Schweiz und in Süddeutschland entstehen die »Täufer«.

**1524** Der schwedische König Gustav Wasa geht auf Distanz zu Rom und ernennt Bischöfe künftig selbst. Es ist der Beginn der Reformation in Schweden.

**1525** Der Ordensstaat Preußen wird protestantisch und in ein weltliches Herzogtum umgewandelt.

**1526** Auf dem ersten Reichstag zu Speyer setzen die Fürs-

Faksimile der Erstausgabe des Großen Katechismus

ten das Wormser Edikt faktisch außer Kraft.

**ab 1527** Auch in Norwegen und Dänemark entsteht unter den Königen Friedrich I. und Christian III. nach und nach eine protestantische Nationalkirche.

**1528** In der Schweiz werden Bern und St. Gallen reformiert, bald schließt sich auch Basel an.

**1529** Luther veröffentlicht den Großen Katechismus, eine leicht verständliche Unterweisung im evangelischen Glauben.

**1529** Auf dem zweiten Reichstag zu Speyer will der kaiserliche Statthalter König Ferdinand das Wormser Edikt endlich durchsetzen. Evangelische Reichsstände protestieren dagegen. Seither heißen die Anhänger der evangelischen Bewegung Protestanten.

## Das uneinige Reich

**1530** Auf dem Reichstag zu Augsburg legt Melanchthon die Bekenntnisschrift »Confessio Augustana« vor. Doch nicht alle Protestanten bekennen sich zu ihr. Der Kaiser beharrt auf dem Wormser Edikt.

**1531** Mehrere protestantische Fürsten schließen im Schmalkaldischen Bund ein Verteidigungsbündnis gegen die kaiserliche Religionspolitik.

**1532** Nach Verhandlungen in Nürnberg gewährt Karl V. den »Anstand«, eine Art befristeten Religionsfrieden. Im Gegenzug versprechen die Protestanten Hilfe gegen die Türken.

**1534** Heinrich VIII., König von England, lässt sich zum Oberhaupt der englischen – anglikanischen – Kirche erklären und spaltet sie damit von Rom ab.

**1534/35** In Münster errichten Täufer ein apokalyptisches »Gottesreich«. Katholische und protestantische Truppen belagern Münster und nehmen die Stadt nach Verrat ein.

**1540** Der Papst bestätigt den 1534 gegründeten Jesuitenorden. Die Jesuiten sollen die Gläubigen für die alte Kirche zurückgewinnen.

**1541** Auf dem Regensburger Reichstag kommt es zu einem Religionsgespräch zwischen Protestanten und Katholiken, die Meinungsunterschiede bleiben aber.

**1541** In Genf führt der Franzose Johannes Calvin eine protestantische Kirchenordnung ein.

**1543** Der Kölner Erzbischof Hermann von Wied führt in seinem Territorium die Reformation ein. Vom Papst exkommuniziert tritt er 1547 zurück, um einen Krieg zu verhindern.

**1545** In Trient versammelt der Papst ein Konzil. Es geht um die Frage, wie die alte Kirche auf die Reformation reagieren soll.

**1546** Luther stirbt in Eisleben.

**1546** Karl V. beginnt den Schmalkaldischen Krieg gegen die protestantischen Fürsten. Er siegt, die sächsische Kurwürde fällt an seinen Unterstützer Moritz von Sachsen.

**1547** In Frankreich beginnt König Heinrich II. mit der Verfolgung von Protestanten – hier werden sie Hugenotten genannt.

**1553** In England kommt Maria Tudor auf den Thron, sie macht die Reformation rückgängig und verfolgt Protestanten.

**1555** Auf dem Augsburger Reichstag wird ein Religionsfrieden verabschiedet. Es ist eine Art Stillhalteabkommen in Religionsdingen, etliche Probleme bleiben jedoch offen.

# BUCHHINWEISE

**Thomas Kaufmann:** Geschichte der Reformation.
Verlag der Weltreligionen, Frankfurt / Main 2009.
*Wohl die umfassendste und aktuellste Gesamtdarstellung der Jahre zwischen 1500 und 1555 liefert der Göttinger Kirchenhistoriker mit diesem Buch: Die kleinteilige Kapiteleinteilung erlaubt eine Nutzung als Handbuch, man kann also direkt in Themen wie »Bauernkrieg« oder »Täufer« einsteigen, etwas Vorwissen schadet allerdings nicht.*

**Volker Leppin:** Das Zeitalter der Reformation. Eine Welt im Übergang.
Wissenschaftliche Buchgesellschaft, Darmstadt 2009.
*Mit vielen Bildern versetzt das Buch des Tübinger Kirchenhistorikers in die Gedanken- und Glaubenswelt des späten Mittelalters. Anschaulich und leicht verständlich wird deutlich, auf welchen Grundlagen Luther aufbaute – und wie seine Ideen wirkten.*

**Volker Leppin, Gury Schneider-Ludorff (Hg.):** Das Luther-Lexikon.
Verlag Bückle & Böhm, Regensburg 2015.
*Die Reformation in Stichworten für Leser, die es sehr genau und systematisch wissen wollen: Von »Abendmahl« bis »Zwingli« werden hier die wichtigsten Begriffe und Personen auf neuestem Forschungsstand erläutert.*

**Diarmaid MacCulloch:** Die Reformation 1490 – 1700.
Deutsche Verlags-Anstalt, München 2008.
*Ein beeindruckendes Panorama des Oxford-Professors für Kirchengeschichte. MacCulloch beschreibt die theologischen Wurzeln der Reformation ebenso kenntnisreich wie die politischen*

*Folgen für ganz Europa. Und er nimmt auch die soziale Welt in den Blick, von der Hexenverfolgung bis zum Familienbild und Sexualmoral.*

**Sonja Poppe:** Bibel und Bild. Die Cranachschule als Malwerkstatt der Reformation.
Evangelische Verlagsanstalt, Leipzig 2014.
*Wer noch mehr zu Lucas Cranach und der Bedeutung seiner Bilder für die Reformation erfahren möchte, liegt mit diesem Buch richtig: Nach einer Einführung erläutert die Autorin detailreich die wichtigsten Sujets und zahlreiche Bilder der Malerwerkstatt.*

**Bernd Schäfer, Ulrike Eydinger, Matthias Rekow:** Fliegende Blätter. Die Sammlung der Einblattholzschnitte des 15. und 16. Jahrhunderts in der Stiftung Schloss Friedenstein Gotha.
Arnoldsche Art Publishers, Stuttgart 2016.
*Eine der größten deutschen Sammlungen von illustrierten Einblattdrucken, deren Anfänge in das 16. Jahrhundert zurückreichen. Einst als reine Gebrauchsgüter rezipiert, gilt der Gothaer Bestand von rund 700 aus den Jahren 1480 bis 1599 stammenden Flugblättern heute als einmalig.*

**Heinz Schilling:** Martin Luther. Rebell in einer Zeit des Umbruchs.
C. H. Beck, München 2012.
*Das Zeug zum Klassiker hat diese Biografie des Berliner Neuzeithistorikers: Schilling präzisiert ältere Darstellungen von Luthers Werdegang und erzählt die Entwicklung des Kirchenkritikers immer auch als Antwort auf die Reaktionen von Kaiser und Kirche. Präzise, unterhaltsam und gut lesbar.*

**Götz-Rüdiger Tewes:** Die römische Kurie und die europäischen Länder am Vorabend der Reformation.
De Gruyter, Berlin 2001.
*Wer einmal ganz genau wissen will, wie sich die Päpste und die weltlichen Herrscher zwischen 1450 und 1520 verbündet oder auch bekämpft haben, wird hier hervorragend bedient.*

# AUTORENVERZEICHNIS

**Matthias Bartsch** ist Redakteur in der SPIEGEL-Redaktionsvertretung Frankfurt am Main.

**Dr. Daniel Bellingradt** ist Juniorprofessor für Buchwissenschaft an der Universität Erlangen-Nürnberg.

**Stefan Berg** ist Autor im Deutschlandressort des SPIEGEL in Berlin.

**Georg Bönisch** war Redakteur in der SPIEGEL-Redaktionsvertretung Düsseldorf.

**Felix Bohr** ist freiberuflicher Journalist und Historiker.

**Annette Bruhns** ist Redakteurin bei SPIEGEL GESCHICHTE und SPIEGEL WISSEN.

**Dr. Martin Doerry** ist Autor im Kulturressort des SPIEGEL.

**Till Hein** arbeitet als freier Journalist.

**Nils Klawitter** ist Redakteur im Wirtschaftsressort des SPIEGEL.

**Uwe Klußmann** ist Redakteur bei SPIEGEL GESCHICHTE und SPIEGEL WISSEN.

**Ulrike Knöfel** ist Redakteurin im Kulturressort des SPIEGEL.

**Dr. Nils Minkmar** ist Autor im Kulturressort des SPIEGEL.

**Joachim Mohr** ist Redakteur bei SPIEGEL GESCHICHTE und SPIEGEL WISSEN.

**Christina Rietz** arbeitet als freie Journalistin.

**Dietmar Pieper** ist Leiter der Reihen SPIEGEL GESCHICHTE und SPIEGEL WISSEN.

**Dr. Johannes Saltzwedel** ist Redakteur bei SPIEGEL GESCHICHTE und SPIEGEL WISSEN.

**Dr. Eva-Maria Schnurr** ist Redakteurin bei SPIEGEL GESCHICHTE und SPIEGEL WISSEN.

**Samiha Shafy** ist Redakteurin im Auslandsressort des SPIEGEL.

**Michael Sontheimer** ist Redakteur im Deutschlandressort des SPIEGEL in Berlin.

**Marc von Lüpke** ist freiberuflicher Journalist und Historiker.

**Andreas Wassermann** ist Redakteur im Deutschlandressort des SPIEGEL in Berlin.

# DANK

Entstehen konnte dieser Band nur, weil viele kluge und sorgsame Kollegen die Autoren unterstützt haben. Das von Dr. Hauke Janssen geleitete SPIEGEL-Dokumentationsteam prüfte alle Beiträge gewohnt sicher und umsichtig auf sachliche Richtigkeit; beteiligt waren Jörg-Hinrich Ahrens, Ulrich Booms, Viola Broecker, Dr. Heiko Buschke, Johannes Eltzschig, Klaus Falkenberg, Cordelia Freiwald, Dr. André Geicke, Silke Geister, Bertolt Hunger, Michael Jürgens, Renate Klemper-Gussek, Ulrich Klötzer, Dr. Walter Lehmann-Wiesner, Sonja Maaß, Tobias Mulot, Sandra Öfner, Thorsten Oltmer, Marko Scharlow, Stefan Storz, Rainer Szimm, Peter Wahle, Ursula Wamser und Malte Zeller. Schnell und findig besorgten die Bibliothekare Johanna Bartikowski und Heiko Paulsen die umfangreiche Fachliteratur.

Karten und Grafiken gestalteten Martin Brinker, Ludger Bollen, Max Heber, Gernot Matzke, Cornelia Pfauter, Julia Saur und Michael Walter; Thomas Hammer bereitete sie für dieses Buch auf. Claus-Dieter Schmidt besorgte die Bildauswahl, Britta Krüger kümmerte sich um die Bildrechte. In der Schlussredaktion prüften Lutz Diedrichs, Katharina Lüker und Tapio Sirkka den Text noch einmal auf Stimmigkeit. Heike Kalb, Kathrin Maas und Elke Mohr im Sekretariat sorgten für den reibungslosen Ablauf.

DANK

Eva Profousová beim SPIEGEL und Katharina Reinartz bei der DVA haben das gesamte Buchprojekt betreut; für die Herstellung war Andrea Mogwitz verantwortlich. Ihnen allen gilt unser herzlicher Dank für die wie immer reibungslos gute Zusammenarbeit.

Hamburg im Sommer 2016
Dietmar Pieper und Eva-Maria Schnurr

# PERSONENREGISTER

**Der Augsburger Religionsfriede** von 1555 sicherte den bestehenden konfessionellen Gebietsstand innerhalb des Heiligen Römischen Reichs. Territorien und Städte, die sich Luthers Kirchenlehre angeschlossen hatten, waren den katholischen Ländern fortan rechtlich gleichgestellt. Die Grundregel „cuius regio, eius religio“, nach der die Landesherren durch ihr eigenes Bekenntnis die Kirchenzugehörigkeit der jeweiligen Region bestimmten, galt jedoch nicht überall. Keine Anerkennung gab es in Regionen, die protestan-

## Gespaltenes Europa

Offizielle Religionen um 1555

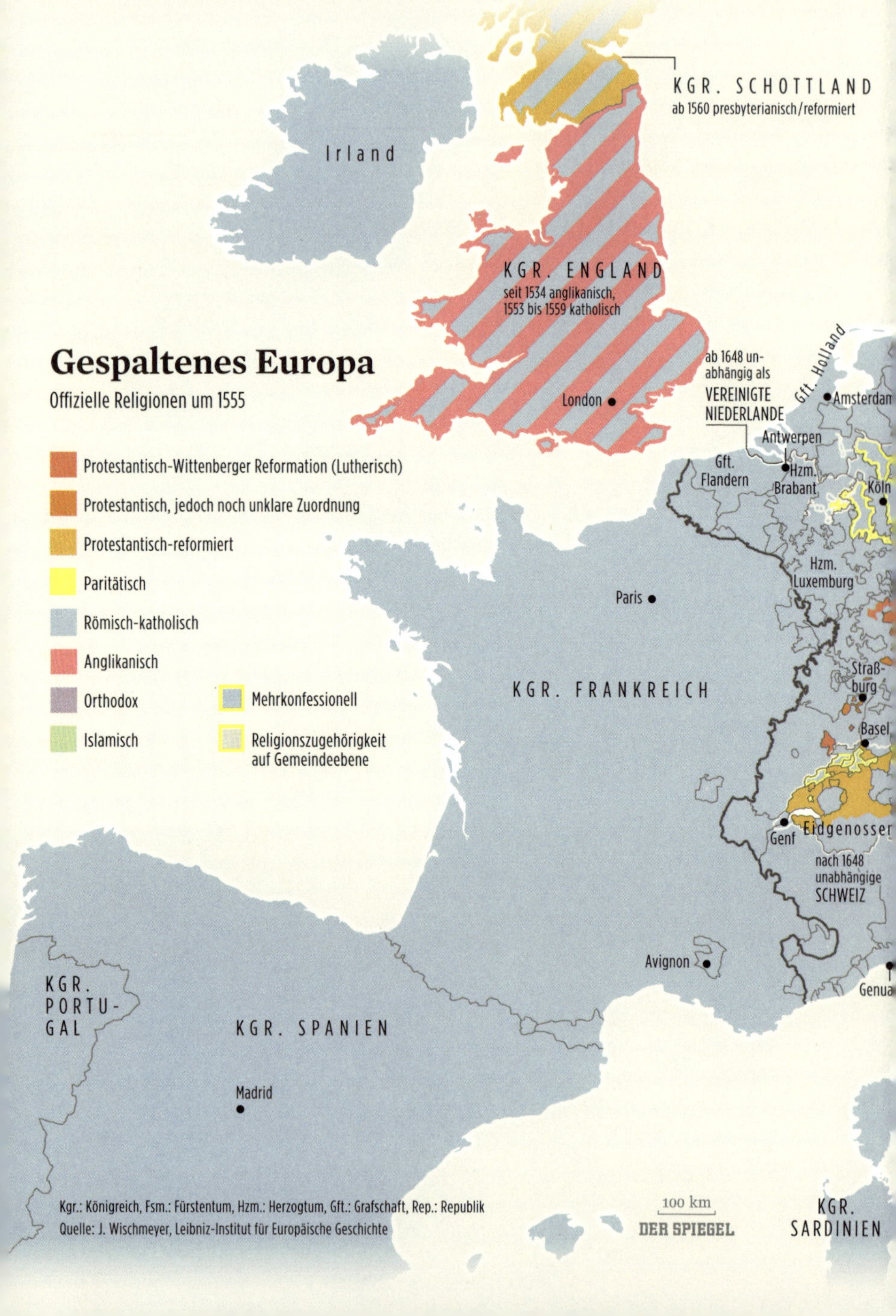


Kgr.: Königreich, Fsm.: Fürstentum, Hzm.: Herzogtum, Gft.: Grafschaft, Rep.: Republik
Quelle: J. Wischmeyer, Leibniz-Institut für Europäische Geschichte